# Offene Handelsgesellschaften, Kommanditgesellschaften und stille Gesellschaften

## von der Errichtung bis zur Auflösung.

Nebst Vertrags- und Anmeldeformularen und mit Berücksichtigung des Steuerrechts

von

Dr. Arthur Starke

Rechtsanwalt und Notar in Berlin.

Berlin und Leipzig 1928

Verlag von Walter de Gruyter & Co.

vormals G. J. Göschen'sche Verlagshandlung — J. Guttentag, Verlagsbuchhandlung Georg Reimer — Karl J. Trübner — Veit & Comp.

Druck von Walter de Gruyter & Co., Berlin W 10.

# Vorwort.

Nachstehende Schrift will die für den Geschäftsverkehr wichtigsten Vorgänge im Recht der offenen Handelsgesellschaft, der Kommanditgesellschaft und der stillen Gesellschaft behandeln. Sie bringt den Gesetzestext nebst kurzen Erläuterungen, wählt aber die zusammenfassende Darstellung. Im Hinblick auf die besondere Bedeutung, die steuerrechtliche Gesichtspunkte auf die Maßnahmen der Beteiligten ausüben, wird auch das Steuerrecht berücksichtigt. Im Anhang sind zur Veranschaulichung eine Anzahl von Vertrags- und Anmeldeformularen angefügt.

Der Zweck der Schrift verbot die Behandlung von seltenen Rechtsgestaltungen und ein Eindringen in fernliegende Einzelheiten. Aus gleichem Grunde ist nur die hauptsächliche Rechtsprechung angeführt.

# Inhaltsverzeichnis.

## A. Die offene Handelsgesellschaft.

## VI. Das Vermögen der Gesellschaft und die Beteiligung der Gesellschafter.



## VII. Die Besteuerung der Gesellschaft und der Gesellschafter.



## VIII. Veränderung der grundlegenden Rechtsverhältnisse der offenen Handelsgesellschaft.

## B. Die Kommanditgesellschaft.

## C. Die stille Gesellschaft.

# Abkürzungen.

| | | |
|---|---|---|
| AnfG. | = | Anfechtungsgesetz. |
| AO. | = | Reichsabgabenordnung. |
| Ausf. | = | Ausführungsbestimmungen. |
| BGB. | = | Bürgerliches Gesetzbuch. |
| Durchf. | = | Durchführungsbestimmungen. |
| ESt. | = | Einkommensteuergesetz. |
| FG. | = | Gesetz über die Angelegenheiten der freiwilligen Gerichtsbarkeit. |
| PrGK. | = | Preußisches Gerichtskostengesetz. |
| GmbHG. | = | Gesetz über Gesellschaften mit beschränkter Haftung. |
| GO. | = | Gewerbeordnung. |
| GrESt. | = | Grunderwerbssteuergesetz. |
| HGB. | = | Handelsgesetzbuch. |
| Jahrb. | = | Jahrbuch der Entscheidungen des Kammergerichtes. |
| JW. | = | Juristische Wochenschrift. |
| KO. | = | Konkursordnung. |
| KSt. | = | Körperschaftssteuergesetz. |
| KVSt. | = | Kapitalverkehrssteuergesetz. |
| OLG. | = | Entscheidungen der Oberlandesgerichte. |
| RB. | = | Reichsbewertungsgesetz. |
| Rechtspr. | = | Rechtsprechung der Oberlandesgerichte. |
| RFH. | = | Rechtsprechung des Reichsfinanzhofes. |
| RG. | = | Entscheidung des Reichsgerichtes in Zivilsachen. |
| ROH. | = | Entscheidungenen des Reichs-Ober-Handels-Gerichtes. |
| StG. | = | Strafgesetzbuch. |
| VSt. | = | Vermögenssteuergesetz. |
| ZO. | = | Zivilprozeßordnung. |

# Formulare.

## I. Offene Handelsgesellschaft.

**Nr. 1. Errichtung einer offenen Handelsgesellschaft bei gleicher Gewinnbeteiligung der Gesellschafter.**

Vertrag. — Anmeldung.

**Nr. 2. Errichtung einer offenen Handelsgesellschaft bei ungleicher Gewinnbeteiligung der Gesellschafter zugleich unter Einbringung von Sachwerten und Prokurabestellung.**

Vertrag. — Anmeldung.

**3. Eintritt eines Gesellschafters in ein Einzelunternehmen unter Firmenänderung und Ausschluß der bisher entstandenen Forderungen und Verbindlichkeiten.**

Vertrag. — Anmeldung.

**Nr. 4. Eintritt eines Gesellschafters in eine offene Handelsgesellschaft unter Firmenänderung und Ausschluß eines Gesellschafters von der Vertretung.**

Vertrag. — Anmeldung.

**Nr. 5. Verlegung der Niederlassung an einen anderen Ort.**

Anmeldung.

**Nr. 6. Errichtung einer Zweigniederlassung mit Firmenzusatz und Prokurabestellung.**

Anmeldung.

**Nr. 7. Erteilung einer Einzelprokura und einer Gesamtprokura.**

Anmeldung.

**Nr. 8. Widerruf einer Prokura.**

Anmeldung.

**Nr. 9. Änderung der Vertretungsmacht der Gesellschafter von Einzelvertretung in Gesamtvertretung.**

Anmeldung.

**Nr. 10. Ausschluß eines Gesellschafters von der Vertretung.**
Anmeldung.

**Nr. 11. Ausscheiden eines Gesellschafters und Eintritt eines neuen Gesellschafters unter Beibehaltung der Firma.**
Anmeldung.

**Nr. 12. Auseinandersetzung zwischen Gesellschaftern unter Geschäftsübernahme durch einen Gesellschafter.**
Vertrag. — Anmeldung.

**Nr. 13. Auseinandersetzung zwischen Gesellschaftern unter Auflösung des Geschäftes.**
Vertrag. — Anmeldung.

**Nr. 14. Auflösung einer Gesellschaft und Anordnung der Liquidation.**
Anmeldung.

**Nr. 15. Abberufung eines Liquidators und Änderung der Vertretungsmacht der Liquidatoren.**
Anmeldung.

**Nr. 16. Beendigung der Liquidation.**
Anmeldung.

## II. Kommanditgesellschaft.

**Nr. 17. Errichtung einer Kommanditgesellschaft unter gleicher Beteiligung der Gesellschafter.**
Vertrag. — Anmeldung.

**Nr. 18. Umwandlung eines Einzelunternehmens in eine Kommanditgesellschaft bei ungleicher Beteiligung der Gesellschafter.**
Vertrag. — Anmeldung.

**Nr. 19. Umwandlung einer offenen Handelsgesellschaft in eine Kommanditgesellschaft.**
Anmeldung.

**Nr. 20. Fortsetzung einer offenen Handelsgesellschaft mit den Erben eines Gesellschafters als Kommanditgesellschaft.**
Anmeldung.

## III. Stille Gesellschaft.

# A. Die offene Handelsgesellschaft.

## I. Die Bedeutung der offenen Handelsgesellschaft.

### 1. Einzelunternehmen und offene Handelsgesellschaft.

Das Einzelunternehmen ist der einem Einzelnen gehörige Betrieb. Die Rechtsform einer Vereinigung, insbesondere einer Gesellschaft wird gewählt, wenn die Arbeit oder die Mittel von mehreren Personen für ein gemeinschaftliches Unternehmen eingesetzt werden.

Die offene Handelsgesellschaft stellt eine der vielen Rechtsformen der gewerblichen Vereinigungen dar. Sie ist eine Abart der Gesellschaft des bürgerlichen Rechtes, hat aber in der besonderen Ausgestaltung, die ihr das Handelsgesetzbuch gegeben hat, seit altersher im Handelsverkehr größte Bedeutung und weite Verbreitung erlangt.

**Gewerbliche Zusammenarbeit der Gesellschafter.**

Das Einzelunternehmen unterliegt der Verfügung eines Einzelnen, die offene Handelsgesellschaft der Bestimmung der Gesellschafter. Manche Gesellschaften wie die Gesellschaften mit beschränkter Haftung und die Aktiengesellschaften können auf die Zahl eines einzigen Gesellschafters herabsinken. Bei der offenen Handelsgesellschaft ist dies nicht zulässig. Sie erfordert stets eine *gewerbliche Zusammenarbeit von mindestens zwei Personen.*

Vor Eingehung einer Gesellschaft ist daher von dem Einzelnen zu prüfen, ob das Unternehmen die Arbeit oder die Mittel von mehreren Personen erfordert, aber auch verträgt. Es ist zu berücksichtigen, daß die Erträgnisse einer Gesellschaft nicht einer Person, sondern wenigstens zum Teil allen Gesellschaftern zufließen müssen.

Außerdem müssen bei den Gesellschaftern die persönlichen Voraussetzungen für ein Zusammenwirken in einer Gesellschaft gegeben sein. Die Gesellschafter müssen sich verstehen und zu gemeinsamer Arbeit fähig und bereit sein. Sonst trägt die Gesellschaft von vornherein den Todeskeim in sich.

## 2. Vorzüge und Nachteile der offenen Handelsgesellschaft.

**Personalgesellschaft.**

Der hauptsächliche Vorzug der offenen Handelsgesellschaft besteht darin, daß das Unternehmen als von bestimmten Personen betrieben für die Geschäftswelt in Erscheinung tritt. Die Verhältnisse der Gesellschaft sind „offen". Die Gesellschaft hat die Kraft der Personalgesellschaft, die wesentlich durch die Personen der in ihr vereinigten Gesellschafter Bedeutung hat und dem Verkehr Sicherheit gewährt. Für ihre Erfolge stehen die Gesellschafter mit ihrem Vermögen und mit ihrer geschäftlichen Ehre ein.

Bei einer Kapitalgesellschaft steht im Vordergrund der geschäftlichen Wertung das unpersönliche Kapital, das in ihr arbeitet.

**Rechtliche Selbständigkeit.**

Trotzdem fallen die Rechtsverhältnisse der offenen Handelsgesellschaft nicht mit denen ihrer Gesellschafter zusammen. Vielmehr stellt die Gesellschaft in der Zusammenfassung, die sich die Gesellschafter in ihr gegeben haben, eine von den Personen ihrer Gesellschafter verschiedene Rechtsvereinigung dar. Sie betreibt als solche Vereinigung das gewerbliche Unternehmen unter der Firma der Gesellschaft. Unter ihrer Firma kann sie Verträge eingehen und Rechte z. B. an Grundstücken erwerben. Sie kann als Gesellschaft vor Gericht klagen und verklagt werden. Die Gesellschaft ist somit im Rechtsverkehr selbständig handlungsfähig.

Die offene Handelsgesellschaft hat eigenes Vermögen. Das Gesellschaftsvermögen ist von dem persönlichen Vermögen der Gesellschafter unabhängig. Es ist lediglich dem Betrieb der Gesellschaft gewidmet. Es wird steuerrechtlich als Betriebsvermögen angesehen. Es unterliegt als Vermögen der Gesellschaft der besonderen Vermögenssteuer.

**Haftung der Gesellschafter.**

Die Gefahr, die für den einzelnen Gesellschafter besteht, liegt darin, daß er für die Verbindlichkeiten der Gesellschaft vollständig mit eigenem Vermögen haftet. Eine Ausschließung oder Einschränkung dieser Haftung dritten Personen gegenüber läßt das Gesetz nicht zu. Es erblickt gerade in dieser weitgehenden Verantwortlichkeit der Gesellschafter eine Folge, die durch zwingende Bedürfnisse des Handelsverkehrs geboten ist.

Eine Sicherung gegen diese Gefahr kann der einzelne Gesellschafter nur in den Personen seiner Mitgesellschafter finden. Jeder, der in eine Gesellschaft eintritt, wird daher genau prüfen müssen, ob Charakter und Fähigkeiten seiner Mitgesellschafter volles Vertrauen verdienen.

# II. Der Gewerbebetrieb der offenen Handelsgesellschaft und Unterschiede gegenüber anderen Gesellschaftsformen.

## 1. Der Gewerbebetrieb der offenen Handelsgesellschaft.

HGB. § 105.

Eine Gesellschaft, deren Zweck auf den Betrieb eines Handelsgewerbes unter gemeinschaftlicher Firma gerichtet ist, ist eine offene Handelsgesellschaft, wenn bei keinem der Gesellschafter die Haftung gegenüber den Gesellschaftsgläubigern beschränkt ist.

Auf die offene Handelsgesellschaft finden, soweit nicht in diesem Abschnitt ein anderes vorgeschrieben ist, die Vorschriften des Bürgerlichen Gesetzbuchs über die Gesellschaft Anwendung.

Unternehmungen können in verschiedenen Rechtsformen betrieben werden. Gesetzlich ist eine Rechtsform für eine bestimmte Art der gewerblichen Betätigung nicht vorgeschrieben. Die Personen, die das Unternehmen beginnen oder fortführen, haben die Auswahl.

Für Vereinigungen zur gemeinschaftlichen Ausübung eines Unternehmens besteht als Grundform die Gesellschaft des bürgerlichen Rechtes. Nach ihr ist eine Gesellschaft vorhanden, wenn mehrere sich zur Erreichung eines gemeinsamen Zweckes vereinigen und hierfür die vereinbarten Beträge leisten (§ 705 BGB.). Von solchen Vereinigungen hebt sich die offene Handelsgesellschaft im wesentlichen dadurch ab, daß mit ihr der Betrieb eines Handelsgewerbes unter gemeinschaftlicher Firma bezweckt wird.

**Handelsgewerbe.**

Besondere, in § 1 HGB. umschriebene Arten von Geschäften bestimmen gesetzlich das Vorliegen eines Handelsgewerbes. Aber die geschäftliche Betätigung kennzeichnet allein das Vorhandensein eines Handelsgewerbes nicht. Hinzu kommen muß nach § 4 HGB., daß das Unternehmen kein handwerkmäßiges ist und daß es über den Umfang des Kleingewerbes hinausgeht. Darüber hinaus ordnet § 2 HGB. an, daß selbst Unternehmungen, welche die grundlegenden Geschäftsarten des Handelsverkehrs nicht betreiben, dann dem Handelsgewerbe unterfallen, wenn sie nach Art und Umfang einen in kaufmännischer Weise eingerichteten Geschäftsbetrieb erfordern.

**Arten und Umfang des Unternehmens.**

Die Art und der Umfang des betreffenden Unternehmens entscheidet also. Besteht kaufmännische Geschäftsführung und liegt nicht nur kleingewerbliche Betriebsweise vor, so ist ein handelsgewerbliches Unternehmen gegeben. Wird das Unternehmen dagegen handwerkmäßig oder als Kleingewerbe betrieben, so kommt es als handelsgewerbliches nicht in Betracht. Es kann daher auch durch eine Vereinigung zum Betrieb eines solchen Unternehmens, wie das Gesetz in § 4 Abs. 2 HGB. ausdrücklich bestimmt, weder eine offene Handelsgesellschaft noch eine Kommanditgesellschaft begründet werden. Für solche Vereinigungen gelten vielmehr die Bestimmungen der Gesellschaften des Bürgerlichen Rechtes.

Es sind daher, falls sie nicht im Einzelfall handelsgewerblich betrieben werden, regelmäßig nur als Gesellschaften des Bürgerlichen Rechtes anzusehen: Personenvereinigungen, die Grundstücke ankaufen, verwalten und verwerten[1]), Bohrgesellschaften, die vielfach in der Vereinsform auftreten[2]), Gesellschaften zur Verwertung von Erfindungen[3]), sowie zur Einziehung und Verwaltung von Lizenz-, Reklame- und Pachtgebühren, Gesellschaften zur Förderung des Bildungszweckes oder sportlicher oder gesellschaftlicher Betätigung.

**Einzelgeschäfte.**

Die Vornahme eines einzelnen Geschäftes oder mehrerer Einzelgeschäfte, seien sie auch für die Beteiligten von noch so großer Bedeutung, ergibt noch nicht den Tatbestand eines Handelsgewerbes. Die Vereinigung zur Ausführung solcher Geschäfte ist daher keine offene Handelsgesellschaft, sondern in der Regel eine Gesellschaft des bürgerlichen Rechtes. Als Gesellschaften nach bürgerlichem Recht haben hiernach regelmäßig zu gelten: Vereinbarungen zum gemeinschaftlichen Einkauf[4]), zur gemeinsamen Vermittlung[5]) und zur Durchführung von einzelnen Geschäften z. B. von Börsengeschäften, zur Finanzierung eines Unternehmens, die Konsortialbeteiligung.

## 2. Unterschiede der offenen Handelsgesellschaft gegenüber anderen Gesellschaftsformen.

**Das gesetzliche Schema der Gesellschaftsformen.**

Die einzelnen Gesellschaftsformen sind von der Gesetzgebung in bestimmter Weise schematisiert worden. Hierbei waren für die Ausgestaltung des einzelnen Schemas die Bedürfnisse und Anforderungen des Verkehrslebens entscheidend.

Trotzdem konnte nicht vermieden werden, daß die Grenzen der einzelnen Gesellschaftsformen flüssig erscheinen. So mußten Möglichkeiten offen bleiben, die eine Gesellschaftsform in eine andere zu verwandeln. Vor

[1]) RG. 82 10.
[2]) RG. 54 297.
[3]) RG. 78 303.
[4]) ROH. 5 76.
[5]) ROH. 1 61.

allem aber kommt in Betracht, daß durch Vereinbarungen der Beteiligten die Ausgestaltung des gesetzlichen Schemas im einzelnen Falle derart erfolgen kann, daß der sachliche Inhalt sie einer anderen Gesellschaftsform wesentlich annähert. Ja, die Umgestaltung kann so weit gehen, daß nur dem Namen nach die gewählte Form erhalten bleibt, ihr sachlicher Inhalt aber für eine andere Gesellschaftsform passend ist.

Trotzdem bleibt für die rechtliche Beurteilung die gewählte Gesellschaftsform von ausschlaggebender Bedeutung. Das Steuerrecht hat in mancher Hinsicht die Möglichkeit, von der Form der Rechtsgestaltung abzusehen. Es erstrebt den wirtschaftlichen Vorgang, nicht die Rechtsform zu erfassen. Das materielle Recht muß sich an die von den Beteiligten gewählte Vertragsgestaltung halten. Sie bietet die Rechtsgrundlage für alle Rechtsverhältnisse, die unter dieser Form begründet worden sind.

Der Einzelne, der die seinen Interessen entsprechende Gesellschaftsform finden will, stößt im Einzelfalle oft auf erhebliche Schwierigkeiten. Es bleibt ihm nur übrig, unter den von dem Gesetz gebotenen Gesellschaftsformen zu wählen. Seine Aufgabe ist, die gewählte mit dem Inhalt zu füllen, der seinen besonderen Interessen entspricht.

**Bürgerliche Gesellschaft.**

Von der Bürgerlichen Gesellschaft als der Grundform der gesellschaftlichen Vereinigungen unterscheidet sich die offene Handelsgesellschaft durch ihre äußeren Rechtswirkungen. Die offene Handelsgesellschaft wird durch Eintragung in das Handelsregister kundbar gemacht. Ihre Gesellschafter betreiben unter gemeinsamer Firma die Geschäfte der Gesellschaft. Die Gesellschaft selbst hat wichtige Eigenrechte.

Die Gesellschafter der Gesellschaft des Bürgerlichen Rechtes erzielen mit ihrem Zusammenschluß im Rechtsverkehr keine Einheit. Ihre Rechtsverhältnisse können sich daher auch nicht in einer Firma wie in einem einheitlichen Namensschild spiegeln. Die Gesellschaft des Bürgerlichen Rechtes erwirbt Rechte nicht für sich, sondern nur für ihre Gesellschafter. Ihr Vermögen fällt unmittelbar ihren Gesellschaftern an. Die Gesellschaft unterliegt daher auch keiner Vermögenssteuer, sondern lediglich das Vermögen ihrer Gesellschafter.

**Stille Gesellschaft.**

Die stille Gesellschaft ist eine Art der Beteiligungsgesellschaft. Für sie ist kennzeichnend, daß die Beteiligung des sog. stillen Gesellschafters nach außen nicht in die Erscheinung tritt. Sie vermeidet die Offenkundigkeit, welche sonst die Rechtsverhältnisse der Vereinigungen des Handelsrechtes für die Außenwelt klarstellt.

Der stille Gesellschafter will kein Hervortreten mit seinem Namen. Seine Beteiligung bleibt geheim, wird daher auch nicht in das Handelsregister eingetragen. Die Eigentumsverhältnisse des dem Geschäftsinhaber gehörigen Unternehmens werden durch die stille Gesellschaft überhaupt nicht berührt.

**Kommanditgesellschaft.**

Auch bei der Kommanditgesellschaft ist für die Kommanditisten nach der gesetzlichen Regelung im wesentlichen eine Beteiligung vorliegend. Aber diese Beteiligung ist hier Grundlage der Gesellschaft und bestimmt in entscheidender Weise deren äußere Rechtsverhältnisse.

Die Kommanditisten sind Mitunternehmer der Gesellschaft, haben allerdings keine gesetzliche Vertretungsbefugnis wie die Gesellschafter einer offenen Handelsgesellschaft.

Auch für den Kommanditisten besteht in gleicher Weise wie für den stillen Gesellschafter die Haftungsbeschränkung auf die übernommene Einlage. Daneben aber stehen persönlich haftende Gesellschafter, die den Gläubigern für die Gesellschaftsschulden voll haften.

Die Kommanditgesellschaft kommt in das Handelsregister zur Eintragung.

**Gesellschaft mit beschränkter Haftung.**

Die Gesellschafter der Gesellschaft mit beschränkter Haftung haften wie die Kommanditisten den Gesellschaftsgläubigern regelmäßig nur mit ihren Stammeinlagen. Das Gegengewicht bei der Kommanditgesellschaft, die Vollhaftung von persönlich haftenden Gesellschaftern, fehlt jedoch hier.

Die Tatsache, daß sämtliche Gesellschafter unbeschränkt haften, gibt dieser Gesellschaftsform den Namen und das Gepräge. Gleichzeitig macht sie offenbar, daß bei dieser Gesellschaft die Rechte der Gläubiger am ehesten gefährdet sind. Die Sicherungen, die das Gesetz hiergegen trifft, erfolgen hauptsächlich in der Richtung, daß ein Mindestkapital der Gesellschaft festgesetzt ist. Es beträgt jetzt 20 000 Rm., von denen zum wenigsten 25% bei der gerichtlichen Anmeldung eingezahlt sein müssen. Weiter muß der Gesellschaftsvertrag in gerichtlicher oder notarieller Form errichtet werden, während er bei der offenen Handelsgesellschaft und Kommanditgesellschaft keiner Form unterliegt.

Die Gründungskosten der Gesellschaft mit beschränkter Haftung sind erheblich. An Kapitalverkehrssteuern sind 4 vom Hundert der Einlagewerte zu entrichten. Bei weiterer Beteiligung erfolgt in gleicher Höhe Besteuerung (§§ 11, 6 KVSt.).

Die Gesellschaft unterliegt der Körperschaftssteuer. Die Gesellschaft selbst versteuert den Gewinn, den sie erzielt. Andererseits wird jedoch der

Gewinn, der zur Verteilung kommt, bei ihren Gesellschaftern versteuert. Es tritt also insoweit eine Doppelbesteuerung ein, die das Gesetz nur bei Gesellschaftern mit einem Gesamteinkommen von nicht mehr als 20 000 Rm. abmildert (§ 57 ESt.).

**Aktiengesellschaft.**

Die Aktiengesellschaft ist reine Kapitalgesellschaft. Bei ihr sind die Aktionäre mit Einlagen auf das in Aktien zerlegte Grundkapital der Gesellschaft beteiligt. Eine persönliche Haftung der Aktionäre besteht gleich wie bei den Gesellschaftern der Gesellschaft mit beschränkter Haftung nicht.

Bei der Gründung der Aktiengesellschaft müssen zum mindesten fünf Personen, die Aktien zu übernehmen haben, mitwirken. Die Errichtung des Gesellschaftsvertrages hat in gerichtlicher oder notarieller Form zu erfolgen.

Die Gesellschaftsform der Aktiengesellschaft kommt nur bei größeren Unternehmungen in Betracht. Das Grundkapital der Aktiengesellschaft muß jetzt zum mindesten 50 000 Rm. betragen. Bei Sacheinlagen und Übernahme erfolgen besondere Revisionen. Die Verwaltung der Gesellschaft erfordert einen größeren Apparat. Es muß bei der Gesellschaft ein Vorstand und ein Aufsichtsrat vorhanden sein.

Die Besteuerung der Einlagewerte erfolgt in gleicher Weise wie bei der Gesellschaft mit beschränkter Haftung. Die Aktiengesellschaft unterliegt der Körperschaftssteuer. Dividenden der Aktionäre werden als Einkünfte aus Kapitalvermögen versteuert.

## III. Die Errichtung der offenen Handelsgesellschaft.

### 1. Neuerrichtung und Umwandlung.

Die Errichtung einer offenen Handelsgesellschaft setzt voraus, daß sich zum mindesten zwei Personen vereinigen, welche die unbeschränkte Haftung gegenüber den Gesellschaftsgläubigern zu übernehmen bereit sind. Die Beteiligten müssen den Betrieb eines Handelsgewerbes aufnehmen. Es muß von ihnen eine Firma gewählt werden. Keine Voraussetzung ist dagegen, daß die Eintragung der Gesellschaft in das Handelsregister erfolgt.

Es kann sich bei der Errichtung um die Gründung eines neuen Unternehmens handeln. Die errichtenden Gesellschafter müssen erst die gewerbliche Grundlage des Unternehmens schaffen. Doch kann das Unternehmen auch schon vorhanden sein, nur seine Rechtsform soll verwandelt werden. Es kann als Einzelunternehmen bestanden haben, soll aber jetzt in die Form der offenen Handelsgesellschaft überführt werden. Ebenso kann das Unternehmen bisher in anderer Gesellschaftsform betrieben sein, soll aber jetzt diejenige der offenen Handelsgesellschaft annehmen. Hierbei können neue Werte durch Einlagen neuer Personen dem Unternehmen zugeführt werden.

Die Umwandlung zwischen Einzelunternehmen, offener Handelsgesellschaft und Kommanditgesellschaft ist erleichtert. Sie kann ohne weiteres im Wege vertraglicher Einigung herbeigeführt werden [1]). Es ist nur die eingetretene Rechtsveränderung zum Handelsregister anzumelden.

Dagegen ist eine Umwandlung, bei der eine offene Handelsgesellschaft eine Gesellschaft mit beschränkter Haftung oder eine Aktiengesellschaft aufnehmen soll oder von einer solchen Gesellschaft aufzunehmen ist, nach geltendem Recht ausgeschlossen. Hier kann nur eine tatsächliche Geschäftsübertragung zu dem beabsichtigten Ergebnis führen.

## 2. Der Gesellschaftsvertrag.

HGB. § 109.

> Das Rechtsverhältnis der Gesellschafter untereinander richtet sich zunächst nach dem Gesellschaftsvertrage; die Vorschriften der §§ 110 bis 122 finden nur insoweit Anwendung, als nicht durch den Gesellschaftsvertrag ein anderes bestimmt ist.

**Formfreiheit.**

Der Gesellschaftsvertrag bedarf keiner Schriftform. Es genügen mündliche Abmachungen. Auch diese brauchen sich nicht auf Einzelheiten zu erstrecken. Soweit sie fehlen, ergänzt sie das Gesetz. Der Abschluß eines Gesellschaftsvertrages kann schon in der tatsächlichen Betriebnahme des gemeinschaftlichen Unternehmens gelegen sein [2]).

Soweit allerdings von einem Gesellschafter Leistungen versprochen werden, deren Übernahme einer besonderen Form bedarf z. B. die Übertragung von Geschäftsanteilen einer Gesellschaft mit beschränkter Haftung, die Einbringung von Grundstücken muß die Übernahmeverpflichtung in der hierfür gesetzlich vorgeschriebenen Form erfolgen [3]). Sonst ist die Verpflichtung nichtig und führt zur Nichtigkeit des Gesellschaftsvertrages, dessen Bestandteil sie ist.

Trotz der an sich statthaften Formlosigkeit ist es fast stets ein Fehler, den Gesellschaftsvertrag auf mündliche Abreden zu gründen. Es *empfiehlt* sich, einen schriftlichen Vertrag abzuschließen. Gerade weil die offene Handelsgesellschaft im besonderen Maße gegenseitiges Vertrauen der Gesellschafter verlangt, ist es wichtig, für die Vertragsbeziehungen eine klare Regelung zu treffen. Hierdurch wird der Gefahr von Streitigkeiten vorge-

---

[1]) RG. 55₁₂₆; anders 32₄₆.

[2]) ROH. 11₁₀₁.

[3]) RG. 68₂₆₀.

beugt und das Vertrauensverhältnis der Gesellschafter keiner unnötigen Belastungsprobe ausgesetzt.

Der Gesellschaftsvertrag ist das Grundgesetz der gegenseitigen Rechte und Pflichten der Gesellschafter. Von seiner Regelung auch in Einzelheiten können wichtigste Interessen abhängen. Man soll sich daher zu einer Abfassung Zeit lassen und die einzelnen Bestimmungen gehörig überdenken.

**Inhalt des Vertrages.**

Für den Inhalt des Gesellschaftsvertrages geben die gesetzlichen Bestimmungen und die vieljährigen Erfahrungen des Rechtslebens sichere Fingerzeige. Muster für Gesellschaftsverträge sind im Anhang niedergelegt. Wünschenswert sind in Verträgen Bestimmungen zum mindesten über folgende Punkte: über den Zweck, Firma, Sitz, Dauer der Gesellschaft und über das Geschäftsjahr, über die Geschäftsführung, Einlagen, Bezüge und Entnahmen der Gesellschafter, über Aufkündigung, Auflösung und Liquidation der Gesellschaft, schließlich über die Regelung von Streitigkeiten zwischen Gesellschaftern.

### 3. Besteuerung und Kosten der Errichtung.

Die Errichtung einer offenen Handelsgesellschaft unterliegt der Kapitalverkehrssteuer. Der Steuersatz ist aber gering. Er beträgt 5 vom Tausend des Wertes des Gegenstandes. Dabei bemißt sich der Wert nach demjenigen der Einlagen der Gesellschafter. Die gleiche Besteuerung erfolgt bei dem Eintritt eines neuen Gesellschafters sowie bei Erhöhung der Einlagen der Gesellschafter. Die Mindestsätze der Steuer sind bei Urkunden über die Errichtung der Gesellschaft 20 Rm., sonst 10 Rm.

Die Steuerschuld entsteht mit Errichtung einer Urkunde über die Rechtsvorgänge. Wird eine Urkunde nicht aufgenommen, so erfolgt die Besteuerung bei der erforderlichen Anmeldung zum Handelsregister (§§ 17/23 KVSt.).

Die Kosten der Eintragung der Gesellschaft in das Handelsregister sind gleichfalls gering. Die Erhebung der Kosten erfolgt nach den Landesgesetzen.

In Preußen berechnen sich die Kosten nach dem Gewerbeertrag oder dem Gewerbekapital der Gesellschaft. Sie betragen für die erste Eintragung in verschiedenen Abstufungen von mindesten 40 Rm. bis zu 320 Rm. Bei späteren Eintragungen werden $^6/_{10}$ dieser Sätze erhoben (§ 69 Pr.GK.).

### 4. Die Personen der Gesellschafter.

**Natürliche Personen.**

Gesellschafter einer offenen Handelsgesellschaft kann jeder werden, der volljährig oder für volljährig erklärt worden ist (BGB. § 3).

Selbstverständlich können auch weibliche Personen Gesellschafter sein. Die Frau eines Gesellschafters kann also dessen Mitgesellschafterin werden.

Ein Minderjähriger kann mit Genehmigung seines gesetzlichen Vertreters und des Vormundschaftsgerichtes zum Betrieb eines Erwerbsgeschäftes und zum Eintritt in eine offene Handelsgesellschaft ermächtigt werden (§ 112 BGB.).

Die nämlichen Personen können auch mehrere offene Handelsgesellschaften errichten [1]). Diese Gesellschaften müssen sich allerdings im Verkehr als verschiedene kennzeichnen, also insbesondere verschiedene Firmen führen und verschiedene Unternehmen betreiben.

**Gesellschaften als Gesellschafter.**

Juristische Personen, insbesondere Gesellschaften mit beschränkter Haftung und Aktiengesellschaften können gleichfalls Gesellschafter einer offenen Handelsgesellschaft sein. Solche Gesellschaften werden durch ihre gesetzlichen Vertreter in den Angelegenheiten der offenen Handelsgesellschaft vertreten. Ob auch offene Gesellschaften selbst Gesellschafter von anderen offenen Handelsgesellschaften sein können, ist zweifelhaft. Die Rechtsprechung lehnt eine solche Gestaltung ab, weil sie zu dem Ergebnis führt, daß die Gesellschafter der beitretenden Gesellschaft damit Gesellschafter der aufnehmenden Gesellschaft werden, also auch für deren Geschäftsverbindlichkeiten voll haften müssen [2]).

## 5. Der Betrieb eines Handelsgewerbes.

**Nachweis des handelsgewerblichen Betriebes.**

Der Zweck einer offenen Handelsgesellschaft ist der Betrieb eines Handelsgewerbes. In welcher Art und Weise die Gesellschafter gewerblich zusammenzuwirken haben, ist gesetzlich nicht bestimmt. Die Gesellschafter müssen hierüber unter sich Vereinbarung treffen. Es ist als zulässig erachtet worden, daß ein Gesellschafter lediglich seinen Namen hergibt, damit er für Kreditzwecke der Gesellschaft ausgenutzt wird [3]).

Die Merkmale des handelsgewerblichen Betriebes bestehen, wie bereits ausgeführt ist, in einem Geschäftsbetrieb, der in kaufmännischer Weise eingerichtet ist und außerdem über den Umfang des Kleingewerbes hinausgehen muß. Der kaufmännische Geschäftsbetrieb offenbart sich meist in einer Buchführung nach kaufmännischen Grundsätzen, dem Gebrauch einer Firma, der Art des Schriftwechsels und der Kassenführung.

Diese Voraussetzungen müssen zur Zeit der Errichtung der Ge-

[1]) RG. $16_{16}$; $43_{81}$; $85_{397}$.

[2]) RG. $36_{139}$; Rechtspr. OLG. $24_{170}$; Jahrb. $11_{17}$.

[3]) RG. $37_{58, 62}$.

sellschaft gegeben sein. Sie müssen dem Registergericht nachgewiesen werden, sonst ist die handelsgerichtliche Eintragung der Gesellschaft nicht zu erlangen.

Andererseits sind die Beteiligten gesetzlich gezwungen, die gerichtliche Eintragung herbeizuführen, wenn deren Voraussetzungen vorliegen (§ 2 HGB.). Sie können hierzu von dem Registergericht durch Ordnungsstrafen angehalten werden (§ 14 HGB.).

Sind die Voraussetzungen des handelsgewerblichen Betriebes zur Zeit ihrer Anmeldung nicht gegeben, so kann ihr Fehlen nicht durch die Wahrscheinlichkeit ersetzt werden, daß die notwendigen Voraussetzungen im Verlauf der Entwicklung der Gesellschaft eintreten werden. Allerdings kann bei Errichtung einer Gesellschaft nicht schon erwartet werden, daß der spätere Umfang des Unternehmens feststehe. Allein so weit muß schon zu dieser Zeit klar sein, daß kaufmännische Geschäftsführung besteht und daß der Geschäftszweck nicht im Rahmen des Handwerkes oder des Kleingewerbes erfüllt werden kann.

**Geschäftsbeginn.**

HGB. § 123.

> Die Wirksamkeit der offenen Handelsgesellschaft tritt im Verhältnisse zu Dritten mit dem Zeitpunkt ein, in welchem die Gesellschaft in das Handelsregister eingetragen wird.
>
> Beginnt die Gesellschaft ihre Geschäfte schon vor der Eintragung, so tritt die Wirksamkeit mit dem Zeitpunkte des Geschäftsbeginns ein, soweit nicht aus dem § 2 sich ein anderes ergibt.
>
> Eine Vereinbarung, daß die Gesellschaft erst mit einem späteren Zeitpunkt ihren Anfang nehmen soll, ist Dritten gegenüber unwirksam.

Die Rechtswirkungen der offenen Handelsgesellschaft nach außen treten an sich erst mit der handelsgerichtlichen Eintragung ein. Es ist aber in zahlreichen Fällen unvermeidlich, daß schon vorher für die Gesellschaft Rechtsgeschäfte abgeschlossen werden müssen. Das Gesetz bestimmt, daß solche Vorgeschäfte die Gesellschaft berechtigen und verpflichten, wenn bereits ein Geschäftsbeginn vorliegt.

Hiernach muß von den Gesellschaftern ein Anfang mit der Aufnahme des gemeinschaftlichen Unternehmens gemacht worden sein, wenngleich es sich auch nur um vorbereitende Maßnahmen handeln mag. So würde für die Annahme des Geschäftsbeginnes die Angabe in einem Rundschreiben genügen, daß ein Teilhaber in die Gesellschaft eingetreten sei[1]). Allerdings können bloße Erklärungen des einen Gesellschafters, die dem Willen und Handeln der übrigen nicht entsprechen, die letzteren Gesellschafter nicht verpflichten. Dies wäre nur der Fall, wenn eine gemeinschaftliche Ausübung

---

[1]) ROH. 15 16.

des handelsgewerblichen Betriebes bereits zutage getreten ist[1]). Ändern die Gesellschafter ihren ursprünglichen Entschluß, so müssen sie ihre neue Stellungnahme den Beteiligten so zur Äußerung bringen, daß diesen die Änderung erkennbar ist[2]).

Verhaftet ist nicht allein der Handelnde, sondern sämtliche Beteiligten, in deren Interesse der Handelnde tätig ist[3]). Für strafbare Handlungen des Handelnden tragen allerdings die übrigen Gesellschafter keine Verantwortung.

**Verlegung des Geschäftsbeginnes.**

Eine Vereinbarung zwischen den Gesellschaftern über eine andere zeitliche Bestimmung des Geschäftsbeginnes ist zulässig. So wird der Beginn der Gesellschaft später angesetzt, um zu bewirken, daß frühere Geschäfte nur auf Rechnung eines Gesellschafters oder eines Teiles der Gesellschafter gehen. Wie das Gesetz ausspricht, ist eine solche Vereinbarung Dritten gegenüber ohne Rechtswirkung. Den Gläubigern gegenüber kann also durch solche Abmachungen an der Haftung der Gesellschafter für Vorgeschäfte nichts geändert werden.

Bei Errichtungen, die mit Geschäftsübernahmen verknüpft sind, findet sich häufig keine Rückverlegung, sondern eine Vorverlegung des Geschäftsbeginnes. Erfolgen derartige Übernahmen inmitten des Geschäftsjahres, so pflegen Verlegungen aus bilanztechnischen Gründen vorgenommen zu werden, um für die Übernahme einen geeigneten Stichtag aufzustellen. Die Erwartung, die sich allerdings vielfach vorfindet, daß hierdurch an der steuerlichen Beurteilung etwas geändert werde, ist jedoch unzutreffend. Trotz Verlegung ist steuerlich der Zeitpunkt der wirklichen Geschäftsübernahme zugrunde zu legen. Der bis dahin erzielte Gewinn ist also ein solcher des aufgenommenen Unternehmens und muß bei diesem besteuert werden. Nur wenn die sich ergebenden Unterschiede geringfügig sind, kann die Steuerbehörde aus praktischen Rücksichten die Abmachungen der Beteiligten berücksichtigen und von ihnen bei den Veranlagungen ausgehen[4]).

## 6. Die Firma der offenen Handelsgesellschaft.

HGB. § 19.

> Die Firma einer offenen Handelsgesellschaft hat den Namen wenigstens eines der Gesellschafter mit einem das Vorhandensein einer Gesellschaft andeutenden Zusatz oder die Namen aller Gesellschafter zu enthalten.

---

[1]) ROH. 13 375.
[2]) ROH. 12 407.
[3]) RG. 55 302.
[4]) RFH. 8 271.

Die Firma einer Kommanditgesellschaft hat den Namen wenigstens eines persönlich haftenden Gesellschafters mit einem das Vorhandensein einer Gesellschaft andeutenden Zusatze zu enthalten.

Die Beifügung von Vornamen ist nicht erforderlich. Die Namen anderer Personen als der persönlich haftenden Gesellschafter dürfen in der Firma einer offenen Handelsgesellschaft oder einer Kommanditgesellschaft nicht aufgenommen werden.

**Notwendige Bestandteile der Firma.**

Das Gesetz stellt für die Firmengebung zwei Arten der Bezeichnung zur Auswahl. Entweder soll die Firma den Namen wenigstens eines Gesellschafters mit einem das Gesellschaftsverhältnis andeutenden Zusatz oder die Namen aller Gesellschafter enthalten. Sind also Gesellschafter einer zu errichtenden Gesellschaft die Herren Karl Springer, Edmund Meyer und Gottfried Palm, so kann die Firma der Gesellschaft z. B. lauten: Karl Springer & Co., Karl Springer, Edmund Meyer & Co., Edmund Meyer, Gottfried Palm & Co. oder Karl Springer, Edmund Meyer, Gottfried Palm. Die Vornamen können abgekürzt oder weggelassen werden, so daß die Firma auch K. Springer & Co., Springer & Co., Springer, Meyer & Co. oder Springer, Meyer & Palm lauten könnte.

Die Namen der Gesellschafter sollen deren Familiennamen sein. Deck- oder Künstlernamen sind nach der Rechtsprechung unzulässig [1]).

**Firmenzusätze.**

Das Gesetz gestattet Zusätze zur Firma, die zur Unterscheidung der Personen oder des Geschäftes dienen. Auch sonstige Bezeichnungen sind nicht ausgeschlossen. Für sämtliche Zusätze gilt jedoch, daß sie nicht eine Täuschung über die Art oder den Umfang des Geschäftes oder die Verhältnisse des Geschäftsinhabers herbeiführen dürfen (§ 18 HGB.).

Die zu wählenden Zusätze können z. B. den Gegenstand des Unternehmens, seine Erzeugnisse sowie die vertriebenen Waren betreffen. Ebenso können sie die Art der Herstellungs- oder Vertriebsweise angeben. Auch können sie ohne sachlichen Zusammenhang mit dem Unternehmen eine allgemeine Bezeichnung enthalten oder der Geschichte, der Phantasie oder ähnlichem entnommen sein. Beispielsweise seien Bezeichnungen genannt, wie Farbenindustrie, Ausfuhrgesellschaft, Lebensmittelhandel, Gudrun, Hansa, Zentrale, Union u. ä. Hierbei muß aber die Firma stets die notwendigen Bestandteile der Firmenbezeichnung aufweisen, wobei es jedoch unerheblich ist, ob die Zusätze diesen Bestandteilen vorausgehen oder nachfolgen. Die Firma einer offenen Handelsgesellschaft kann also z. B. lauten: K. Springer & Co., Zentrale für Lebensmittelhandel oder Zentrale für Lebensmittelhandel K. Springer & Co.

---

[1]) Rechtspr. OLG. 40178; Jahrb. 35 A. 150.

**Firmenunterschiede.**

HGB. § 30 Abs. 1, 2.

> Jede neue Firma muß sich von allen an demselben Orte oder in derselben Gemeinde bereits bestehenden und in das Handelsregister eingetragenen Firmen deutlich unterscheiden.
>
> Hat ein Kaufmann mit einem bereits eingetragenen Kaufmanne die gleichen Vornamen und den gleichen Familiennamen und will auch er sich dieser Namen als seiner Firma bedienen, so muß er der Firma einen Zusatz beifügen, durch den sie sich von der bereits eingetragenen Firma deutlich unterscheidet.

Hiernach fordert das Gesetz eine deutliche Verschiedenheit der neu einzutragenden Firma von den an dem Orte bestehenden und in das Handelsregister eingetragenen Firmen. Bei gleichen Namen müssen Unterschiede durch Zusätze kenntlich gemacht werden.

Eine deutliche Verschiedenheit liegt nur vor, wenn die Abweichung der Firmenbezeichnung auffallend ist. Verschiedenheiten in nebensächlichen oder nicht sinnfälligen Punkten genügen nicht. Keine deutliche Unterscheidung besteht z. B. zwischen Firmen wie: K. Springer & Co. und Karl Springer & Co., E. Meyer, G. Palm & Co. und Edmund Meyer, Gottfried Palm & Co., Zentrale für Weinvertrieb und Zentrale für Weinverwertung, Novo Gesellschaft und Novo Filmgesellschaft, Hafag und Afag.

Geschützt vor neuen Firmen sind im allgemeinen nur eingetragene Firmen. Die Eintragung schafft das bessere Recht, wenn nicht aus allgemeinen Rechtsgründen ein Vorrecht der nicht eingetragenen Firma abgeleitet werden kann. Daraus ergibt sich für die Gesellschafter die Mahnung, die Anmeldung an das Registergericht nicht zu verzögern. Sonst könnte die Firma von anderer Seite vorweg genommen werden.

**Verwechslungsfähigkeit.**

Nach der Vorschrift des angeführten § 30 HGB. muß bei der Wahl des Firmennamens ein Widerstreit mit einer am Ort oder in der gleichen Gemeinde schon bestehenden Firmenbezeichnung vermieden werden. Darüber hinaus greift die Bestimmung des § 16 des Gesetzes gegen den unlauteren Wettbewerb. Hiernach ist es untersagt, im Geschäftsverkehr eine Firma oder die besondere Bezeichnung eines gewerblichen Unternehmens zu benutzen, die Verwechslungen mit der Firma oder der Bezeichnungen eines Berechtigten hervorzurufen geeignet ist.

Eine Verwechslungsfähigkeit ergibt sich nun vorerst bei gleicher oder ähnlicher Namensbezeichnung. Dabei haben aber nicht nur die geschäftlichen Verhältnisse des Ortes oder der gleichen Gemeinde Berücksichtigung zu finden. In der heutigen Zeit, in der die Ausbreitung des Verkehrs immer mehr fortschreitet, gibt es Unternehmen, deren Firmenwert über den Ort ihrer Niederlassung weit hinausgeht. Man denke z. B. an Firmen wie Wolff & Sohn, Gebr. Stollwerk u. ä.

Bei Firmen, die Sach- oder Fantasiebezeichnungen, besonders in der Form des Schlag- oder Stichwortes aufnehmen, kommt in Betracht, daß für den Verkehr das Hauptwort besonders einprägsam ist. Selbst bei sonstigen Unterschieden wird daher eine Verwechslung nicht vermieden, wenn das Kennwort in gleicher oder ähnlicher Weise angewandt wird.

**Firmenwahrheit.**

§ 17 HGB. spricht aus, daß der Firma kein Zusatz beigefügt werden darf, der geeignet ist, eine Täuschung über die Art oder den Umfang des Geschäftes oder die Verhältnisse des Geschäftsinhabers herbeizuführen. Damit ist der Grundsatz der Firmenwahrheit anerkannt. Seine Anwendung verlangt, daß die Firmenbezeichnung nicht den Hinweis auf geschäftliche Verhältnisse enthalten darf, die in Wahrheit gar nicht oder nicht in der behaupteten Weise gegeben sind. Unstatthaft sind daher Bezeichnungen wie „Fabrikation", „Industrie" oder „Herstellung", wenn für den Geschäftsbetrieb im wesentlichen nur Handel oder Vertrieb in Betracht kommt; „Vereinigte", wenn nur ein einzelner Betrieb vorhanden ist.

Die Verkehrswelt ist leicht geneigt, bei der Firmengebung Ausdrücke zu wählen, die den Eindruck des Bedeutenden oder des Großartigen hervorrufen, sowie mit volltönigen Worten eine Entwicklung schon vorwegzunehmen, die erst kommen soll. Die Rechtssprechung ist jedoch in Übereinstimmung mit den amtlichen Handelsvertretungen diesen Bestrebungen entgegengetreten. Sie verlangt auch in den Einzelheiten Wahrheit der Firmengebung und verwirft die Benutzung von Bezeichnungen in einem Sinne, der der Handelsüblichkeit nicht entspricht. So darf der Firmenzusatz „Werk" oder „Werke" nur von einem großindustriellen Unternehmen geführt werden [1]; das Wort „Haus" ist nur zulässig, wenn der Betrieb nach seiner Ausgestaltung eine gewisse Bedeutung hat [2]; die Firma „Bankhaus" oder „Bankinstitut" darf nur gewählt werden, wenn das Unternehmen mit großem, dem der Banken ähnlichen Kapital arbeitet [3], während die Bezeichnung „Bank" den mit bedeutendem Kapital ausgestatteten, in der Form der juristischen Person betriebenen Unternehmen des Bankiergewerbes vorbehalten ist.

Bei Begründung von Gesellschaften wird allerdings vielfach der Umfang des Unternehmens noch nicht feststehen. Das rechtfertigt aber nicht, daß die Firma der Gesellschaft Verhältnisse widerspiegelt, die jedenfalls zur Zeit noch nicht gegeben sind.

---

[1] Jahrb. 3176.
[2] Jahrb. 4166.
[3] Jahrb. 33 A. 122.

**Übernommene Firmen.**

Bei übernommenen Firmen erleidet der Grundsatz der Firmenwahrheit eine Ausnahme. Man wollte nicht Firmen, die bereits früher eine geschäftliche Bedeutung erlangt haben, ihres Wertes dann entkleiden, wenn sie auf eine Gesellschaft übergehen oder wenn innerhalb der Gesellschaft Änderungen in den Personen der Gesellschafter eintreten. § 24 HGB. bestimmt daher, daß, wenn jemand als Gesellschafter in ein bestehendes Handelsgeschäft oder wenn ein neuer Gesellschafter in eine Handelsgesellschaft eintritt, die bisherige Firma fortgeführt werden könne.

Bei solcher Fortführung kann es allerdings eintreten, daß Firmen, die als Einzelfirmen erscheinen, in Wirklichkeit solche von offenen Handelsgesellschaften sind. Ebenso kann der Name eines schon ausgeschiedenen Inhabers oder Gesellschafters in der Firma enthalten sein, nicht aber mehr der Name eines gegenwärtigen Gesellschafters. So ist es z. B. möglich, daß die Firma Bruno Holz die Firma einer offenen Handelsgesellschaft ist, deren Gesellschafter jetzt die Herren Werner und Urban sind; Werner hat nämlich das Geschäft von Holz unter der bisherigen Firma Bruno Holz gekauft und dann Urban als Gesellschafter aufgenommen. Waren ferner z. B. Werner mit Holz früher zu einer Gesellschaft unter der Firma Bruno Holz & Co. vereinigt, so kann nach Ausscheiden des Holz die Firma nach wie vor Bruno Holz & Co. lauten. Der Gesellschafter Holz, dessen Namen die Gesellschaft trägt, ist aber gar nicht mehr in der Gesellschaft.

**Firmenüberwachung.**

Das Registergericht hat zu prüfen, ob die zur Eintragung angemeldeten Firmen den gesetzlichen Vorschriften entsprechen. Ist dies nicht der Fall, so hat das Gericht die Anmeldung zurückzuweisen. Ebenso hat das Registergericht darauf hinzuwirken, daß Firmen, die anmeldebedürftig sind, zur Eintragung gelangen (§§ 2, 14 HGB.).

Bei dieser Aufsichtstätigkeit wird das Registergericht durch die amtlichen Vertretungen des Handelsstandes unterstützt. Letztere sind berechtigt, zur Vermeidung unrichtiger Eintragungen und zur Berichtigung des Handelsregisters Anträge bei dem Registergericht zu stellen, haben auch gegen dessen Entscheidungen das Beschwerderecht (§ 126 FG.).

Gegen den Gebrauch nicht zulässiger Firmenbezeichnungen kann das Registergericht mit Ordnungsstrafen vorgehen.

Die Entscheidungen des Registergerichtes unterliegen dem Einspruch und der Beschwerde der Beteiligten (§§ 132, 140 FG.).

Das Verfahren des Registergerichtes läßt das Recht des einzelnen unberührt, eine ihn beeinträchtigende Firmenbezeichnung im Wege des zivilen Rechtsstreits zu beseitigen. Der Verletzte kann Klage auf Unterlassung, gegebenenfalls auch auf Schadensersatz erheben. Das Registergericht kann, bis die Entscheidung im ordentlichen Streitverfahren ergeht, eine eigene Verfügung aussetzen, braucht es jedoch nicht. (§ 127 FG.)

## 7. Anmeldungen zum Handelsregister.

HGB. § 106.

Die Gesellschaft ist bei dem Gericht, in dessen Bezirke sie ihren Sitz hat, zur Eintragung in das Handelsregister anzumelden. Die Anmeldung hat zu enthalten:

1. den Namen, Vornamen, Stand und Wohnort des Gesellschafters;
2. die Firma der Gesellschaft und den Ort, wo sie ihren Sitz hat;
3. den Zeitpunkt, mit welchem die Gesellschaft begonnen hat

HGB. § 108.

Die Anmeldungen sind von sämtlichen Gesellschaftern zu bewirken.

Die Gesellschafter, welche die Gesellschaft vertreten sollen, haben die Firma nebst ihrer Namensunterschrift zur Aufbewahrung bei dem Gerichte zu zeichnen.

Die nach diesen Bestimmungen anzumeldenden Tatsachen sind diejenigen, die bei jeder Gesellschaft zur Anmeldung kommen müssen.

Die Aufzählung des Gesetzes ist jedoch nicht für alle Gesellschaften erschöpfend. Zunächst können Angaben über die Art und auch den Umfang des Unternehmens notwendig werden, um den Nachweis eines handelsgewerblichen Betriebes zu erbringen. Außerdem sind noch sonstige Rechtsverhältnisse meldepflichtig, falls sie zwischen den Gesellschaftern vereinbart sind. Hierunter zählen z. B.: die Bestellung von Prokuristen, (§ 93 HGB.), die Anordnung der Gesamtvertretung, der Ausschluß von Gesellschaftern von der Vertretung (§ 125 HGB.) und die Eintragung einer Zweigniederlassung (§ 13 HGB.).

Die Anmeldungserklärungen müssen an das Registergericht gerichtet sein. Sie müssen von sämtlichen Gesellschaftern bewirkt werden. Außerdem haben diejenigen Gesellschafter, welche die Gesellschaft vertreten sollen, die Firma nebst ihrer Namensunterschrift zu zeichnen.

Die Erklärungen können vor dem Registergericht abgegeben werden. Es genügt jedoch, sie gleich wie die Zeichnung in gerichtlich oder notariell beglaubigter Form einzureichen.

Die Anmeldung kann auch von einem Bevollmächtigten erklärt werden. Für die Bevollmächtigung ist gleichfalls gerichtliche oder notariell beglaubigte Form vorgeschrieben (§ 12 HGB.).

### 8. Sonstige Anzeigepflichten.

Der Beginn und die Art des gewerblichen Betriebes ist binnen 3 Wochen der Gemeindebehörde anzugeben. Diese hat den Empfang der Mitteilung innerhalb von drei Tagen zu bestätigen (§§ 14, 15 GO. und § 51 Ausf. ESt.).

Wird eine offene Verkaufsstelle errichtet, so sind nach den gewerblichen Vorschriften an dem Eingang oder an der Außenseite die Namen der Gesellschafter mit mindesten einem ausgeschriebenen Vornamen in deutlich lesbarer Schrift anzubringen. Bei mehreren Beteiligten genügt die Aufschrift von zwei Namen mit einem Zusatz, der das Vorhandensein weiterer Gesellschafter andeutet (§ 15 aGO.).

Bei denjenigen Betrieben, die Gegenstände gewinnen, herstellen oder umsetzen wollen, ist vor Eröffnung des Betriebes außerdem die Finanzbehörde zu benachrichtigen (§ 194 AO.).

## IV. Die offene Handelsgesellschaft im Außenverkehr.

### 1. Die Eintragung im Handelsregister.

Die Eintragung in das Handelsregister ist für die offene Handelsgesellschaft von besonderer Bedeutung. Mit diesem Zeitpunkt tritt nach § 123 HGB. „die Wirksamkeit der offenen Handelsgesellschaft im Verhältnis zu Dritten" ein. Allerdings ist hiermit nur eine Regel aufgestellt. Bei früherem Geschäftsbeginn ergeben sich schon von diesem Zeitpunkt an Rechtswirkungen. Allein grundsätzlich ist die handelsgerichtliche Eintragung entscheidend. Sie gibt dem Verkehr den festen Zeitpunkt, mit dem er rechnen kann.

**Bekanntmachung der Eintragungen.**

Die handelsregisterliche Eintragung allein schafft allerdings noch nicht die Wirkungen, die das Gesetz erstrebt. Hinzukommen muß die Veröffentlichung der Angaben des Registers.

Das Gesetz schreibt vor, daß die Eintragungen in das Handelsregister durch den Deutschen Reichsanzeiger und durch mindestens ein anderes Blatt bekannt zu machen sind. Mit dem Ablauf des Tages, an welchem das letzte Blatt erschienen ist, gilt die Bekanntmachung als erfolgt (§ 10 HGB.).

Bis zu der Eintragung und der entsprechenden Bekanntmachung kann sich die Gesellschaft auf die Tatsachen, die zur Eintragung gelangt sind, nicht berufen. Andererseits muß sie hiernach jeder Dritte gegen sich gelten lassen.

Ausnahmen bestehen, wenn die Gesellschaft nachweist, daß der Dritte bereits vorher unterrichtet war oder letzterer den Nachweis erbringt, daß er trotz Eintragung und Veröffentlichung die eingetragenen Tatsachen weder kannte noch kennen mußte (§ 15 HGB.). Letzteren Nachweis zu erbringen, dürfte kaum jemals gelingen. Es bedeutet stets eine Fahrlässigkeit, von Eintragungen und ihrer Veröffentlichung nicht Kenntnis zu nehmen.

**Einsicht des Handelsregisters.**

Zur Feststellung der rechtlichen Verhältnisse bei einer offenen Handelsgesellschaft ist die Einsicht in das Handelsregister unerläßlich. Zahlreiche Zweifelsfragen, die im Geschäftsverkehr mit offenen Handelsgesellschaften auftauchen, können nur so entschieden werden. Erwähnt seien z. B. Fälle, in denen festzustellen ist, ob jemand Gesellschafter einer Gesellschaft ist oder zu einer bestimmten Zeit war, ob Vertretungsmacht eines Gesellschafters, ob Prokura eines Bevollmächtigten besteht, ob Gesamtvertretung angeordnet ist, ob die Gesellschaft aufgelöst ist, ob eine Liquidation vorliegt, wer Liquidator ist.

Die Einsicht des Handelsregisters ist jedem gestattet. Das Gericht erteilt auf Antrag Abschriften, die auf Verlangen zu beglaubigen sind. Auch werden Bescheinigungen gegeben, daß eine bestimmte Eintragung nicht erfolgt ist oder betreffs eines Gegenstandes weitere Eintragungen nicht vorliegen (§ 9 HGB.).

## 2. Die Rechtsstellung der offenen Handelsgesellschaft.

HGB. § 124.

> Die offene Handelsgesellschaft kann unter ihrer Firma Rechte erwerben und Verbindlichkeiten eingehen, Eigentum und andere dingliche Rechte an Grundstücken erwerben, vor Gericht klagen und verklagt werden.
>
> Zur Zwangsvollstreckung in das Gesellschaftsvermögen ist ein gegen die Gesellschaft gerichteter vollstreckbarer Schuldtitel erforderlich.

**Inhaberin eigener Rechte und Pflichten.**

Die offene Handelsgesellschaft ist Inhaberin eigener Rechte und Pflichten. Sie ist Inhaberin eigenen Vermögens.

Nach dem Gesetz kann die offene Handelsgesellschaft unter ihrem Firmennamen Rechte erwerben und Verbindlichkeiten eingehen. Für den Erwerb von Rechten an Grundstücken wird dies noch besonders hervorgehoben. Es gilt aber unterschiedslos für alle Rechte und Pflichten des Vermögensrechtes, soweit für ihren Träger nicht persönliche Eigenschaften die Voraussetzung bilden. Die offene Handelsgesellschaft kann also z. B. Patentrechte erwerben, nicht aber die Rechte des Erfinders erlangen. Sie kann zur Treuhänderin und Liquidatorin bestellt werden, weil hier vermögensrechtliche Aufgaben vorliegen. Kommen letztere in Betracht, so kann sie auch die Mitgliedschaft einer juristischen Person erlangen. Ausgeschlossen ist sie aber von der Ausübung einer Vormundschaft oder einer Testamentsvollstreckung.

**Prozeßfähigkeit.**

Die gleiche Rechtsstellung ergibt sich auch für das öffentliche Recht. Überall, wo vermögensrechtliche Pflichten im Vordergrund stehen, kommt die offene Handelsgesellschaft auch hier als Pflichtträger in Betracht. Die offene Handelsgesellschaft ist ferner steuerfähig, soweit nicht das Gesetz die Steuerpflicht an die Personen der Gesellschafter knüpft.

Die offene Handelsgesellschaft kann vor Gericht klagen und verklagt werden. Sie kann alle erforderlichen Prozeßhandlungen vornehmen, z. B. Prozeßbevollmächtigte bestellen, den Beitritt zu dem Verfahren erklären, Rechtsmittel einlegen und im Vollstreckungsverfahren Anträge stellen. Das gleiche gilt im Verfahren vor den Verwaltungs- und Finanzgerichten.

Eine Vollstreckung ist unbekümmert um die Haftung der Gesellschafter unmittelbar in das Gesellschaftsvermögen statthaft. Es genügt hierfür ein Schuldtitel, der sich lediglich gegen die Gesellschaft richtet.

## 3. Die Haftung der Gesellschafter für die Gesellschaft.

**Die zur Gesamthand vereinigten Gesellschafter.**

Die offene Handelsgesellschaft weist Merkmale auf, die sie einer juristischen Person im wesentlichen gleichstellt. Die Gesellschaft hat eigene Rechte und Pflichten, die von denen der Gesellschafter unabhängig sind. Sie hat Vermögen, das von dem Privatvermögen der Gesellschafter geschieden ist und daher auch einem besonderen Konkurs unterliegt.

Trotzdem ist die offene Handelsgesellschaft nicht wie die Gesellschaft mit beschränkter Haftung oder die Aktiengesellschaft eine juristische Person. Vielmehr sind die Gesellschafter die in der Gesellschaft Berechtigten und Verpflichteten, wenn auch nicht in ihrer Person, so doch in ihrer Vereinigung. Während der Dauer der Gesellschaft sind die Gesellschafter in ihr in ungeteilter Gemeinschaft.

Wie jetzt fast allgemein angenommen wird, sind die Gesellschafter in der offenen Handelsgesellschaft zu einem Gesamthandverhältnis vereinigt[1]). Sie sind nicht Miteigentümer des Gesellschaftsvermögens, haben auch keinen Anteil an dem Vermögen, der sich nach Bruchteilen berechnen läßt. Die Berechtigung der Gesellschafter ist eine ungeteilte und wird von den Gesellschaftern gemeinschaftlich ausgeübt, ist also ein Rechtsverhältnis zur gesamten Hand.

---

[1]) RG. $18_{139}$; $30_{33}$; $86_{66}$.

**Gesamtschuldnerische Haftung.**

HGB. § 128.

> Die Gesellschafter haften für die Verbindlichkeiten der Gesellschaft den Gläubigern als Gesamtschuldner persönlich. Eine entgegenstehende Vereinbarung ist Dritten gegenüber unwirksam.

Die enge Verpflechtung, die zwischen Gesellschaft und ihren Gesellschaftern besteht, offenbart sich in der vollständigen Haftung, welche die Gesellschafter für die Verbindlichkeiten der Gesellschaft tragen. Die Gesellschafter haften für Schulden der Gesellschaft unbeschränkt mit ihrem ganzen Privatvermögen. Die Haftung ist zudem eine für die Gesellschafter gesamtschuldnerische.

Der Gläubiger kann sich also wegen seiner Ansprüche sowohl an die Gesellschaft wie an die einzeinen Gesellschafter halten. Er kann die Haftenden bei klageweisem Vorgehen gleichzeitig in Anspruch nehmen, also gemeinsam verklagen. Bevor nicht der Anspruch des Gläubigers vollkommen befriedigt ist, bleiben die Gesellschaft sowohl wie die Gesellschafter seine Schuldner (§ 421 BGB.).

**Haftung des eintretenden und ausscheidenden Gesellschafters.**

HGB. § 130.

> Wer in eine bestehende Gesellschaft eintritt, haftet gleich den anderen Gesellschaftern nach Maßgabe der §§ 128, 129 für die vor seinem Eintritte begründeten Verbindlichkeiten der Gesellschaft, ohne Unterschied, ob die Firma eine Änderung erleidet oder nicht.
>
> Eine entgegenstehende Vereinbarung ist Dritten gegenüber unwirksam.

Der in eine Gesellschaft eintretende Gesellschafter tritt in die Haftung für sämtliche Schulden der Gesellschaft ein. Er kann sich nicht darauf berufen, daß er von zurückliegenden, die Verpflichtung begründenden Vorgängen keine Kenntnis gehabt hat. Es ist seine Sache, sich vor seinem Eintritt über alles wesentliche zu unterrichten. Nach der gesetzlichen Bestimmung bewirkt sein Eintritt selbsttätig seine unbeschränkte Haftung, wobei es keinen Unterschied begründet, ob bei seinem Eintritt die Firma der Gesellschaft eine Änderung erfährt oder nicht.

Ebensowenig kann ein Gesellschafter an seiner Haftung dadurch etwas ändern, daß er aus der Gesellschaft ausscheidet. Die Eintragung seines Ausscheidens im Handelsregister befreit den Gesellschafter nur von den Ansprüchen, die seit diesem Zeitpunkt gegen die Gesellschaft neu erwachsen sind. Gegen frühere Verbindlichkeiten gibt dem Ausscheidenden erst der Ablauf der fünfjährigen Verjährungsfrist einen Einwand (§ 159 HGB.).

**Einwendungen des Gesellschafters gegen eine Gesellschaftsschuld.**

HGB. § 129.

Wird ein Gesellschafter wegen einer Verbindlichkeit der Gesellschaft in Anspruch genommen, so kann er Einwendungen, die nicht in seiner Person begründet sind, nur insoweit geltend machen, als sie von der Gesellschaft erhoben werden können.

Der Gesellschafter kann die Befriedigung des Gläubigers verweigern, solange der Gesellschaft das Recht zusteht, das ihrer Verbindlichkeit zugrunde liegende Rechtsgeschäft anzufechten.

Die gleiche Befugnis hat der Gesellschafter, solange sich der Gläubiger durch Aufrechnung gegen eine fällige Forderung der Gesellschaft befriedigen kann.

Aus einem gegen die Gesellschaft gerichteten vollstreckbaren Schuldtitel findet die Zwangsvollstreckung gegen die Gesellschafter nicht statt.

Keiner Darlegung bedarf es, daß der in Anspruch genommene Gesellschafter einem Gläubiger gegenüber alle Gegenforderungen und Einwendungen geltend machen kann, die ihm persönlich aus eigenem Rechte zukommen. Er kann sich also auf eine Zahlung, die er geleistet hat, auf eine Aufrechnung, die er zulässig mit einer persönlichen Gegenforderung vorgenommen hat, ebenso auf einen ihm gegenüber erklärten Erlaß berufen (§§ 421/425 BGB.). Darüber hinaus aber kann der Gesellschafter Einwendungen gegen eine Gesellschaftsschuld nur insoweit geltend machen, als sie von der Gesellschaft selbst erhoben werden können. Liegt also z. B. ein Anerkenntnis der Gesellschaft vor, so muß dieses auch der Gesellschafter gegen sich gelten lassen. Das Gesetz gibt dem Gesellschafter nur das Recht, eine Befriedigung des Gläubigers solange auszusetzen, als es der Gesellschaft möglich ist, daß zu Grunde liegende Geschäft anzufechten oder der Gläubiger sich durch Aufrechnung gegen eine fällige Forderung der Gesellschaft befriedigen kann.

Ist die Schuld der Gesellschaft im Rechtsstreit festgestellt, so hat diese Feststellung auch gegenüber einem Gesellschafter Rechtswirkung, der zunächst nicht mitverklagt war. Es gilt dies auch für den ausgeschiedenen Gesellschafter, trotzdem er infolge seines Ausscheidens keine Möglichkeit gehabt haben mag, den Rechtsstreit gegen die Gesellschaft zu beeinflussen.

**4. Die Vertretung der Gesellschaft durch die Gesellschafter.**

a) Einzelvertretung der Gesellschafter.

HGB. § 125 Abs. 1.

Zur Vertretung der Gesellschaft ist jeder Gesellschafter ermächtigt, wenn er nicht durch den Gesellschaftsvertrag von der Vertretung ausgeschlossen ist.

Die Vertretung der Gesellschaft erfolgt durch die Gesellschafter und zwar grundsätzlich durch jeden Gesellschafter allein. Es kann allerdings eine Gesamtvertretung begründet werden. Auch können ein oder mehrere Gesellschafter von der Vertretung ausgeschlossen sein. Solche die Vertretungsmacht einschränkenden oder ausschließenden Tatsachen müssen sich jedoch aus dem Handelsregister ergeben. Derjenige, der mit der Gesellschaft in Geschäftsverbindung ist, muß sich daher nötigenfalls aus dem Handelsregister darüber unterrichten, ob und in welchem Maße eine Vertretungsmacht des einzelnen Gesellschafters vorliegt.

### b) Gesamtvertretung der Gesellschafter.

§ 125 Abs. 2, 3 HGB.

> Im Gesellschaftsvertrage kann bestimmt werden, daß alle oder mehrere Gesellschafter nur in Gemeinschaft zur Vertretung der Gesellschaft ermächtigt sein sollen (Gesamtvertretung). Die zur Gesamtvertretung berechtigten Gesellschafter können einzelne von ihnen zur Vornahme bestimmter Geschäfte oder bestimmter Arten von Geschäften ermächtigen. Ist der Gesellschaft gegenüber eine Willenserklärung abzugeben, so genügt die Abgabe gegenüber einem der zur Mitwirkung bei der Vertretung befugten Gesellschafter.
>
> Im Gesellschaftsvertrage kann bestimmt werden, daß die Gesellschafter, wenn nicht mehrere zusammen handeln, nur in Gemeinschaft mit einem Prokuristen zur Vertretung der Gesellschaft ermächtigt sein sollen. Die Vorschriften des Abs. 2 Satz 2, 3 finden in diesem Falle entsprechende Anwendung.

**Fälle der Gesamtvertretung.**

Bei Gesamtvertretung erfolgt die Vertretung der Gesellschaft durch zwei, mehrere oder alle Gesellschafter, die gemeinsam für die Gesellschaft zu handeln haben. Auch kann bestimmt werden, daß Gesellschafter nur in Gemeinschaft mit einem Prokuristen vertretungsberechtigt sein sollen.

Hierbei braucht die Vertretungsmacht nicht den Gesellschaftern gleichmäßig zugeteilt zu werden. Sie kann ja für Gesellschafter überhaupt ausgeschlossen werden. Es kann daher bestimmt werden, daß von mehreren Gesellschaftern einer für sich allein, ein anderer dagegen nur mit ihm zusammen vertretungsberechtigt sein soll [1]). Ebenso kann die Gesamtvertretung mit Prokuristen nur für einen oder mehrere Gesellschafter angeordnet werden, nicht dagegen für die übrigen. Als unzulässig wurde eine Regelung angesehen, nach der die Vertretung der Gesellschaft durch den einzigen vertretungsberechtigten Gesellschafter und einen Prokuristen er-

---

[1]) RG. 90$_{21}$.

folgen sollte, weil hierdurch dem Prokuristen die Stellung eines Gesellschafters eingeräumt würde [1]).

Die Gesamtvertretung braucht nicht schon zu Beginn der Gesellschaft bestehen; sie kann auch auf späteren Beschlüssen der Gesellschafter beruhen. Sie muß jedoch in das Handelsregister eingetragen werden.

**Ausübung der Gesamtvertretung.**

Das Zusammenwirken der Gesellschafter bei Ausübung der Gesamtvertretung braucht nicht ein gleichzeitiges zu sein. Es ist ausreichend, daß zunächst ein oder mehrere Gesellschafter geschäftlich handeln, die Genehmigung des zur Mitwirkung weiter berufenen Gesellschafters aber nachfolgt. Bei gewissen Handlungen z. B. mündlichen oder telephonischen Erklärungen genügt nach der Verkehrsübung das Handeln eines Gesellschafters [2]). Auch kann der Handelnde von dem Mitberechtigten zuvor bevollmächtigt sein, so daß sich dessen spätere Genehmigung erübrigt [3]).

Das Gesetz läßt bei der Gesamtvertretung eine Sondervollmacht an einzelne Gesellschafter dahin zu, daß letztere zur alleinigen Vornahme bestimmter Geschäfte oder bestimmter Arten von Geschäften ermächtigt werden.

Die Genehmigung durch die mitberechtigten Gesellschafter braucht keine ausdrückliche zu sein; sie kann auch durch schlüssige Handlungen erfolgen. Insbesondere kann die Genehmigung aus fortgesetzter Duldung der Geschäftsführung der Handelnden gefolgert werden [4]).

### c) Zeichnungen für die Gesellschaft.

Werden für die Gesellschaft schriftliche Erklärungen abgegeben, so haben die Gesellschafter mit der Firma der Gesellschaft zu zeichnen (§ 17 HGB.). Abkürzungen, Versehen oder Irrtümer bei der Firmenzeichnung sind unschädlich. Es muß der Wille kenntlich sein, für die Gesellschaft eine Erklärung abzugeben.

Dieser Wille kann vorhanden sein, auch wenn im einzelnen Falle der Gesellschafter der gesetzlichen Bestimmung zuwider statt mit der Firma mit seinem Namen unterzeichnet [5]). Tritt jedoch der Wille, für die Gesellschaft zu handeln, nicht erkennbar hervor, so haftet lediglich der unterzeichnende Gesellschafter, nicht die Gesellschaft (§ 164 Abs. 2 BGB.). Daher verpflichtet ein Akzept mit dem Personennamen eines Gesellschafters die Gesellschaft nicht [6]). Zeichnungen unter dem Namen eines Gesellschafters

---

[1]) Jahrb. 44$_{426}$.
[2]) RG. 75$_{419}$.
[3]) RG. 81$_{325}$.
[4]) RG. 48$_{56}$.
[5]) RG. 28$_{118}$.
[6]) ROH. 20$_{262}$.

mit dem Zusatz „in Firma" geben zu Mißdeutungen Anlaß. Wenn z. B. der Gesellschafter Bruger einen Wechsel „Heinrich Bruger i. Fa. Bruger & Langberg" zeichnet, so kann zweifelhaft sein, ob er nur für sich oder auch für die Gesellschaft eine Verpflichtung eingehen wollte. Man wird jedoch den Beweis, daß eine beiderseitige Verpflichtung beabsichtigt war, auch für das Wechselrecht nicht abschneiden können[1]).

Bei Zeichnungen eines Gesellschafters, dessen Firma mit seinem Familiennamen übereinstimmt, ist zu prüfen, ob der Unterzeichnende im eigenen Namen, im Namen der Gesellschaft oder zugleich für beide zeichnen wollte[2]). Eine Vermutung dafür, daß ein Gesellschafter, der geschäftlich handelt, die Handlung für die Gesellschaft begeht, besteht nicht[3]).

### d) Vertretungswidrig geschlossene Geschäfte.

Die ohne Vertretungsmacht abgeschlossenen Geschäfte sind gegen die Gesellschaft rechtsunwirksam (§ 177 BGB.). Bei Gesamtvertretung gilt dies hauptsächlich für Geschäfte, deren Genehmigung der mitberechtigte Gesellschafter verweigert. Es bedeutet keine Arglist, wenn die Gesellschaft sich auf die zu ihrem Schutz gegebenen gesetzlichen Bestimmungen beruft.

Der ohne Befugnis handelnde Gesellschafter macht sich dem anderen Vertragsschließenden ersatzpflichtig, falls letzterer den Mangel der Vertretungsmacht weder kannte noch kennen mußte (§ 179 BGB.). Da aber solche Kenntnis aus dem Handelsregister zu schöpfen ist, so wird im Regelfall solche Haftung nicht in Betracht kommen.

### e) Umfang der Vertretungsmacht der Gesellschafter.

HGB. § 126 Abs. 1, 2.

> Die Vertretungsmacht der Gesellschafter erstreckt sich auf alle gerichtlichen und außergerichtlichen Geschäfte und Rechtshandlungen einschließlich der Veräußerung und Belastung von Grundstücken sowie der Erteilung und des Widerrufs einer Prokura.
>
> Eine Beschränkung des Umfanges der Vertretungsmacht ist Dritten gegenüber unwirksam; dies gilt insbesondere von der Beschränkung, daß sich die Vertretung nur auf gewisse Geschäfte oder Arten von Geschäften erstrecken oder daß sie nur unter gewissen Umständen oder für eine gewisse Zeit oder an einzelnen Orten stattfinden soll.

**Vertretung bei Vornahme von Geschäften.**

Die Vertretungsmacht der von der Vertretung nicht ausgeschlossenen Gesellschafter kann durch Anordnung einer Gesamtvertretung Beschränkung

---

[1]) anders ROH. 14201.

[2]) RG. 1773.

[3]) ROH. 18226; 2260.

finden. Hinsichtlich der Gegenstände, auf die sie sich bezieht, ist sie unbeschränkbar.

Das Gesetz bringt zum Ausdruck, daß sich die Vertretungsmacht auf alle Handlungen bezieht, welche die Gesellschaft im Geschäftsverkehr und vor den Gerichten vornehmen kann. Inbegriffen sind also nicht nur Handlungen, die der gewöhnliche Betrieb des Unternehmens mit sich bringt. Die Vertretungsmacht deckt vielmehr auch außergewöhnliche Handlungen, von denen das Gesetz die Veräußerung und Belastung von Grundstücken, sowie die Erteilung und den Widerruf einer Prokura besonders erwähnt.

Die Vertretungsmacht der Gesellschafter berechtigt auch zur Veräußerung des Geschäftes im ganzen oder in Teilen. Es gilt dies zugleich von der Übertragung der Firma, die nur gleichzeitig mit dem Geschäft veräußert werden kann. Ist allerdings in der Firma der Personenname eines Gesellschafters enthalten, so braucht der Erwerber dessen Einwilligung zur Fortführung der Firma. Wird diese verweigert, so würde sich die Gesellschaft verhaftet machen, weil sie insoweit nicht imstande ist, den Veräußerungsvertrag zu erfüllen.

Die Machtmittel, die das Gesetz in die Hand jedes zur Vertretung berechtigten Gesellschafters legt, sind somit überaus weitreichend. Den Gefahren, die hierin liegen, kann der Mitgesellschafter nur durch Anordnung einer Gesamtvertretung begegnen.

**Handlungen vor Gericht und Behörden.**

Gesellschafter, die von der Vertretungsmacht nicht ausgeschlossen sind, haben die Ermächtigung, vor den Gerichten oder Behörden alle Erklärungen abzugeben und Handlungen vorzunehmen, welche die Gesellschaft berechtigen und verpflichten. Der vertretungsberechtigte Gesellschafter kann also im ordentlichen Rechtsstreit Prozeßvollmacht erteilen. Parteieide sind allerdings nach § 474 ZPO. grundsätzlich von sämtlichen vertretungsberechtigten Gesellschaftern zu leisten. Nur, wenn der Eid die eigenen Handlungen oder Wahrnehmungen einiger oder eines Gesellschafters betrifft, ist er nur von diesen zu leisten.

Zur Einlegung von Rechtsmitteln gegen den einheitlichen Feststellungsbescheid, der im Veranlagungsverfahren zur Einkommensteuer ergeht, sind nach § 66 ESt. nur die zur Geschäftsführung befugten Gesellschafter berechtigt. Die übrigen Gesellschafter können daher von sich aus gegen den Bescheid nicht angehen, obwohl er die grundlegende Feststellung auch für ihre Veranlagung bildet.

Für gewisse Erklärungen schreibt das Gesetz ein Handeln sämtlicher Gesellschafter, also auch der nicht vertretungsberechtigten vor. Es gilt dies für Anmeldungen zum Registergericht, die sich auf die Errichtung der Gesellschaft, die Änderung der Vertretung, die Anordnung einer Gesamtvertretung, den Ausschluß eines Gesellschafters und auf die Auflösung der Gesellschaft beziehen (§§ 108, 125, 143 HGB.).

**Überschreiten der Vertretungsmacht.**

Durch Überschreiten der Vertretungsmacht bleiben die Rechte des anderen Vertragsschließenden unberührt. Lediglich der Gesellschafter, der vertretungswidrig handelt, macht sich hierdurch der Gesellschaft verantwortlich. Der Dritte, auch wenn er die Überschreitung der Vertretungsmacht durch den Vertreter der Gesellschaft kennt, handelt nicht rechtswidrig, wenn er trotzdem die Verhandlungen führt. Er kann sich darauf verlassen, daß die Geschäftsführung nachträglich die Billigung der übrigen Gesellschafter finden wird. Es ist nicht seine Sache, die Rechte der Gesellschafter zu wahren[1]). Nur wenn der Dritte bewußt mit dem Gesellschafter zum Schaden der Gesellschaft zusammenwirkt, kann er Rechte aus dem Mißbrauch der Vertretungsmacht nicht herleiten[2]). Ein Beispiel ist, wenn der Privatgläubiger einen Gesellschafter anstiftet, ihm unter Verletzung seiner Pflicht Akzepte der Gesellschaft zu geben.

### 5. Bevollmächtigte der Gesellschaft.

**Prokuristen.**

Die Vertretung der offenen Handelsgesellschaft kann auch durch Prokuristen erfolgen. Ihnen kann Einzel- oder Gesamtprokura erteilt werden (§ 48 HGB.).

Es ist zulässig, die Prokura auf eine der Niederlassungen der Gesellschaft zu beschränken. Solche Niederlassung muß jedoch unter verschiedener Firma oder als Zweigniederlassung mit einem entsprechenden Zusatz geführt werden.

Die Prokura ermächtigt zu allen Geschäften und Rechtshandlungen, „die der Betrieb eines Handelsgewerbes mit sich bringt" (§ 49 HGB.). Insoweit ist die Prokura Dritten gegenüber unbeschränkbar. Die Prokura gibt dagegen zu außergewöhnlichen Maßnahmen keine Ermächtigung, wie z. B. zur Aufnahme eines größeren Kredites, zur Eingehung von Wechsel- und sonstigen Verpflichtungen, wenn erhebliche Beträge in Betracht kommen, zur Anstellung und Entlassung von höheren Angestellten, zur Veräußerung von Teilen des Geschäftes. Doch kann die fehlende Ermächtigung ersetzt werden, wenn die vertretungsberechtigten Gesellschafter dem Prokuristen Sondervollmacht geben. Zur Veräußerung und Be-

---

[1]) RG. 47 113.
[2]) ROH. 7 403; 10 403; RG. 57 388.

lastung von Grundstücken durch einen Prokuristen ist eine solche Vollmacht in jedem Falle erforderlich (§ 49 Abs. 2 HGB.).

Die Erteilung und der Widerruf der Prokura müssen zum Handelsregister angemeldet werden. Ist Gesamtprokura erteilt, so muß dies gleichfalls zur Anmeldung kommen (§ 53 HGB.).

Der Prokurist zeichnet in der Weise, daß er der Firma der Gesellschaft seinen Namen mit einem die Prokura andeutenden Zusatz beifügt (§ 51 HGB.). Der Prokurist hat gleich wie der vertretungsberechtigte Gesellschafter die Firma der Gesellschaft zur Aufbewahrung bei dem Gericht zu zeichnen (§ 53 Abs. 2 HGB.).

**Handlungsbevollmächtigte.**

Außer Prokuristen können auch andere Personen wie z. B. Geschäftsführer, Generalvertreter, Leiter von Zweigstellen oder von Geschäftsabteilungen mit Sondervollmacht ausgestattet werden. Die ihnen erteilte Handlungsvollmacht erstreckt sich auf solche Handlungen, die der Betrieb des Handelsgewerbes oder die Vornahme der betreffenden Geschäfte gewöhnlich mit sich bringt. Weitergehende Beschränkungen haben nur Rechtswirkung, wenn der andere Vertragsschließende sie kannte oder kennen mußte (§ 54 HGB.).

Der Handlungsbevollmächtigte zeichnet mit einem das Vollmachtsverhältnis ausdrückenden Zusatz. Er hat sich bei der Zeichnung jedes eine Prokura andeutenden Zusatzes zu enthalten (§ 58). Eine Eintragung der Bevollmächtigung in das Handelsregister findet nicht statt.

### 6. Haftung der Gesellschaft für ihre Vertreter.

Die Haftung der Gesellschaft für Handlungen und Unterlassungen ihrer Vertreter ergibt sich aus allgemeinen Rechtssätzen. Wesentlich ist insbesondere die Bestimmung des § 278 BGB., nach der die Gesellschaft für Vorsatz und Fahrlässigkeit ihrer Vertreter in gleicher Weise wie für eigenes Verschulden einzustehen hat.

Die Grenzen der Haftung sind durch den gesetzlichen Umfang der Vertretungsmacht gezogen. Sämtliche geschäftliche und rechtsgeschäftliche Handlungen der Vertreter, die innerhalb ihrer grundsätzlichen Befugnisse liegen, gehen jedenfalls wie zu Nutzen so andererseits zu Lasten der Gesellschaft. Doch ist bereits dargelegt, daß auch bei Überschreitung dieser Befugnisse die Gesellschaft ihrer Haftung nicht ledig wird.

Gleiches gilt auch bei unerlaubten Handlungen. Auch diese stehen wie andere Handlungen der zur Vertretung berufenen Personen in Zusammenhang mit ihrer Stellung zu der Gesellschaft. Wie aber die Gesellschaft einerseits die Vorteile der Tätigkeit ihrer Vertreter genießt, so muß sie andererseits auch deren Nachteile in Kauf nehmen [1]). Die Rechtsprechung hat daher die Haftung der Gesellschaft für unerlaubte Handlungen ihrer Vertreter stets anerkannt, so z. B. bei Patentverletzungen [2]), bei Handlungen unter mißbräuchlicher Benutzung der Firma [3]), bei Auskünften für die Firma [4]), bei Verpfändung fremder Wertpapiere [5]).

Die gleiche Haftung ist auch bei Verletzung öffentlichrechtlicher Bestimmungen z. B. solche der Straf-, Steuer- und Polizeigesetze anzunehmen, soweit nicht lediglich persönliche Handlungen der Vertreter ohne Beziehung zu der Gesellschaft vorliegen.

Die Haftung der Gesellschaft dauert so lange, als die Vertretungsmacht des Vertreters besteht. Ist diese beendigt, so bleibt trotzdem der Dritte so lange geschützt, bis das Erlöschen entweder im Handelsregister eingetragen und bekannt gemacht oder ihm zur Kenntnis gelangt ist. Diese Rechtsfolge nötigt die Gesellschaft, Veränderungen in der Vertretungsmacht möglichst bald zur allgemeinen Kenntnis zu bringen, da sie sonst auch noch für spätere Handlungen ihrer früheren Vertreter verantwortlich gemacht werden kann.

## V. Die Innenverhältnisse der offenen Handelsgesellschaft.

### 1. Die Art der Geschäftsführung der Gesellschafter.

**Die Wahrnehmung der Geschäftsführung.**

HGB. § 114.

> Zur Führung der Geschäfte der Gesellschaft sind alle Gesellschafter berechtigt und verpflichtet.
>
> Ist im Gesellschaftsvertrage die Geschäftsführung einem Gesellschafter oder mehreren Gesellschaftern übertragen, so sind die übrigen Gesellschafter von der Geschäftsführung ausgeschlossen.

Zur Führung der Geschäfte der Gesellschaft sind die Gesellschafter in erster Linie berufen. Sie sind hierzu, wie das Gesetz ausspricht, auch berechtigt.

Von dieser grundsätzlichen Regelung kann es allerdings Ausnahmen geben. Im Gesellschaftsvertrag oder in späteren Vereinbarungen kann bestimmt sein, daß eine Geschäftsführung eines Gesellschafters nur im bestimmten Umfange oder gar nicht stattfinden solle. Wird angeordnet, daß die Geschäftsführung einem oder mehreren Gesellschaftern übertragen werde, so bedeutet dies nach der Feststellung des Gesetzes den Ausschluß

---

[1]) RG. 32 32.
[2]) RG. 15 121.
[3]) RG. 17 33.
[4]) RG. 20 190.
[5]) RG. 46 18.

der übrigen Gesellschafter von der Geschäftsführung. Auch können Gesellschafter durch Gerichtsurteil von der Geschäftsführung ausgeschlossen werden.

Aber von diesen Ausnahmefällen abgesehen, stellt das Recht zur Geschäftsführung eines der wichtigen Rechte des Gesellschafters dar. Seine Ausübung gibt die Möglichkeit, auf die Gestaltung der Gesellschaft entscheidenden Einfluß zu nehmen.

Das Recht zur Geschäftsführung ist ein persönliches Recht, dessen Ausübung der Gesellschafter daher nicht einem Dritten übertragen kann[1]. Von der persönlichen Wahrnehmung der Geschäfte durch die Gesellschafter hängt vielfach gerade das Gedeihen und das Ansehen der Gesellschaft ab.

**Pflicht zur Geschäftsführung.**

Dem Recht des Gesellschafters entspricht dessen Pflicht zur Geschäftsführung. Es ist eine hauptsächliche Pflicht jedes Gesellschafters, die Geschäfte der Gesellschaft wahrzunehmen und zu erledigen, sofern er nicht von der Verpflichtung zur Geschäftsführung entbunden ist.

Bei größerem Umfange der Gesellschaft ist die leitende Tätigkeit von den Gesellschaftern persönlich vorzunehmen. Im übrigen kann Vorsorge getroffen werden, daß die Gesellschafter bei Erledigung der Geschäfte durch geeignete Hilfskräfte unterstützt werden.

Ein Fernbleiben von der Geschäftsführung stellt eine Verletzung der Gesellschafterpflichten dar. Dies gilt auch, wenn sich der Gesellschafter zeitweise seiner Tätigkeit entzieht, in dem er z. B. ohne Kenntnis der übrigen Gesellschafter auf Vergnügungsreisen geht.

In gleicher Weise gesellschaftswidrig ist es, wenn der Gesellschafter die Geschäfte der Gesellschaft unordentlich führt oder vernachlässigt. Versäumnisse, insbesondere im Schriftwechsel, in der Buch- und Kassenführung, in der Erfüllung von Verbindlichkeiten können von schwerwiegenden Nachteilen für die Gesellschaft begleitet sein.

Für die Folgen, die aus Pflichtwidrigkeiten oder Fehler eines Gesellschafters entstehen, trägt er der Gesellschaft gegenüber die Verantwortung.

**Die Sorgfaltspflicht des Gesellschafters.**

Das Maß der Sorgfalt, für das jeder Gesellschafter der Gesellschaft gegenüber aufzukommen hat, ist durch § 708 BGB. bestimmt. Ein Gesellschafter hat hiernach für diejenige Sorgfalt einzustehen, die er in eigenen Angelegenheiten anzuwenden pflegt.

Damit ist der Gesellschafter zwar nicht von der Haftpflicht für grobe Fahrlässigkeit befreit (§ 277 BGB.). Allein bei Handlungen gewöhnlicher

[1] RG. 86262.

Fahrlässigkeit soll seine Haftung nicht eintreten, wenn sich der Gesellschafter auch bei Wahrnehmung eigener Angelegenheiten in gleicher Weise verhalten hätte.

Diese Regelung der Haftpflicht entspringt dem Gedanken, den Gesellschafter gleichwie den Einzelinhaber anzusehen, der ein eigenes Geschäft betreibt. Der Gedanke ist jedoch nicht haltbar. Der Gesellschafter verwaltet nicht, wie der Einzelunternehmer, eigenes Vermögen. Er vertritt eine Gemeinschaft. Man schafft nur einen Anreiz für die Leichtfertigkeit und bestraft im Grunde genommen die anderen Gesellschafter dafür, daß sie eine Gesellschaft mit dem Betreffenden eingegangen sind. Richtig wäre es, von jedem Gesellschafter zu verlangen, daß er seine Haftung dem Maßstab unterwirft, der für einen Verwalter fremder Angelegenheiten gegeben ist. Hiernach aber haftet der Beauftragte selbst bei unentgeltlichem Auftrag dem Auftraggeber im vollen Umfange (§§ 662 ff. BGB.). Eine weitergehende Haftung der Gesellschafter wird denn auch hin und wieder in Gesellschaftsverträgen besonders festgesetzt.

**Aufwendungen bei der Geschäftsführung.**

HGB. § 110.

> Macht der Gesellschafter in den Gesellschaftsangelegenheiten Aufwendungen, die er den Umständen nach für erforderlich halten darf oder erleidet er unmittelbar durch seine Geschäftsführung oder aus Gefahren, die mit ihr untrennbar verbunden sind, Verluste, so ist ihm die Gesellschaft zum Ersatze verpflichtet.
>
> Aufgewendetes Geld hat die Gesellschaft von der Zeit der Aufwendung an zu verzinsen.

Für die Geschäftsführung werden den Gesellschaftern meist Vergütungen ausgesetzt. Mit der Vereinbarung solchen Entgeltes erschöpft sich in der Regel der Vergütungsanspruch des Gesellschafters. Er kann nicht darüber hinaus Entschädigung für sonstige Dienste fordern, die er der Gesellschaft leistet. Die Gemeinschaft gewerblicher Zusammenarbeit, die den Gesellschafter in der Gesellschaft vereinigt, verpflichtet ihn, seine Fähigkeiten und persönliche Arbeitskraft der Gesellschaft zur Verfügung zu stellen. So kann ein Architekt als Gesellschafter keine Vergütung für Entwürfe fordern, die er der Gesellschaft für ihre gewerblichen Zwecke gefertigt hat[1]). Ein Gesellschafter, der einen anderen wegen Vernachlässigung[2]) seiner Aufgaben vertreten hat, kann nicht für diese Vertretung Ersatzansprüche stellen.

Vergütungsberechtigt sind jedoch besondere „Aufwendungen in Gesellschaftsangelegenheiten, die der Gesellschafter den Umständen nach für

---

[1]) ROH. 3167

[2]) ROH. 4378.

erforderlich halten darf". Hierunter fallen z. B. Auslagen zur Vorbereitung von Geschäften, Reisekosten u. ä., nicht aber Aufwendungen unsittlicher Art, um Geschäfte zu machen, wie Bestechungs- und Schmiergelder. Der Reichsfinanzhof erachtet allerdings solche Gelder als Werbungskosten für abzugsfähig.

Auch kann der Gesellschafter Ersatz verlangen, wenn er durch seine Geschäftsführung oder aus Gefahren, die mit ihr verbunden sind, Verluste erleidet. Wenn also z. B. ein Gesellschafter auf einer Geschäftsreise mit seinem Kraftwagen, den er der Gesellschaft zur Verfügung stellt, einen Unfall hat, so kann er, falls nicht eigenes Verschulden vorliegt, alle Ersatzansprüche, die er selbst oder verletzte Dritte erlangen, gegen die Gesellschaft geltend machen oder von ihnen Befreiung verlangen.

**Das gesetzliche Wettbewerbsverbot.**

HGB. § 112.

> Ein Gesellschafter darf ohne Einwilligung der anderen Gesellschafter weder in dem Handelszweige der Gesellschaft Geschäfte machen noch an einer anderen gleichartigen Handelsgesellschaft als persönlich haftender Gesellschafter teilnehmen.
>
> Die Einwilligung zur Teilnahme an einer anderen Gesellschaft gilt als erteilt, wenn den übrigen Gesellschaftern bei Eingehung der Gesellschaft bekannt ist, daß der Gesellschafter an einer anderen Gesellschaft als persönlich haftender Gesellschafter Teil nimmt und gleichwohl die Aufgabe dieser Beteiligung nicht ausdrücklich bedungen wird.

In Gesellschaftsverträgen wird meist vorgeschrieben, daß die Gesellschafter ihre Tätigkeit ausschließlich der Gesellschaft zu widmen haben. Das Gesetz geht nicht so weit. Es verbietet dem Gesellschafter lediglich die Vornahme von Geschäften in dem Handelszweige der Gesellschaft und die Teilnahme als persönlich haftender Gesellschafter in einer „gleichartigen" Gesellschaft. Doch kann auch eine solche Tätigkeit mit Zustimmung der übrigen Gesellschafter zugelassen werden.

Die tatsächliche Geschäftsübung hat mit Recht diese Regelung abgelehnt. Man kann auf die Dauer nicht zweien Herren dienen. Wenn daher die in Betracht kommenden Unternehmen nicht in enger Gemeinschaft stehen, muß eine solche Doppeltätigkeit eines Gesellschafters Streit heraufbeschwören. Die Mitgesellschafter werden daher im allgemeinen richtig handeln, ihre Einwilligung in eine solche zwiefache Tätigkeit zu versagen.

Das gesetzliche Verbot betrifft Geschäfte des Gesellschafters in dem nämlichen Handelszweige der Gesellschaft. In einem verwandten Handelszweige sind sie zugelassen. Doch wird man an die Feststellung der Gleichheit des Geschäftszweiges keine zu strengen Anforderungen stellen dürfen.

Nicht erforderlich ist es, daß die verbotenen Geschäfte auf den Namen des Gesellschafters laufen. Es genügt, daß sie für seine Rechnung abgeschlossen sind. Es wäre sonst leicht, das Verbot durch vorgeschobene Personen zu umgehen.

Weiter wird dem Gesellschafter eine Tätigkeit in einer gleichartigen Gesellschaft nur als persönlich haftender Gesellschafter untersagt. Auch diese Bestimmung ist unzulänglich. Durch sie wird z. B. dem Gesellschafter eine Teilnahme als Gesellschafter in einer Gesellschaft mit beschränkter Haftung gestattet, selbst wenn er an deren Geschäftsführung beteiligt ist.

Wird das Wettbewerbsverbot verletzt, so kann die Gesellschaft doppeltes verlangen. Sie kann entweder Schadensersatz oder den Eintritt in die Geschäfte des Gesellschafters fordern. Die Mitgesellschafter müssen sich jedoch schnell entscheiden, da drei Monate, nachdem sie von der Zuwiderhandlung Kenntnis erlangt haben, die Ansprüche verjähren (§ 113 HGB.).

## 2. Der Umfang der Geschäftsführung der Gesellschafter.

HGB. § 116.

> Die Befugnis zur Geschäftsführung erstreckt sich auf alle Handlungen, die der gewöhnliche Betrieb des Handelsgewerbes der Gesellschaft mit sich bringt.
>
> Zur Vornahme von Handlungen, die darüber hinausgehen, ist ein Beschluß sämtlicher Gesellschafter erforderlich.
>
> Zur Bestellung eines Prokuristen bedarf es der Zustimmung aller geschäftsführenden Gesellschafter, es sei denn, daß Gefahr im Verzug ist. Der Widerruf der Prokura kann von jedem der zur Erteilung oder zur Mitwirkung bei der Erteilung befugten Gesellschafter erfolgen.

**Vereinbarungen über die Geschäftsführung.**

Die Vertretungsmacht des Gesellschafters bezeichnet, in welchen Grenzen er mit Rechtswirkung gegen Dritte handeln kann. Der Umfang der Geschäftsführung gibt an, welche Befugnisse ihm im Innenverhältnis eingeräumt sind.

Der Umfang der Geschäftsführung kann in Vereinbarungen der Gesellschafter festgelegt sein. Eine solche Festsetzung geht der gesetzlichen Regelung vor (§ 109 HGB.).

Die Vereinbarung kann sich zunächst darauf beziehen, daß ein Gesellschafter nicht allein, sondern nur in Gemeinschaft mit anderen Gesellschaftern oder Prokuristen zur Geschäftsführung berechtigt sein soll. Des weiteren kann eine Verteilung der Geschäfte unter den Gesellschaftern vorgenommen werden, wobei dem einzelnen Gesellschafter ein bestimmtes Arbeitsgebiet zugewiesen wird.

Auch kann über die Art der Geschäftstätigkeit, das Zusammenarbeiten der Gesellschafter und ihre gegenseitige Vertretung Anordnung getroffen werden.

Derartige Vereinbarungen sind für den Gesellschafter verbindlich. Bei Verletzungen macht er sich der Gesellschaft gegenüber für allen Schaden verhaftet, der aus seiner Zuwiderhandlung entsteht. Auch kann in schwerwiegenden Fällen Entziehung der Geschäftsführung oder gar Ausschluß aus der Gesellschaft oder deren Auflösung beantragt werden.

**Gewöhnliche und außergewöhnliche Geschäfte.**

Soweit die Gesellschafter über die Geschäftsführung keine Vereinbarung getroffen haben, gilt die gesetzliche Regelung. Hiernach erstreckt sich die Befugnis zur Geschäftsführung auf alle Handlungen, die der gewöhnliche Betrieb des Handelsgewerbes mit sich bringt. Dagegen bedarf er zu weitergehenden Maßnahmen der Zustimmung sämtlicher Gesellschafter.

Über die Frage, ob eine Handlung für den Betrieb als gewöhnlich oder außergewöhnlich zu erachten ist, entscheidet die Eigenart des betreffenden Unternehmens und die Handelsüblichkeit. Entschuldbaren Irrtum über die Außergewöhnlichkeit eines Geschäftes entlastet den Gesellschafter.

Als ungewöhnlich gelten, falls nicht die besonderen Verhältnisse des Unternehmens eine andere Beurteilung zulassen, vornehmlich folgende Angelegenheiten: Geschäfte spekulativen Charakters, Verträge, die bedeutende oder langdauernde Verpflichtungen für die Gesellschaft einschließen, die Übernahme von Bürgschaften, Schuld- oder Wechselverbindlichkeiten, soweit sie das geschäftliche Maß übersteigen, unter gleicher Einschränkung die Aufnahme oder Gewährung von Kredit, der Erwerb oder die Belastung von Grundstücken, die Errichtung oder Auflösung von Zweigstellen, der Verkauf des Geschäftes oder von Teilen, die Veranstaltung von Ausverkäufen, eine Beteiligung oder der Abschluß von Interessengemeinschaften, der Eintritt oder Austritt aus Konventionen oder Kartellen.

Zur Bestellung eines Prokuristen bedarf es, soweit nicht Gefahr im Verzuge ist, der Beschlußfassung sämtlicher geschäftsführenden Gesellschafter. Dagegen läßt das Gesetz den Widerruf der Prokura durch jeden geschäftsführenden Gesellschafter zu.

Überschreitung seiner Befugnisse machen den Zuwiderhandelnden der Gesellschaft gegenüber ersatzpflichtig. Bei grober Pflichtverletzung kann die Entziehung der Geschäftsführung oder sein Ausschluß aus der Gesellschaft oder gar deren Auflösung beantragt werden.

### 3. Das Zusammenwirken der Gesellschafter.

**Widerspruchsrecht des geschäftsführenden Gesellschafters.**

HGB. § 115.

> Steht die Geschäftsführung allen oder mehreren Gesellschaftern zu, so ist jeder von ihnen allein zu handeln berechtigt; widerspricht jedoch ein anderer geschäftsführender Gesellschafter der Vornahme einer Handlung, so muß diese unterbleiben.
>
> Ist im Gesellschaftsvertrage bestimmt, daß die Gesellschafter, denen die Geschäftsführung zusteht, nur zusammen handeln können, so bedarf es für jedes Geschäft der Zustimmung aller geschäftsführenden Gesellschafter, es sei denn, daß Gefahr im Verzug ist.

Die Geschäftsführung steht gesetzlich jedem Gesellschafter zu. Nur, wenn im Gesellschaftsvertrage bestimmt ist, daß Gesellschafter, denen die Geschäftsführung obliegt, gemeinsam handeln müssen, bedarf jedes Geschäft der Zustimmung sämtlicher geschäftsführenden Gesellschafter.

Das Gesetz macht die Einschränkung, daß bei „Gefahr im Verzuge" von Einholung dieser Zustimmung abgesehen werden kann. Ob dieser Fall vorliegt, muß der handelnde Gesellschafter nach bestem Ermessen prüfen. Dabei kommt es auf den Zeitpunkt an, in dem sich der Gesellschafter zu entscheiden hatte. Es kann ihm nicht zum Nachteil gereichen, daß sich später herausstellte, daß die Geschäftslage gar nicht gefahrdrohend war.

Erhebt ein geschäftsführender Gesellschafter gegen die Handlung eines Gesellschafters Widerspruch, so muß eine solche Handlung unterbleiben. Es ist unzulässig, über einen solchen Widerspruch hinwegzugehen, selbst wenn nach der Geschäftsverteilung die Erledigung des Geschäftes dem handelnden Gesellschafter obliegen würde, ja selbst wenn Gefahr im Verzuge ist.

Das Gesetz geht davon aus, daß kein Gesellschafter berechtigt ist, gegen den Willen eines anderen zur Geschäftsführung berufenen Gesellschafters für die Gesellschaft zu handeln.

Die Zweckmäßigkeit des Widerspruches ist nicht nachzuprüfen. Nur wenn der Gesellschaftsvertrag den Grundsatz der Stimmenmehrheit festsetzt, ist eine Überstimmung des Widersprechenden durch Beschlußfassung der Gesellschafter statthaft.

Der Widerspruch kann von vornherein gegen eine bestimmte Art von Geschäften erklärt werden [1]).

Eine Nichtbeachtung des Widerspruches ist nur dann zulässig, wenn der Widersprechende böswillig, schikanös oder unter Verletzung der Vertragstreue vorgeht [2]).

---

1) RG. 84$_{136}$.

2) RG. 109$_{56}$.

Ist aber der Widerspruch zu beachten, so handelt der Gesellschafter, der zuwiderhandelt, auf eigene Gefahr. Er begeht eine Verletzung seiner Gesellschafterpflicht. Außerdem muß er die Folgen auf sich nehmen und Schadensersatz leisten, falls die Gesellschaft das betreffende Geschäft nicht gegen sich gelten lassen will[1]).

**Beschlußfassung der Gesellschafter.**

HGB. § 119.

> Für die von den Gesellschaftern zu fassenden Beschlüsse bedarf es der Zustimmung aller zur Mitwirkung bei der Beschlußfassung berufenen Gesellschafter.
>
> Hat nach dem Gesellschaftsvertrage die Mehrheit der Stimmen zu entscheiden, so ist die Mehrheit im Zweifel nach der Zahl der Gesellschafter zu berechnen.

Während gewöhnliche Geschäfte durch jeden einzelnen Gesellschafter allein zu erledigen sind, ist für außergewöhnliche Geschäfte eine einheitliche Beschlußfassung der Gesellschafter erforderlich. Desgleichen bedürfen der Einstimmigkeit der Gesellschafter diejenigen Rechtshandlungen, die eine Abänderung des Gesellschaftsvertrages betreffen, also z. B. die Änderung der Firma, die Veränderung des Vertretungs- oder Stimmververhältnisses, die Erhöhung der Einlagen, den Eintritt eines Gesellschafters oder die Auflösung der Gesellschaft bezwecken. Freiwillig braucht kein Gesellschafter in eine Abänderung der Verhältnisse zu willigen, die gesetzlich für die Rechtsbeziehungen der Gesellschafter maßgeblich oder im Gesellschaftsvertrage geordnet sind.

Allerdings kann in allen Fällen, in denen das Gesetz Einstimmigkeit der Gesellschafter fordert, der Gesellschaftsvertrag eine Beschlußfassung nach anderen Grundsätzen anordnen. So kann Entscheidung nach Mehrheit der Stimmen vorgesehen sein. Auch kann der Stimme eines oder mehrerer Gesellschafter gegenüber derjenigen der übrigen Gesellschafter ein erhöhter Einfluß eingeräumt werden.

Derartige vertragliche Festsetzungen gehen der gesetzlichen Regelung vor, die nur ergänzend zur Anwendung kommt. Das Gesetz gibt lediglich für den häufigen Fall, daß Stimmenmehrheit entscheiden soll, die Auslegungsregel, daß dann die Mehrheit nach der Zahl der Gesellschafter zu berechnen ist.

Keiner Zustimmung aller Gesellschafter bedarf es, wenn Ansprüche z. B. Schadensersatzansprüche gegen einen Gesellschafter geltend zu machen sind. Letzterer scheidet dann für die Beschlußfassung aus, da sich die Ansprüche gegen ihn richten, sein gegenteiliger Wille also für die Gesellschaft nicht in Betracht kommt.

[1]) Rechtspr. 27332.

Eine Form für die Beschlußfassung der Gesellschafter ist gesetzlich nicht vorgeschrieben. Die Beschlußfassung wird daher in freier, zwangloser Art erfolgen können, wie eine solche vielfach der Natur des Gesellschaftsverhältnisses entsprechend ist.

Es muß jedoch eine wirkliche Zustimmung der Gesellschafter erzielt werden. Sie kann auch durch schlüssige Handlungen erfolgen. Doch genügt hierfür nicht schon die bloße Anhörung der Angelegenheit durch den betreffenden Gesellschafter, wenn nicht aus den Sachumständen gefolgert werden muß, daß er einen Widerspruch unverzüglich erheben mußte.

Der Gesellschaftsvertrag kann für die Beschlußfassung der Gesellschafter besondere Formen, z. B. eine bestimmte Art der Protokollierung vorschreiben.

Diese Formen sind dann zu wahren. Doch dienen sie, falls nicht ausdrücklich gegenteiliges vereinbart ist, lediglich Beweiszwecken. Ein Gesellschafter, der z. B. seine Zustimmung in klarer Weise mündlich erteilt hat, kann sie nicht unter Berufung auf eine Formverletzung nachträglich in Frage stellen.

## 4. Das Kontrollrecht der Gesellschafter.

HGB. § 118.

> Ein Gesellschafter kann, auch wenn er von der Geschäftsführung ausgeschlossen ist, sich von den Angelegenheiten der Gesellschaft persönlich unterrichten, die Handelsbücher und die Papiere der Gesellschaft einsehen und sich aus ihnen eine Bilanz anfertigen.
>
> Eine dieses Recht ausschließende oder beschränkende Vereinbarung steht der Geltendmachung des Rechtes nicht entgegen, wenn Grund zu der Annahme unredlicher Geschäftsführung besteht.

Die Stellung der Gesellschafter als Mitberechtigte des Unternehmens schließt das Recht in sich, von allen Angelegenheiten der Gesellschaft persönlich Kenntnis zu nehmen und die Unterlagen einzusehen und zu prüfen. Dieses Recht besteht auch für denjenigen Gesellschafter, der von der Geschäftsführung ausgeschlossen ist.

Zur Wahrung seiner Kontrollrechte ist der Gesellschafter befugt, Vorlegung der erforderlichen Schriftstücke zu verlangen. Die Einsicht der Bücher und Belege hat in den Geschäftsräumen der Gesellschaft zu erfolgen. Der Gesellschafter kann nicht beanspruchen, daß ihm die Unterlagen in sein Haus verabfolgt werden.

Notwendige Aufschlüsse sind dem Gesellschafter von dem Mitgesellschafter, der die Angelegenheit bearbeitet, zu erteilen. Der Gesellschafter kann auch, um sich zu unterrichten, die Angestellten befragen, darf jedoch die Befragung nicht in eine Form kleiden, welche das Ansehen der übrigen Gesellschafter herabmindert.

Bei Ausübung der Kontrolle kann sich der Gesellschafter, insbesondere für die Prüfung der Bücher der Unterstützung eines Sachverständigen bedienen, wenn der Umfang und die Schwierigkeit der Nachprüfung dessen Zuziehung rechtfertigt. Es muß sich aber hierbei um eine vertrauenswürdige Person handeln, von der eine Schädigung der Interessen der Gesellschaft nicht zu befürchten ist. Meist erfolgt die Hinzuziehung von beeidigten Büchersachverständigen [1]).

Vereinbarungen, welche über eine Ausschließung oder über eine Beschränkung des Kontrollrechtes getroffen sind, stehen seiner Geltenmachung dann nicht entgegen, wenn der Verdacht unredlicher Geschäftsführung besteht.

Wird das Kontrollrecht des Gesellschafters verhindert oder beeinträchtigt, so kann er durch Beantragung einer gerichtlichen einstweiligen Verfügung die sofortige Verwirklichung seines Rechtes sichern (§ 940 ZPO.).

### 5. Entziehung der Geschäftsführung und der Vertretungsmacht eines Gesellschafters.

HGB. § 117.

> Die Befugnis zur Geschäftsführung kann einem Gesellschafter auf Antrag der übrigen Gesellschafter durch gerichtliche Entscheidung entzogen werden, wenn ein wichtiger Grund vorliegt; ein solcher Grund ist insbesondere grobe Pflichtverletzung oder Unfähigkeit zur ordnungsmäßigen Geschäftsführung.

Die fast wörtlich gleiche Vorschrift enthält § 127 HGB für die Entziehung der Vertretungsmacht eines Gesellschafters.

An und für sich handelt es sich bei der Entziehung der Geschäftsführung und der Vertretungsmacht um einen Eingriff in verschiedene Rechte des Gesellschafters. Die Entziehung der Vertretungsmacht beraubt den Gesellschafter der Möglichkeit, die Gesellschaft mit Wirkung gegen Dritte zu vertreten. Es muß daher auch der Ausschluß von der Vertretung zum Handelsregister angemeldet werden. (§ 125 Abs. 4 HGB.) Die Entziehung der Geschäftsführung nimmt dagegen dem Gesellschafter die Möglichkeit, im Innern für die Gesellschaft tätig zu sein; sie hat also nur für die inneren Rechtsbeziehungen der Gesellschaft Bedeutung. Trotzdem pflegt im Rechtsleben die Entziehung beider Befugnisse fast stets gemeinsam beantragt zu werden. Auch sind die gesetzlichen Gründe für die Entziehung die gleichen. Das rechtfertigt ihre gemeinsame Behandlung.

---

[1]) RG. $25_{88}$; OLG. $45_{51}$.

**Gründe der Entziehung.**

Die Entziehung bildet ein schwerwiegender Eingriff in eines der hauptsächlichen Rechte des Gesellschafters. Das Gesetz gestattet die Entziehung daher nur bei Vorliegen eines „wichtigen" Grundes.

Der Grund muß für die Gesellschaft wichtig sein. Deren Interessen, nicht die besonderen Interessen der Gesellschafter entscheiden. So kann es z. B. im Gesellschaftsinteresse gelegen sein, einen Gesellschafter infolge seiner geschäftlichen Fähigkeiten bei der Geschäftsführung zu behalten, trotzdem infolge seines herrischen und unverträglichen Wesens eine Zusammenarbeit mit ihm wesentlich erschwert ist. Hat allerdings seine Wesensart zur Folge, daß die Mitarbeit der übrigen Gesellschafter und der Angestellten gefährdet ist, so liegt eine Schädigung der Gesellschaftsinteressen vor, die eine Entziehung rechtfertigen würde.

Das Gesetz erwähnt als Hauptanwendungsfälle für die Entziehung einmal grobe Pflichtverletzung, zum anderen Unfähigkeit des betreffenden Gesellschafters zu einer ordnungsmäßigen Geschäftsführung.

Bei den ersteren Fällen handelt es sich um Verfehlungen, die ein Verschulden des Gesellschafters voraussetzen. Unter sie zählen Untreue oder Unredlichkeit des Gesellschafters, pflichtwidrige Verwendung, Verwertung oder Verwaltung von Gesellschaftsvermögen, Hintenansetzung der Interessen der Gesellschaft, gröbliche Versehen bei der Geschäftsführung, Verletzung des Gesellschaftsvertrages, Überschreitung der Befugnisse bei der Geschäftsführung, Beleidigungen von Mitgesellschaftern u. a.

Unfähigkeit zur ordnungsmäßigen Geschäftsführung ist gegeben, wenn dauernde Untauglichkeit des Gesellschafters vorliegt, die Geschäfte der Gesellschaft zu erledigen. Hierbei kann es sich um Vorkommnisse handeln, die von einem Verschulden unabhängig sind z. B. um Mängel der persönlichen Fähigkeiten, anhaltende Krankheit oder um solche, bei denen ein persönliches Verschulden mitspielt z. B. Trunksucht.

Außer Pflichtverletzung und Untauglichkeit können auch andere Gründe vorliegen, die eine Entziehung im Einzelfalle rechtfertigen können. Unverträglichkeit eines Gesellschafters ist bereits erwähnt. Ähnliches gilt z. B. bei Unehrenhaftigkeit eines Gesellschafters, unsittlichem Verhalten, Verwicklung in ein Strafverfahren, Übernahme einer anderen Geschäftsstellung u. a.

**Verhängung der Maßregel durch Gerichtsentscheid.**

Bei ihrer Tragweite für die Rechte des Gesellschafters kann die Entziehung der Geschäftsführung nur durch Gerichtsentscheid ausgesprochen werden. Es ist nicht zulässig, auf anderem Wege z. B. durch Beschlußfassung der Gesellschafter oder durch schiedsrichterliche Entscheidung die Maßregel durchzuführen [1]).

Die gerichtliche Entscheidung ergeht im Rechtsstreit vor dem ordentlichen Gericht. Es muß von sämtlichen übrigen Gesellschaftern Klage erhoben werden. Schließt sich einer der Gesellschafter von der Klageerhebung aus, so kann der Anspruch nicht durchgeführt, die Klage muß abgewiesen werden.

Rechtswirkung erlangt die Entscheidung erst mit der Rechtskraft des Urteils, das sie ausspricht. Da aber die Maßregel, um Wirkung auszuüben, schnell ausgebracht werden muß, wird sie meist schon vor dem Urteil im Wege der einstweiligen Verfügung beantragt.

## VI. Das Vermögen der Gesellschaft und die Beteiligung der Gesellschafter.

### 1. Die Einlagen der Gesellschafter.

Es ist bereits dargelegt, daß das Vermögen der offenen Handelsgesellschaft eine besondere, durch den Gesellschaftszweck gebundene Vermögenseinheit darstellt, die von dem Privatvermögen der Gesellschafter geschieden ist. Die Grundlage des Gesellschaftsvermögens bilden die Einlagen der Gesellschafter.

#### a) Die Art der Einlagen.

Die Einlagen der Gesellschafter können in Geld oder in Sachwerten bestehen.

Bei der Geldeinlage sind die Beträge so zu leisten, daß sie Eigentum der Gesellschaft werden. Jede persönliche Verfügungsmacht des einbringenden Gesellschafters muß aufhören.

Die bare Einzahlung kann durch Einlage von Wertpapieren, Schecks oder Akzepten ersetzt werden. Hierbei muß bei Wertpapieren der Anrechnungswert der Papiere festgestellt werden. Bei Einlage von Schecks oder Akzepten muß feststehen, daß auf die Papiere sofort Geld zu erhalten ist, sonst liegt keine Geldeinlage vor [2]). Es ist Zweck der Geldeinlage, der Gesellschaft sofort Barkapital zuzuführen.

Unter Sacheinlagen ist zunächst die Einbringung von Sachgegenständen zu verstehen wie z. B. von Inventarstücken, Werkzeugen, Maschinen, Warenbeständen, Beförderungsmitteln, Grundstücken.

Als Sacheinlagen gelten aber auch alle sonstigen, nicht in Geld be-

---

[1]) RG. 38119.
[2]) RG. 41120.

stehenden Werte, die der Gesellschaft zur Verfügung gestellt werden. Inbegriffen sind also z. B. Darlehens-, Wechsel-, Hypothekenforderungen, Miet-, Pacht-, Lizenz-, Patentrechte, Beteiligungen, die der Gesellschaft überlassen werden.

Weiter kann die Einlage eines Gesellschafters auch in Leistung von Diensten bestehen (§ 706 Abs. 3 BGB.). So kann es z. B. ein Gesellschafter übernehmen, sämtliche Beförderungsleistungen für die Gesellschaft auszuführen oder die Reklame in einem oder bestimmten Blättern durchzuführen. Es können sich auch sachliche und persönliche Leistungen verbinden[1]).

### b) Die Höhe der Einlagen.

Über die Höhe der Einlagen müssen die Gesellschafter untereinander Vereinbarung treffen. Es ist wichtig, hierüber im Gesellschaftsvertrage oder in sonstigen Abmachungen Festsetzungen vorzunehmen. Sonst ist finanzielle Grundlage der Gesellschaft ins Unsichere gestellt.

Bei Einbringung von Sacheinlagen ist ihr Anrechnungswert festzustellen. Andernfalls muß eine Schätzung der Sacheinlagen erfolgen. Die Gesellschafter sind an sich frei, die Bewertung der Einlagen durch Vereinbarung unter sich zu regeln. Für die Besteuerung sind aber derartige Feststellungen nicht maßgebend. Für die Besteuerung entscheidet der gemeine Wert der Einlagen. (§ 31 RBw., § 137 AO., § 21 KVSt.)

Sollte über die Höhe der Einlagen unter den Gesellschaftern keine Bestimmung getroffen sein, so haben die Gesellschafter gleiche Einlagen zu leisten (§ 705 BGB.).

Es kann auch vorgesehen werden, daß über die Höhe der Einlagen Mehrheitsbeschluß der Gesellschafter entscheiden soll. Für eine solche Beschlußfassung müssen aber Grenzen gesetzt sein, die eine willkürliche Schädigung der Gesellschafter ausschließen[2]).

### c) Einbringung der Einlagen.

Die Einbringung der Einlagen in die Gesellschaft erfolgt nicht stets im Wege der Eigentumsübertragung. So kann ein Gesellschafter z. B. einen Fuhrpark der Gesellschaft nur zur Benutzung übergeben, ein Recht nur zur Ausbeute überlassen, an einem Grundstück nur den Nießbrauch einräumen. Vom steuerlichen Gesichtspunkt ist überhaupt nur entscheidend, daß die überlassenen Gegenstände Betriebsvermögen der Gesellschaft werden.

Meist soll allerdings die Gesellschaft durch die Einbringung Eigentum erwerben. Der Gesellschafter hat dann in den Formen, die für die Eigen-

---

[1]) Jahrb. $44_{146}$.
[2]) RG. $109_{380}$.

tumsübertragung vorgeschrieben sind, der Gesellschaft Eigentum zu verschaffen.

Bei Einbringung von beweglichen Sachen hat im allgemeinen die Übergabe an die Gesellschaft zu erfolgen (§§ 932 ff. BGB.). Bei Forderungen würde an sich die mündliche Übertragung genügen. Doch ist schon aus Beweisgründen zu empfehlen, die Übertragung schriftlich vorzunehmen. Auch ist der Schuldner der Forderung zu verständigen, da er sonst mit Rechtswirkung an den bisherigen Gläubiger zahlen kann (§ 407 BGB.).

Bei Einbringung von Hypothekenforderungen ist es erforderlich, eine schriftliche Übertragung unter öffentlicher Beglaubigung der Unterschrift sowie die Aushändigung des Hypothekenbriefes vorzunehmen (§ 1117 BGB). Bei eingebrachten Wechseln hat Indossierung zu erfolgen. Bei Übertragung von Geschäftsanteilen einer Gesellschaft mit beschränkter Haftung muß die Abtretung in gerichtlicher oder notarieller Form bewirkt werden (§ 15 G. m. b. H. Ges.).

**Einbringung von Grundstücken.**

Wird ein Grundstück der Gesellschaft lediglich zur Benutzung überlassen, so genügt ein formfreier Vertrag[1]). Soll ein Nießbrauch eingeräumt werden, so ist Einigung und Eintragung des Nießbrauches in das Grundbuch erforderlich.

Erfolgt die Einbringung eines Grundstückes zu Eigentum, so ist die Auflassung an die Gesellschaft und deren grundbuchliche Eintragung als Eigentümerin erforderlich (§§ 873, 925 BGB.). Selbst wenn die Gesellschafter bereits als Miteigentümer des Grundstückes eingetragen waren, kann von der Auflassung und Neueintragung nicht abgesehen werden. Das frühere Miteigentumsrecht der Gesellschafter und ihre spätere Berechtigung als Gesellschafter ist rechtlich verschieden. Das eine Recht kann daher auf das andere nur mittels Übertragung übergehen[2]).

Bei Eigentumsübergang von Grundstücken wird die Grunderwerbsteuer fällig, die in der Regel vier vom Hundert des gemeinen Wertes des Grundstückes beträgt (§§ 11, 17 GrESt.). Zugunsten von Übertragungen, die sich zwischen Gemeinschaften zur gesamten Hand und deren Mitberechtigten vollziehen, wird jedoch steuerlich unterstellt, daß die Mitberechtigten lediglich Bruchteilseigentum wechseln. Auf diese Weise kann der Bruchteil des übertragenden oder abgebenden Mitberechtigten für die Besteuerung unberücksichtigt bleiben. Es wird also bei einem einbringenden Gesellschafter so angesehen, als wenn er in Höhe seines Gesellschaftsanteiles Eigentümer des Grundstücks bleiben und nur in Höhe des Restes die Übertragung vor-

---

1) RG. 109 380.

2) RG. 56 96; 65 227.

nehmen würden (§ 15 GrESt.). Würde also bei einer Gesellschaft mit zwei Gesellschaftern, die an ihr zu 3/5 und 2/5 beteiligt sind, der erstere ein ihm gehöriges Grundstück einbringen, so wäre für den Erwerb eine Steuer nur in Höhe von 2/5 des Grundstückswertes zu berechnen. Waren sämtliche Gesellschafter bereits Miteigentümer des Grundstückes, ohne daß an dem bisherigen Beteiligungsverhältnis etwas geändert wird, so käme eine Steuer überhaupt nicht in Betracht.

**Einbringung von Geschäften.**

Die Einlage eines Gesellschafters kann auch in der Einbringung von Geschäften bestehen. Gleichzustellen ist der Fall, wenn ein Gesellschafter in das Geschäft eines Einzelkaufmannes eintritt, das hierdurch in eine offene Handelsgesellschaft umgewandelt wird. (§ 28 HGB.)

In diesen Fällen erfolgt nicht die Einbringung von einzelnen Gegenständen. Vielmehr handelt es sich um die Übertragung eines Inbegriffs von Sachen und Werten, die als wirtschaftliche Einheit in dem übertragenen Unternehmen zusammengefaßt sind.

Hier bestimmt das Gesetz betreffs der Verbindlichkeiten, die in dem früheren Geschäft entstanden sind, eine Sonderhaftung. Es liegen Fälle der Geschäftsübernahme vor. (S. 58ff.)

### d) Erfüllung der Einbringungspflicht.

HGB. § 111.

> Ein Gesellschafter, der seine Geldeinlage nicht zur rechten Zeit einzahlt oder eingenommenes Gesellschaftsgeld nicht zur rechten Zeit an die Gesellschaftskasse abliefert oder unbefugt Geld aus der Gesellschaftskasse für sich entnimmt, hat Zinsen von dem Tage an zu entrichten, an welchem die Zahlung oder die Ablieferung hätte geschehen sollen oder die Herausnahme des Geldes erfolgt ist.
>
> Die Geltendmachung eines weiteren Schadens ist nicht ausgeschlossen.

Falls nichts anderes vereinbart ist oder sich aus der Sachlage ergibt, sind die Einlagen der Gesellschaft sofort zur Verfügung zu stellen. Bei Nichtzahlung oder verzögerter Einzahlung haftet der säumige Gesellschafter für allen Schaden, welcher der Gesellschaft aus seiner Säumnis erwächst. Auch kann die Verletzung der Einlagepflicht den Ausschluß des schuldigen Gesellschafters oder die Auflösung der Gesellschaft rechtfertigen. (§§ 133, 140 HGB.). Bei verzögerter Geldeinzahlung hat außerdem der Gesellschafter Zinsen von dem Tage an zu entrichten, an dem die Zahlung hätte geschehen müssen.

Bei Sacheinlagen hat der einbringende Gesellschafter wie ein Verkäufer Gewähr zu leisten (§§ 437, 459 ff. BGB.). Er haftet also bei Sachen für Mängel und zugesicherte Eigenschaften, bei Forderungen und Rechten für deren rechtlichen Bestand. Erhebliche Verletzung dieser Gewährleistungspflicht kann gleichfalls den Antrag auf Ausschluß oder Auflösung der Gesellschaft begründen.

## 2. Die Bilanzen der offenen Handelsgesellschaft.

Die Feststellung des Vermögens der Gesellschaft ist für die vermögensrechtlichen Ansprüche der Gesellschaft wichtig. Sie ist in gleicher Weise für die Ansprüche bedeutsam, welche den Gläubigern der Gesellschaft entstehen. Zudem sind öffentlichrechtliche Gesichtspunkte maßgebend, welche eine Ermittlung des Vermögens der Gesellschaft erfordern. Die Besteuerung der Gesellschaft und der Gesellschafter setzt gleichfalls eine solche Ermittelung voraus.

Die Feststellung des Vermögensstandes der Gesellschaft erfolgt seit altersher in Form von Bilanzen. Letzere dienen zugleich dem Zwecke der Gewinnverteilung.

Die Aufstellung der Bilanzen führt auf die kaufmännische Buchführung zurück.

### a) Buchführungsvorschriften.

HGB. § 38.

> Jeder Kaufmann ist verpflichtet, Bücher zu führen und in diesen seine Handelsgeschäfte und die Lage seines Vermögens nach den Grundsätzen ordnungsmäßiger Buchführung ersichtlich zu machen.
>
> Er ist verpflichtet, eine Abschrift (Kopie oder Abdruck) der abgesendeten Handelsbriefe zurückzubehalten und diese Abschriften sowie die empfangenen Handelsbriefe geordnet aufzubewahren.

Die Buchführungspflicht gilt in gleicher Weise für Einzelkaufleute wie für offene Handelsgesellschaften (§ 6 HGB.). Nach ihr ist eine bestimmte Art der Buchführung nicht vorgeschrieben. Die Buchführung muß nur ordnungsgemäß sein und die Handelsgeschäfte des Unternehmens und die Lage des Vermögens ersichtlich machen. Eine wirkliche Gewähr und zugleich Kontrolle einer ordnungsgemäßen Buchführung gibt die allgemein angewandte doppelte Buchführung.

Es besteht auch keine Vorschrift, bei der Buchführung bestimmte Konten zu wählen. Die Wahl der Konten richtet sich vielmehr zum großen Teil nach der Eigenart des betreffenden Unternehmens.

Soweit die Kapitalansprüche der Gesellschafter in Betracht kommen, ist es allerdings geboten, Kapitalkonten aufzunehmen, die den Stand des Kapitals jedes Gesellschafters ersichtlich machen. Auch werden mit Recht

Privatkonten der Gesellschafter geführt, die darstellen, welche Gutschriften den Gesellschaftern aus persönlichen Forderungen an die Gesellschaft zukommen, andererseits mit welchen Beträgen sie persönlich, insbesondere aus Privatentnahmen zu belasten sind.

Die Pflicht zur ordnungsgemäßen Buchführung ergibt sich auch aus öffentlichrechtlichen Vorschriften. Bei Zahlungseinstellung oder Konkurs stellt es ein Konkursvergehen dar, wenn es unterlassen worden ist, Handelsbücher zu führen oder wenn die Buchführung keine Übersicht des Vermögensstandes gewährt (§§ 239, 240 KO.). Dabei entlastet die Übertragung der Buchführung, die an einen bestimmten Gesellschafter erfolgt ist, die übrigen Gesellschafter von ihrer Verantwortung nicht. Letztere bleiben verpflichtet, eine geeignete Kontrolle auszuüben, sonst machen sie sich strafrechtlich mitverantwortlich.

Weiter sieht die Reichsabgabenordnung eine Prüfung der Bücher durch die Finanzämter vor. Die Behörden können die Bücher nebst den Aufzeichnungen einer Prüfung dahin unterziehen, ob sie „fortlaufend, vollständig und formell und sachlich richtig geführt werden" (§ 162 AO.). Bei Nichtbefolgung setzt sich der Steuerpflichtige der Gefahr aus, daß die Finanzämter statt eine Ermittlung eine Schätzung der Steuer vornehmen (§ 210 AO).

### b) Aufstellung der Inventur und der Bilanz.

HGB. § 39 Abs. 1, 2.

> Jeder Kaufmann hat bei dem Beginne seines Handelsgewerbes seine Grundstücke, seine Forderungen und Schulden, den Betrag seines baren Geldes und seine sonstigen Vermögensgegenstände genau zu verzeichnen, dabei den Wert der einzelnen Vermögensgegenstände anzugeben und einen das Verhältnis des Vermögens und der Schulden darstellenden Abschluß zu machen.
>
> Er hat demnächst für den Schluß eines jeden Geschäftsjahrs ein solches Inventar und eine solche Bilanz aufzustellen. Die Dauer des Geschäftsjahrs darf zwölf Monate nicht überschreiten. Die Aufstellung des Inventars und der Bilanz ist innerhalb der einem ordnungsmäßigen Geschäftsgang entsprechenden Zeit zu bewirken.

Hiernach ist bei Betriebsbeginn zunächst eine Zusammenstellung der Vermögensgegenstände der Gesellschafter unter Wertangabe, also die Eröffnungsinventur aufzunehmen. Außerdem ist ein das Verhältnis des Vermögens zu den Schulden darstellender Abschluß, also die Eröffnungsbilanz aufzustellen. In gleicher Weise ist zu verfahren, wenn ein bereits bestehendes Geschäft in die Rechtsform der offenen Handelsgesellschaft übergeführt wird.

Wie zu Beginn, so ist für den Schluß eines jeden Geschäftsjahres eine Inventur und eine Bilanz aufzustellen.

Die Bilanz bezieht sich auf ein Geschäftsjahr. Letzteres kann kürzer als ein Kalenderjahr sein z. B. bei Gesellschaften, die in Mitten eines Jahres beginnen oder eine Verlegung ihres Geschäftsjahres vornehmen, wodurch eine Verkürzung des laufenden Geschäftsjahres eintritt. Dagegen ist es unstatthaft, ein Geschäftsjahr über die Zeit von zwölf Monaten zu erstrecken.

Die das Geschäftsjahr umfassenden Jahresbilanzen sind gesetzlich vorgeschrieben. Zwischen- oder Monatsbilanzen haben für das Unternehmen nur interne Bedeutung.

Die Jahresbilanzen sind nach Beendigung des Geschäftsjahres innerhalb der einem ordnungsmäßigen Geschäftsgang entsprechenden Zeit aufzustellen. Als angemessene Zeit ist, falls nicht besondere Hinderungsgründe vorliegen oder das Unternehmen besonderen Umfang hat, eine solche von höchstens 3 Monaten zu erachten. Eine Verzögerung der Bilanzaufstellung stellt im Falle der Zahlungseinstellung oder des Konkurses ein strafbares Vergehen dar (§ 240 Nr. 4. KO.).

Wegen der Bedeutung der Bilanzen für die Besteuerung können die Steuerbehörden von den Steuerpflichtigen eine Abschrift ihrer Bilanzen nebst Erläuterungen verlangen. Wenn, was meist der Fall sein wird, außerdem eine Gewinn- und Verlustrechnuug besteht, so ist auch diese der Steuerbehörde einzureichen (§ 174 AO.). Doch haben die Steuerbehörden kein Recht, dem Steuerpflichtigen die Aufstellung von Bilanzen aufzugeben[1]).

### c) Unterzeichnung der Inventur und Bilanz.

HGB. § 41.

> Das Inventar und die Bilanz sind von dem Kaufmanne zu unterzeichnen. Sind mehrere persönlich haftende Gesellschafter vorhanden, so haben sie alle zu unterzeichnen.
>
> Das Inventar und die Bilanz können in ein dazu bestimmtes Buch eingeschrieben oder jedesmal besonders aufgestellt werden. Im letzteren Falle sind sie zu sammeln und in zusammenhängender Reihenfolge geordnet aufzubewahren.

Die Inventur und die Bilanz sind von allen Gesellschaftern zu unterschreiben. Es gilt dies auch von dem Gesellschafter, der von der Geschäftsführung ausgeschlossen ist.

Mit dem Vollzug der Aufstellungen bestätigt der unterzeichnende Gesellschafter deren Richtigkeit. Das ist für die Rechtsbeziehungen der Gesellschafter untereinander wichtig, hat außerdem aber die Bedeutung,

---

[1]) RFH. $12_{267}$.

daß der Unterzeichnende die Verantwortung übernimmt, soweit öffentlich-rechtliche Folgen in Betracht kommen.

Die Unterschrift unter der Inventur und der Bilanz kann wie eine sonstige Willenserklärung wegen Irrtums oder arglistiger Täuschung angefochten werden. (§§ 119—124 BGB.)

Die Unterzeichnung kann auch unter Vorbehalt einzelner, bestimmt anzugebender Bemängelungen erfolgen. Es ist dann zu versuchen, die Bemängelungen im Verhandlungswege oder gegebenenfalls im Schiedsstreit zu klären. Gelingt dies, so ist die Bilanz mit einem Nachtrag zu versehen, nötigenfalls zu berichtigen oder neu aufzustellen. Ein allgemeiner Vorbehalt bei der Unterzeichnung bedeutet die Verweigerung der Genehmigung.

Dem einzelnen Gesellschafter steht weder gegen die Mitgesellschafter noch gegen die Gesellschaft ein klagbarer Anspruch auf Genehmigung von Inventur und Bilanz zu. Ist vielmehr eine Einigung nicht zu erzielen, so bleibt nichts anderes übrig, als gemäß § 133 HGB. die Gesellschaft zur Auflösung zu bringen [1]). Zulässig ist es dagegen, im Gesellschaftsvertrage oder in sonstigen Abmachungen der Gesellschafter die Entscheidung einem Mehrheitsbeschluß, einer dritten Person oder einem Schiedsgericht zu übertragen, schließlich auch eine gerichtliche Entscheidung vorzusehen.

### d) Handelsbilanz.

Die Bilanzen der Gesellschaft scheiden sich in Vermögens- und Ertragsbilanzen. Erstere wie die Eröffnungs-, Liquidations- oder Steuerbilanz dient der Feststellung des Vermögens der Gesellschaft. Die letztere, die eigentliche Handelsbilanz, bezweckt die Ermittlung der Erträgnisse der Gesellschaft. Weil sie hiermit zugleich die Grundlage für die Gewinnverteilung abgibt, wird sie auch als Gewinnverteilungsbilanz bezeichnet.

Die Handelsbilanz ergibt die Höhe des Geschäftesgewinnes der Gesellschaft. Der Bilanzgewinn ist nicht nur für die Verteilung des Gewinnes unter die Gesellschafter entscheidend. Auch für die Besteuerung hat er maßgebliche Bedeutung.

**Bilanzgewinn.**

Nach der grundlegenden Bestimmung des Einkommensteuergesetzes ist Geschäftsgewinn der nach den Grundsätzen ordnungsgemäßer Buchführung ermittelte Überschuß des Betriebsvermögens über das Betriebsvermögen, das am Schluß des Vorjahres erzielt worden ist (§ 13 ESt.). Hiernach ist das Betriebsvermögen des laufenden Jahres mit dem des Vorjahres in Vergleich zu ziehen. Der Überschuß, der sich ergibt, stellt den

[1]) RG. 49142.

Gewinn der Gesellschaft dar. Ist das Betriebsvermögen gemindert, so ist Verlust eingetreten.

Hierbei ist zu beachten, daß alle Ausgaben des Betriebes, für die ein Gegenwert nicht in das Vermögen gelangt, bei der Bilanzaufstellung unberücksichtigt bleiben müssen. Derartige Ausgaben laufen über Unkostenkonto oder werden sonst abgebucht, so daß sie den Bilanzgewinn mindern. Es gilt dies vornehmlich für die Werbungskosten d. h. die Aufwendungen, die zur Erwerbung, Sicherung oder Erhaltung der Einkünfte gemacht sind (§ 16 ESt.).

Der Überschuß der Einnahmen über die Ausgaben ergibt Gewinn (§ 12 ESt.). Hierbei spielt es keine Rolle, ob die Einnahmen aus dem eigentlichen Gewerbebetrieb der Gesellschaft oder ob sie aus Kapital oder Grundbesitz fließen [1]).

Auch bei einzelnen Geschäften der Gesellschaft, z. B. bei Veräußerungsgeschäften ist nicht weiter zu prüfen, ob sie innerhalb des Gewerbezweckes der Gesellschaft liegen. Erforderlich ist nur, daß sie als Geschäfte der Gesellschaft gelten können [2]).

**Bewertungsvorschriften.**

HGB. § 40.

> Die Bilanz ist in Reichswährung aufzustellen. Bei der Aufstellung des Inventars und der Bilanz sind sämtliche Vermögensgegenstände und Schulden nach dem Werte anzusetzen, der ihnen in dem Zeitpunkte beizulegen ist, für welchen die Aufstellung stattfindet.
>
> Zweifelhafte Forderungen sind nach ihrem wahrscheinlichen Werte anzusetzen, uneinbringliche Forderungen abzuschreiben.

Für die Feststellung des Vermögens der Gesellschaft gibt das Handelsgesetzbuch lediglich die Vorschrift, daß die Vermögensgegenstände und Schulden der Gesellschaft nach ihrem Werte am Bilanzstichtage anzusetzen, zweifelhafte Forderungen nach ihrem wahrscheinlichen Werte zu schätzen, uneinbringliche abzuschreiben sind. Damit ist der Wert der Gegenstände am Stichtage zum ausschlaggebenden Gesichtspunkt erhoben. Der tatsächliche Wert soll gelten, so daß bei Zweifelhaftigkeit nur der wahrscheinliche Wert, bei Uneinbringlichkeit ein Wert überhaupt nicht anzusetzen ist. Es kann zweifelhaft sein, ob hiermit und in welchem Umfange der Grundsatz der Bilanzwahrheit zum Ausdruck gebracht werden sollte. Das Gesetz erläutert jedenfalls nicht, nach welchem Maßstabe die Wertfeststellung er-

---

[1]) RFH. 15111.

[2]) RFH. 12211.

folgen soll. Zur Ergänzung sind die steuerpflichtigen Vorschriften heranzuziehen.

Durch § 137 AO. ist nun angeordnet, daß bei Bewertungen der gemeine Wert der Gegenstände zugrunde zu legen ist (s. § 19 ESt.). Hierbei wird nach § 138 AO. der gemeine Wert durch den Preis bestimmt, der im gewöhnlichen Geschäftsverkehr nach der Beschaffenheit des Gegenstandes unter Berücksichtigung aller den Preis beeinflussenden Umstände bei einer Veräußerung zu erzielen ist. Unter einer Veräußerung ist aber eine solche zu verstehen, bei der das Unternehmen nicht aufgelöst, sondern weitergeführt wird (§ 139 AO.; § 19 ESt.).

Hier taucht nun die Frage auf, ob diese Vorschriften zwingende Bewertungsvorschriften sind oder ob sie wie bei der Gesellschaft mit beschränkter Haftung und der Aktiengesellschaft nur Höchstsätze aufstellen, hinter denen bei der Bewertung zurückzubleiben, dem Bilanzpflichtigen unbenommen ist. Der Geschäftsverkehr hat diese Frage längst im letzteren Sinne beantwortet.

**Abschreibungen.**

Bei Gegenständen des umlaufenden oder Betriebskapitals wie z. B. bei Rohstoffen, Fertig- und Halberzeugnissen, Warenvorräten ist Höchstgrenze für die Bewertung ihr Anschaffungs- oder Herstellungspreis; bei Wertpapieren und Waren, die einen Börsen- oder Marktpreis haben, der Börsen- oder Marktpreis, wenn dieser aber höher ist als der Anschaffungs- oder Herstellungspreis letzterer Preis (§ 261 HGB.; § 42 GmbH.).

Ebenso darf für Anlagewerte, d. h. also bei Gegenständen, die nicht zur Weiterveräußerung, sondern die dauernd zum Geschäftsbetriebe der Gesellschaft bestimmt sind, der Anschaffungs- oder Herstellungspreis zugrunde gelegt werden. Es muß aber ein der Abnutzung gleichkommender Betrag in Abzug gebracht werden oder ein entsprechender Erneuerungsfonds zum Ansatz kommen (§ 261 HGB.; § 42 GmbH.; § 19 ESt.).

Über die Höhe der Absetzungen bestehen in einzelnen Handelszweigen Durchschnittssätze. Desgleichen haben sich solche im Geschäftsverkehr für bestimmte Arten von Gegenständen wie z. B. von Grundstücken, Gebäuden, Maschinen, Werkzeugen, Beförderungsmitteln gebildet.

Darüber hinaus ist es üblich, für alle Gegenstände, die der Entwertung unterliegen, Abschreibungen vorzunehmen. Hierbei erfolgt die Berücksichtigung der Entwertung entweder durch Herabsetzung der Aktivposten oder mittels Passivposten, die in der Form von Bewertungsposten oder als Berichtigungsposten erscheinen.

Jede Willkür in der Vornahme von Abschreibungen ist zu vermeiden. Da eine Bilanz sich an die andere reiht, ist für die verschiedenen Geschäftsjahre eine gewisse Übereinstimmung in der Art und in der Höhe der Abschreibungen einzuhalten. Es entspricht der kaufmännischen Übung, den Grundsatz der Bilanzstetigkeit zu wahren (§ 20 ESt.).

**Bilanzfreiheit.**

Die Rechtssätze, die für die Aufstellung der Bilanz gelten, sind nicht erzwingbar. Allerdings können die Gesellschafter untereinander beanspruchen, daß bei der Bilanzaufstellung die gesetzlichen und kaufmännischen Grundsätze gewahrt werden. Auch hat die Steuerbehörde nur eine solche Bilanz anzuerkennen und der Besteuerung zugrunde zu legen, welche diese Grundsätze befolgt. Aber davon abgesehen, sind die Gesellschafter in der Aufstellung der Bilanz frei. Rechtsfolgen treten nur insofern ein, als bei einem Zusammenbruch des Unternehmens die Verletzung der Grundsätze die strafrechtliche Verantwortung der Gesellschafter nach sich zieht.

Vielfach treffen die Gesellschafter im Gesellschaftsvertrage oder in anderen Vereinbarungen über die Aufstellung der Bilanz Bestimmungen. Nach ihnen ist dann zu verfahren. Auf ihre Einhaltung hat jeder Gesellschafter Anspruch. Auf die Beurteilung der Steuerbehörde sind solche Vereinbarungen jedoch ohne Einfluß.

## 3. Der Kapitalanteil der Gesellschafter.

**Die Höhe des Kapitalanteiles.**

HGB. § 120.

> Am Schlusse jedes Geschäftsjahres wird auf Grund der Bilanz der Gewinn oder der Verlust des Jahres ermittelt und für jeden Gesellschafter sein Anteil daran berechnet. Der einem Gesellschafter zukommende Gewinn wird dem Kapitalanteil des Gesellschafters zugeschrieben; der auf einen Gesellschafter entfallende Verlust sowie das während des Geschäftsjahrs auf den Kapitalanteil entnommene Geld wird davon abgeschrieben.

Die Kapitalanteile der Gesellschafter bezeichnen deren Beteiligung am Gesellschaftskapital. Bei Errichtung der Gesellschaft sind die Kapitalanteile mit den Einlagen der Gesellschafter übereinstimmend. Im Fortgang der Gesellschaft treten Veränderungen ein.

Die Feststellung des Kapitalanteiles jedes Gesellschafters erfolgt auf Grund der Bilanz am Schluß eines Geschäftsjahres. Der hiernach dem Gesellschafter zufallende Gewinn wird seinem Kapitalanteil gutgeschrieben. Der Verlust, ebenso die Entnahmen während des Geschäftsjahres werden abgeschrieben.

Über die Kapitalanteile der Gesellschafter sind Kapitalkonten zu führen. Der Stand dieser Konten ergibt die jeweilige Höhe des Kapitalanteiles jedes Gesellschafters.

Die Kapitalkonten zeigen jedoch lediglich an, in welchem Verhältnis die Gesellschafter an dem Kapitalvermögen der Gesellschaft beteiligt sind. Über den innereren Wert dieser Beteiligung sagen sie nichts. Dieser bestimmt sich vielmehr nach dem Werte des gesamten Unternehmens, das die Gesellschaft betreibt und dem sich hiernach ergebenden Beteiligungsverhältnis der Gesellschafter (§ 140 AO.).[1])

**Entnahmen auf den Kapitalanteil.**

HGB. § 122.

> Jeder Gesellschafter ist berechtigt, aus der Gesellschaftskasse Geld bis zum Betrage von vier vom Hundert seines für das letzte Geschäftsjahr festgestellten Kapitalanteils zu seinen Lasten zu erheben und, soweit es nicht zum offenbaren Schaden der Gesellschaft gereicht, auch die Auszahlung seines den bezeichneten Betrag übersteigenden Anteils am Gewinn des letzten Jahres zu verlangen.
>
> Im übrigen ist ein Gesellschafter nicht befugt, ohne Einwilligung der anderen Gesellschafter seinen Kapitalanteil zu vermindern.

Der Jahresgewinn der Gesellschaft wird zunächst so verteilt, daß jeder Gesellschafter auf seinen Kapitalanteil 4 vom Hundert empfängt. Bei nicht zureichendem Gewinn mindert sich dieser Satz entsprechend (§ 121 HGB.).

Im Hinblick auf diese Gewinnbeteiligung gibt das Gesetz jedem Gesellschafter das Recht, Entnahmen auf seinen Kapitalanteil gleichfalls in Höhe von 4 vom Hundert vorzunehmen. Dieses Recht ist unbeschränkt. Es kann zu jeder Zeit, also auch dann ausgeübt werden, wenn bei der Gesellschaft Verlust hervortritt.

Weiter kann ein Gesellschafter Auszahlung des Gewinnes, der im letzten Jahre seinem Kapitalanteil zugeschrieben ist, fordern. Es kommen jedoch nur Gewinne des letzten Jahres in Betracht. Zuschreibungen aus Gewinnen früherer Jahre haben den Kapitalanteil endgültig vermehrt, so daß sie ohne Zustimmung der übrigen Gesellschafter nicht entnommen werden können.

Das Recht zur Gewinnabhebung ist jedoch hier nicht unbeschränkt. Es darf nicht zum offenbaren Schaden der Gesellschaft ausgeübt werden. Eine Entnahme eines Gesellschafters wäre also unzulässig, wenn der Gesellschaft hierdurch offensichtlich Nachteile drohen.

Im Gesellschaftsvertrage und in anderen Vereinbarungen der Gesellschafter kann die gesetzliche Regelung geändert werden (§ 109 HGB.). Nicht selten finden sich Vorschriften, nach denen Gewinnentnahmen zum mindesten in voller Höhe für so lange untersagt sind, bis der Kapitalanteil eine

---

[1]) RFH. 1230.

bestimmte Höhe erreicht hat. Auch kann die Zulässigkeit und die Höhe der Entnahmen für die verschiedenen Gesellschafter verschieden bestimmt werden.

### 4. Die Bezüge der Gesellschafter.

**Art der Vergütung.**

Das Gesetz enthält keine Bestimmung darüber, in welcher Weise die Vergütung der Gesellschafter für ihre geschäftsführende Tätigkeit erfolgt. Meist findet sich jedoch eine Regelung im Gesellschaftsvertrage oder in sonstiger Vereinbarung der Gesellschafter.

Für gewöhnlich besteht die Vergütung der Gesellschafter in festen Beträgen, Gehältern, die monatlich oder vierteljährlich entrichtet werden. Doch wird auch meist in Verbindung hiermit ein beweglicher Maßstab gewählt. Es erfolgt dann die Vergütung in Hundertsätzen z. B. nach den Umsätzen des Unternehmens, nach eingehenden Lizenzgebühren, Pachtgeldern u. ä.

Nicht selten sind auch Zuwendungen in Sachwerten wie z. B. Anschaffung eines Kraftwagens, kostenlose Lieferung von Waren, Übernahme der Kosten eines Privattelefons u. ä.

**Aufwandsentschädigungen.**

Neben Bezügen kommen Zuwendungen an die Gesellschafter in Betracht, die zugleich einen Ersatz für gehabte oder voraussichtliche Aufwendungen in sich schließen. Hierunter fallen z. B. Tagegelder, Aufwandsentschädigungen, Repräsentationsspesen u. ä.

Für die Gesellschafter sind alle Vergütungen für Mühewaltungen im Interesse der Gesellschaft Einkünfte aus Gewerbebetrieb und unterliegen der Einkommensteuer (§ 29 No. 3. ESt.). Das gilt jedoch nicht für Entgelte, die lediglich den Aufwand ausgleichen, den der Gesellschafter im Interesse der Gesellschaft gehabt hat. Hier erhält der Gesellschafter nur zurück, was er aus eigenen Mitteln für die Gesellschaft verausgabt hat.

Es fehlt in Einzelfällen nicht an Versuchen, als Aufwandsentschädigung zu bezeichnen, was in Wahrheit reine Vergütung darstellt. Es soll hierdurch ein Teil der bezogenen Vergütung der Besteuerung entzogen werden.

Die Grenze zwischen Vergütung und Aufwandsentschädigung ist manchmal nicht leicht zu ziehen. Insbesondere verursacht es nicht selten im Einzelfall Schwierigkeit, die Höhe des wirklichen Aufwandes in zuverlässiger Weise zu erkennen.

Für die privaten Arbeitnehmer hat der Reichsfinanzminister in einem Erlaß vom 31. Dezember 1925 ausgesprochen, daß Entschädigungen, die nicht über $17^1/_2$% der laufenden Bezüge oder der garantierten Tantieme hinausgehen, zu Beanstandungen der Steuerbehörde keinen Anlaß geben. Diese Stellungnahme kann auch für die Beurteilung der Aufwandsvergütung der Gesellschafter einen Anhalt bieten. In jedem Falle bleibt aber dem Steuerpflichtigen der Nachweis unbenommen, daß im gegebenen Fall die tatsächlichen Aufwendungen eine höhere Entschädigung rechtfertigen[1]).

**Wegfall der Bezüge.**

Die Bezüge des Gesellschafters kommen in Wegfall, wenn seine Geschäftsführung für die Gesellschaft aufhört. Dies ist der Fall, wenn ihm die Geschäftsführung entzogen wird. Dagegen beeinträchtigt eine zeitweise Unterbrechung der Dienstleistungen die Ansprüche auf Vergütung nicht.

Anders verhält es sich, wenn ein Gesellschafter durch langdauernde Abwesenheit z. B. infolge anhaltender Krankheit, Übernahme eines Staatsamtes für längere Zeit an Wahrnehmung der Geschäfte verhindert ist. In solchen Fällen entfällt regelmäßig, falls die getroffenen Vereinbarungen keine andere Auslegung erfordern, während der Zeit der Behinderung der Anspruch auf Entgelt. Auch sind die übrigen Gesellschafter berechtigt, für Rechnung des behinderten Gesellschafters eine Ersatzkraft anzustellen.

Im Falle des Todes besteht für die Hinterbliebenen kein Recht auf Fortbezug der Vergütung. Doch wird meist in Vereinbarungen der Gesellschafter vorgesehen, daß im Todesfall die Bezüge des Gesellschafters oder ein Teil von ihnen für einen gewissen Zeitabschnitt fortlaufen, was auch der Sitte entspricht.

### 5. Beteiligung der Gesellschafter am Gewinn und Verlust.

HGB. § 121.

Von dem Jahresgewinn gebührt jedem Gesellschafter zunächst ein Anteil in Höhe von vier vom Hundert seines Kapitalanteils. Reicht der Jahresgewinn hierzu nicht aus, so bestimmen sich die Anteile nach einem entsprechend niedrigeren Satze.

Bei der Berechnung des nach Abs. 1 einem Gesellschafter zukommenden Gewinnanteils werden Leistungen, die der Gesellschafter im Laufe des Geschäftsjahrs als Einlage gemacht hat, nach dem Verhältnisse der seit der Leistung abgelaufenen Zeit berücksichtigt. Hat der Gesellschafter im Laufe des Geschäftsjahrs Geld auf seinen Kapitalanteil entnommen, so werden die entnommenen Beträge nach dem Verhältnisse der bis zur Entnahme abgelaufenen Zeit berücksichtigt.

Derjenige Teil des Jahresgewinns, welcher die nach den Abs. 1, 2 zu berechnenden Gewinnanteile übersteigt, sowie der Verlust eines Geschäftsjahrs wird unter die Gesellschafter nach Köpfen verteilt.

---

[1]) s. auch Erlaß v. 3. 4. 26.

**Vereinbarungen über die Beteiligung.**

Auf Grund der Bilanz erfolgt die Verteilung des Gewinnes an die Gesellschafter und der Ausgleich des Verlustes (§ 120 HGB.).

Über die Grundsätze, die bei der Verteilung anzuwenden sind, können die Gesellschafter besondere Vereinbarungen treffen. Diese müssen dann zunächst beachtet werden.

Solche Vereinbarungen können sich darauf beziehen, daß gewisse Teile des Gewinnes von einer Verteilung ausgeschlossen werden. Ein solcher Ausschluß erfolgt zumeist, um die Betriebsmittel der Gesellschaft zu verstärken oder um Rücklagen für besondere Aufwendungen z. B. beabsichtigte Bauten, Erweiterungen oder sonstige Geschäftsmaßnahmen zu schaffen. Ebenso kann vereinbart werden, daß bei Eintritt von Verlust eine sofortige oder beschleunigte Abdeckung der Verluste durch die Gesellschafter zu erfolgen hat.

Weiter können die Gesellschafter die Beteiligung am Gewinn und Verlust nach den Personen der Gesellschafter verschieden bemessen. Es kann bestimmt werden, daß einzelne Gesellschafter nur am Gewinn, andere wiederum am Gewinn und Verlust, andere nur am Verlust beteiligt sein sollen. Es ist sogar eine Regelung für zulässig erachtet, nach der ein Gesellschafter nur festes Gehalt erhält, am Gewinn und Verlust überhaupt keinen Anteil hat[1]).

Desgleichen kann der Beteiligungssatz am Gewinn und Verlust für die einzelnen Gesellschafter ein verschiedener sein; er kann für den Gewinn ein anderer sein als beim Verlust. Ebenso können Vorbelastungen des Gewinnes oder Verlustes zugunsten oder Lasten bestimmter Gesellschafter vereinbart werden. Es kann z. B. vorgesehen werden, daß aus dem Gewinn Zuwendungen an einzelne Gesellschafter vorweg erfolgen sollen.

Häufig ist auch die Zusicherung garantierter Gewinnbeträge an die Gesellschafter, die dann in jedem Falle unabhängig von dem Gewinn und Verlust zur Verteilung kommen. In Wahrheit handelt es sich hierbei nicht um Gewinnzuwendungen, sondern um Zusicherung fester Bezüge.

**Gesetzlicher Verteilungsmaßstab.**

Sind über die Verteilung des Gewinns und Verlustes zwischen den Gesellschaftern keine Vereinbarungen getroffen, so gilt die gesetzliche Regelung. Hiernach gebührt jedem Gesellschafter von dem Jahresgewinn ein Anteil in Höhe von 4 vom Hundert auf seinen Kapitalanteil, der sich bei nicht zureichendem Gewinn entsprechend ermäßigt. Sind auf den Kapitalanteil erst im Laufe des Geschäftsjahres von einem Gesellschafter Leistungen gemacht oder Entnahmen erfolgt, so wird nur die Zeit seit der Leistung oder die Zeit bis zur Entnahme berücksichtigt.

---

[1]) RG. 90$_{14}$.

Nach dieser Vorverteilung wird dann der Rest des Gewinnes zu gleichen Teilen an die Gesellschafter erteilt. Ebenso wird der Verlust unter die Gesellschafter nach Köpfen verteilt.

**Der Gewinnanspruch des Gesellschafters.**

Auf die Verteilung des Gewinnes hat jeder Gesellschafter Anspruch. Der Anspruch richtet sich gegen die Gesellschaft, nicht gegen die Mitgesellschafter[1]). Kein Gesellschafter braucht sich damit einverstanden zu erklären, daß, falls nicht anderweite Vereinbarungen vorliegen, Gewinne von der Verteilung ausgeschlossen werden. Der Vornahme von Rücklagen, sei es in der Form der offenen oder stillen Reserven, braucht er nur zuzustimmen, falls solche nach den Grundsätzen ordnungsmäßiger Bewertung geboten sind. Auch ist kein Gesellschafter verpflichtet, seinen durch Verlust geminderten Kapitalanteil durch neue Einlagen zu ergänzen (§ 707 BGB.).

Der Gewinnanspruch des Gesellschafters ist übertragbar und unterliegt daher auch der Pfändung (§ 717 BGB.).

## VII. Die Besteuerung der Gesellschaft und der Gesellschafter.

Die Doppelseitigkeit, welche die offene Handelsgesellschaft in ihren Rechtsbeziehungen aufweist, ist auch für die Besteuerung von wesentlicher Bedeutung. Die offene Handelsgesellschaft hat einerseits rechtliche Selbständigkeit, andererseits sind einzelne Personen, die Gesellschafter, Träger ihrer Rechte und Pflichten, wenn auch nicht allein, so doch zu ungeteilter Gemeinschaft vereinigt.

Von beiden Seiten sowohl von seiten der Gesellschaft wie von der Seite der Gesellschafter konnte die Heranziehung zur Steuer erfolgen. Die Steuergesetzgebung hat beide Gesichtspunkte vermengt. Sie erfaßt bald die Gesellschaft, bald die einzelnen Gesellschafter. Sie geht hierbei von dem Grundsatz aus, daß, soweit die Besteuerung des Vermögens in Betracht kommt, die Gesellschaft, soweit dagegen das Einkommen der Besteuerung unterliegt, die Personen der Gesellschafter die Steuerpflichtigen darstellen.

### 1. Die Vermögensbesteuerung der Gesellschaft.

Das Vermögen der Gesellschaft wird einheitlich bei der Gesellschaft versteuert. (§ 2 Nr. 2 c VSt.). Alleinige Steuerschuldnerin ist die Gesellschaft. Das Privatvermögen der Gesellschaft scheidet für die Besteuerung des Vermögens der Gesellschaft völlig aus.

Von der Vermögensteuer wird nach dem Gesetz das ganze Vermögen

[1]) ROH. 19414.

der Gesellschaft erfaßt. Dabei wird das Vermögen nach denjenigen Gesichtspunkten festgestellt, die hierfür das Reichsbewertungsgesetz aufstellt (§ 5 VSt.).

Hiernach aber gilt als Vermögen der Gesellschaft deren gesamtes bewegliche und unbewegliche Vermögen nach Abzug der Schulden. Besteuert wird das Betriebsvermögen der Gesellschaft (§ 2 RB.).

Nach § 26 RB. gehören zum Betriebsvermögen alle Teile des Vermögens, die dem Betrieb des Gewerbes als Hauptzweck dienen. Insbesondere bilden Betriebsvermögen alle Gegenstände, die im Eigentum der Gesellschaft stehen. Hierbei kommen nicht nur Sachgegenstände in Betracht. Zum Betriebsvermögen gehören vielmehr auch alle Forderungen und Rechte, die Gegenstand des Gesellschaftsvermögens sein können. Auch der sog. Geschäfts- oder Verlagswert des Unternehmens stellt vermögensteuerrechtlich einen Gegenstand des Betriebsvermögens dar.

Bestandteil des Betriebsvermögens sind schließlich Gegenstände, die nicht der Gesellschaft, sondern einem, mehrerern oder allen Gesellschaftern gehören, sofern sie nur dem Betriebe der Gesellschaft dienen (§ 26 Abs. 2 Nr. 3 RB.). Solche Gegenstände scheiden für die Vermögensbesteuerung aus dem Vermögen der Gesellschafter aus, da sie als Vermögen der Gesellschaft angesehen werden (§ 46 RB.). Allerdings muß es sich hierbei um Gegenstände handeln, die wesentlich dem Betrieb der Gesellschaft dienen, also hauptsächlich dessen Zwecke nutzbar sind. Das ist z. B. nicht der Fall, wenn eine Gesellschaft lediglich in einem Hause, das einem ihrer Gesellschafter gehört, einige Geschäftsräume gemietet hat[1]). Das Hausgrundstück wird hierdurch nicht zum Betriebsvermögen der Gesellschaft.

## 2. Die Einkommenbesteuerung der Gesellschafter.

Steuerrechtlich werden die Gesellschafter als Mitunternehmer des gemeinschaftlich betriebenen Gewerbes angesehen (§ 29 Nr. 3 ESt.). Die Einkünfte der Gesellschafter werden jedoch nicht, wie bei der Besteuerung des Vermögens der Gesellschaft, einheitlich bei der Gesellschaft erfaßt. Vielmehr werden die Einkommen jedes Gesellschafters für sich und bei dem einzelnen Gesellschafter versteuert. Es erfolgt nur eine einheitliche Feststellung der Bemessungsgrundlage, nämlich des Geschäftsgewinnes der Gesellschaft, nach dem das Einkommen jedes einzelnen Gesellschafters veranlagt wird (§ 65 ESt.).

**Besteuerung der Bezüge der Gesellschafter.**

Der Besteuerung unterliegt das gesamte Einkommen, das der Gesellschafter aus dem Gewerbebetrieb der Gesellschaft bezieht (§ 6 Nr. 2 ESt.).

---

[1]) RFH. 17 56.

In erster Hinsicht fallen hierunter die Bezüge der Gesellschafter, wobei es ohne Bedeutung ist, in welcher Form sie dem einzelnen Gesellschafter zufallen. Inbegriffen sind alle Vergütungen für Mühewaltungen im Interesse der Gesellschaft, überhaupt alle geldwerten Vorteile, die den Gesellschaftern in ihrer Eigenschaft als Gesellschafter zukommen (§ 29 Nr. 3 ESt.).

Von den Einkünften sind diejenigen Beträge abzugsfähig, die der Gesellschafter im Interesse der Gesellschaft verauslagt oder verausgabt hat. Abzugsfähig sind ferner alle Werte für Leistungen und Gegenstände, die dem Gesellschafter für die Zwecke der Gesellschaft zur Verfügung gestellt werden. Sind die Werte zugleich der Person gewährt, so sind sie zu demjenigen Teil abzugsfähig, zu dem sie dem Gesellschaftszweck dienen. Aufwandsentschädigungen sind in dem Umfange abzugsfähig, als sie einen Ersatz für gehabte oder geschätzte Unkosten darstellen.

Alle Zuwendungen der Gesellschaft, welche persönlichen Interessen oder Bedürfnissen der Gesellschafter dienen, sind deren Einkünften zuzurechnen. Es gilt dies vornehmlich für alle Aufwendungen, welche die Lebenshaltung der Gesellschafter oder deren Angehörigen betreffen z. B. auch für Versicherungen, deren Prämien die Gesellschaft entrichtet.

**Besteuerung der Gewinne der Gesellschafter.**

Sämtlicher Gewinn, der den Gesellschaftern aus Mitteln der Gesellschaft zufließt, wird in gleicher Weise bei den Gesellschaftern als Einkommen aus Gewerbebetrieb versteuert.

Zunächst kommen die Gewinnbeträge in Betracht, die den Gesellschaftern auf Grund der Bilanzen der Gesellschaft gezahlt werden. Es ist ohne Bedeutung, in welcher Form und unter welcher Bezeichnung die Ausschüttung erfolgt. Zum Gewinn gehört auch der 4% Anteil auf die Kapitalanteile der Gesellschafter, der aus dem Jahresgewinn zu erfolgen hat (§ 121 HGB.).

Wird den Gesellschaftern für persönliche Leistungen, die sie an die Gesellschaft bewirken, z. B. für geliehene Darlehen ein übermäßig hohes Entgelt entrichtet, so ist das Entgelt insoweit, als es das Maß überschreitet, versteckter Gewinn und wird als solcher versteuert.

Als Einkünfte gelten schließlich die Gewinne, die bei der völligen oder teilweisen Veräußerung oder Aufgabe des Gewerbebetriebes z. B. bei Geschäftsübernahmen, Auflösung oder Verpachtung erzielt werden (§ 30 ESt.). Ihnen gleichbehandelt werden Entgelte für die Abgabe von Beteiligungen an einer Gesellschaft, vornehmlich also bei Ein- und Austritt von Gesellschaftern. Hierunter rechnen auch Entschädigungen, die Gesellschaftern als Ersatz für entgehende Einnahmen oder für die Aufgabe ihrer

Tätigkeit, einer Gewinnbeteiligung oder einer Anwartschaft auf eine solche zufließen. Dabei ist es ohne Bedeutung, ob das Vertragsverhältnis bereits erloschen ist und ob die Rechtsnachfolger der Gesellschafter die Berechtigten sind (§ 44 ESt.).

Die Gewinne sind jedoch nur steuerpflichtig, wenn sie eine bestimmte Höhe übersteigen. Bei Veräußerung des Gewerbebetriebes im ganzen muß der Gewinn über 10000 Rm. hinausreichen, bei Veräußerung eines Teiles des Gewerbebetriebes oder von Beteiligungen über denjenigen Betrag, der im anteilmäßigen Verhältnis zu 10000 Rm. steht, falls unterstellt werden kann, daß bei Gesamtveräußerung zum mindesten letzterer Preis übertroffen worden wäre. Die Gewinne müssen bei der Veräußerung selbst erzielt sein. Gewinne, die sich seit der letzten Veranlagung bis zur Veräußerung ergeben haben, sind in die vorgenannten Beträge nicht einzurechnen (§ 32 ESt.).

Im Hinblick darauf, daß es sich bei der Veräußerung des Gewerbebetriebes um außerordentliche Einkünfte handelt, treten auf Antrag der Steuerpflichtigen Ermäßigungen der Steuersätze ein (§ 58 ESt.).

**Besteuerung der Einnahmen während des Wirtschaftsjahres.**

Der Besteuerung unterliegen diejenigen Einkünfte der Gesellschafter, die während eines Steuerabschnittes bezogen sind. Steuerabschnitt ist das Wirtschaftsjahr der Gesellschaft. Hat die Steuerpflicht nicht während des ganzen Wirtschaftsjahres bestanden, so verkürzt sich der Steuerabschnitt entsprechend (§ 10 ESt.). Jeder Steuerabschnitt kommt besonders zur Besteuerung. Infolgedessen ist es nicht zulässig, Verluste zurückliegender Jahre von dem Gewinn des laufenden Jahres in Abzug zu bringen.

Die Einnahmen gelten in dem Steuerabschnitt als bezogen, für den sie nach den Grundsätzen ordnungsmäßiger Buchführung in den Abschlüssen spätestens auszuweisen sind. Dabei ist davon auszugehen, daß regelmäßig die Einnahmen in dem Wirtschaftsjahr bezogen sind, in dem sie fällig geworden oder, ohne fällig zu sein, der Gesellschaft tatsächlich zugeflossen sind. Soweit ein geschuldeter Betrag zwar fällig geworden, sein Eingang aber zweifelhaft ist, kann er unberücksichtigt gelassen werden, bis er einbringlich wird (§ 11 ESt.).

Für den Bezug der Einkünfte ist nicht der tatsächliche Eingang, sondern der Zeitpunkt ihres Erwerbes entscheidend. Der Gewinn ist in demjenigen Wirtschaftsjahr erworben, in dem er von dem Gesellschafter verdient worden ist. Ob der Gewinn zur Verteilung gekommen ist, bleibt ohne Belang. Es ist daher für die Besteuerung der Gesellschafter ohne Einfluß, ob der Gewinn als Rücklage genommen ist oder ob er als Vortrag für das folgende Geschäftsjahr erscheint. Gewinnvorträge kommen in demjenigen Wirtschaftsjahr zur Versteuerung, in dem die Gewinne erzielt worden sind.

An diesen Rechtsfolgen kann durch Vereinbarungen der Gesellschafter nichts geändert werden. Abmachungen der Gesellschafter über die Gewinnverteilung sind nur nur für das gegenseitige Rechtsverhältnis der Gesellschafter von Bedeutung.

**Einheitliche Feststellung des Geschäftsgewinnes durch die Steuerbehörden.**

Die Feststellung des Geschäftsgewinnes erfolgt einheitlich durch die Steuerbehörde gegenüber der Gesellschaft. Es ergeht hierüber ein besonderer Feststellungsbescheid (§§ 65, 66 ESt.). Der in dem Bescheide festgestellte Betrag ist für die Sonderveranlagung jedes einzelnen Gesellschafters zur Einkommensteuer maßgebend. Will der Gesellschafter geltend machen, daß der Gewinn der Gesellschaft in dem Feststellungsbescheide nicht richtig festgestellt sei, so kann dies nur im Wege der Anfechtung des Bescheides geschehen (§ 67 ESt.). Zur Einlegung von Rechtsmitteln sind jedoch nur die geschäftsführenden Gesellschafter berechtigt. Die anderen Gesellschafter sind nicht einmal befugt, dem Rechtsmittel beizutreten (§ 66 ESt.).

Für die einheitliche Feststellung ist das Finanzamt zuständig, in dessen Bezirk der Ort der Leitung der Gesellschaft liegt (§ 6 Ausf.).

### 3. Gewerbebesteuerung der Gesellschafter.

Die Heranziehung der Gesellschaften zur Gewerbebesteuerung erfolgt nicht auf Grund des Reichsrechtes, sondern nach Landesrecht. Die einzelnen von den Ländern erlassenen Gesetze schließen sich der grundsätzlichen Regelung des Einkommensteuergesetzes an, zeigen jedoch in Einzelpunkten Abweichungen.

Steuerpflichtig für die Gewerbesteuer sind als Mitunternehmer des Betriebes die Gesellschafter, nicht die Gesellschaft. Sämtliche Gesellschafter haften für die Steuer als Gesamtschuldner (§ 18 Preuß. G. v. 15. 3. 27; Art. 2 Bayr. G. v. 9. 7. 26). Die Bezüge der Gesellschafter werden grundsätzlich als nicht abzugsfähige Betriebsausgaben zugelassen. Doch kann in Preußen ein Gesamtbetrag von jährlich 1500 Rm. für die Dienstleistungen sämtlicher Gesellschafter in Abzug gebracht werden (§ 5 G. v. 15. 3. 27).

# VIII. Veränderung der grundlegenden Rechtsverhältnisse der offenen Handelsgesellschaft.

## 1. Änderung des Gesellschaftsvertrages.

**Änderung des Gesellschaftsvertrages durch Einigung der Gesellschafter.**

Der Gesellschaftsvertrag ist das Grundgesetz der gegenseitigen Rechte und Pflichten der Gesellschafter. Hierbei sind unter Gesellschaftsvertrag nicht lediglich diejenigen Vereinbarungen zu verstehen, die von den Gesellschaftern bei der Errichtung der Gesellschaft getroffen sind. Diese Vereinbarungen können durch spätere Abmachungen eine Abänderung erfahren. Gesellschaftsvertrag ist vielmehr die grundlegende Vereinbarung der Gesellschafter über ihre gegenseitigen Rechtsbeziehungen in ihrer jeweiligen Regelung.

Jede Abänderung des Gesellschaftsvertrages bedarf der Zustimmung sämtlicher Gesellschafter. Dabei ist es ohne Bedeutung, ob die Änderung die gesetzlich in jedem Gesellschaftsvertrage zu regelnden Rechtsverhältnisse betrifft, wie diejenigen über die Personen der Gesellschafter, die Firma und den Ort der Niederlassung oder ob sonstige Rechtsverhältnisse in Betracht kommen, über die sich der Gesellschaftsvertrag verhält, wie z. B. über die Dauer der Gesellschaft[1]), die Geschäftsführung der Gesellschafter, die Abstimmung bei Beschlußfassungen oder über Bilanzbestimmungen. Vielmehr bedarf jede Änderung, sei sie nun im Einzelfall von Erheblichkeit oder nicht, in gleicher Weise wie jede Veränderung der gesetzlich geregelten Rechtsverhältnisse der Einwilligung jedes einzelnen Gesellschafters. Eine Rechtspflicht, eine solche Zustimmung zu erteilen, besteht für einen Gesellschafter nicht. Auch wenn die Zustimmung ohne ersichtlichen Grund, aus Eigensinn oder Rechthaberei verweigert wird, muß der Widerspruch berücksichtigt werden. Es muß dann eben alles beim alten bleiben.

Allerdings können vertragliche Vereinbarungen vorliegen, die den Gesellschafter zu einer Einwilligung verpflichten. Auch kann im Gesellschaftsvertrag vorgesehen sein, daß Änderungen durch bestimmte Gesellschafter oder durch eine Mehrheit beschlossen werden können. Wird trotzdem Widerspruch erhoben, so kann über ihn entweder hinweggegangen oder nötigenfalls Klage gegen den widerstrebenden Gesellschafter auf Zustimmung erhoben werden.

Eine Form für Änderungen des Gesellschaftsvertrages ist nicht vorgeschrieben. Es genügt daher an sich die mündliche Vereinbarung. Doch empfiehlt es sich, schon aus Beweisgründen die Vereinbarung schriftlich zu treffen.

---

[1]) RG. 74 301.

**Eintragung der Änderungen in das Handelsregister.**

HGB. § 107.

> Wird die Firma einer Gesellschaft geändert oder der Sitz der Gesellschaft an einen anderen Ort verlegt oder tritt ein neuer Gesellschafter in die Gesellschaft ein, so ist dies ebenfalls zur Eintragung in das Handelsregister anzumelden.

Hiernach bedarf die Firmenänderung, die Sitzverlegung und der Eintritt eines neuen Gesellschafters der Eintragung in das Handelsregister. Was für den Eintritt eines Gesellschafters gilt, ist auch für das Ausscheiden eines Gesellschafters vorgeschrieben (§ 143 Abs. 2 HGB.).

Weiter ist die Änderung der Vertretungsmacht eines Gesellschafters, die Auflösung der Gesellschaft, die Bestellung, Abberufung von Liquidatoren und die Änderung der Vertretungsmacht der Liquidatoren zum Handelsregister anzumelden (§§ 125 Abs. 4, 143 Abs. 1, 148 Abs. 1 HGB.).

Die Anmeldepflicht bezieht sich jedoch nur auf diese bestimmten, gesetzlich bezeichneten Tatsachen, die für Dritte kundbar gemacht werden müssen. Dagegen besteht keine Anmeldepflicht für Tatsachen, die nur das Innenverhältnis der Gesellschaft berühren. Es gilt dies z. B. von Änderungen, welche die Verlegung des Geschäftsjahres, die Bezüge der Gesellschafter, die Verteilung des Gewinnes und Verlustes, Bewertungsvorschriften und die Regelung von Streitigkeiten der Gesellschafter betreffen.

## 2. Geschäftserweiterungen.

Geschäftserweiterungen haben an sich eine Änderung des Vertrages der Gesellschaft nicht zur Folge. Sie können sich als lediglich geschäftliche Maßnahmen innerhalb des Geschäftsbetriebes der Gesellschaft vollziehen. In vielen Fällen pflegen allerdings Geschäftserweiterungen gleichzeitig eine Änderung des Gesellschaftsvertrages nach sich zu ziehen. Dies rechtfertigt ihre Behandlung in diesem Zusammenhange.

### a) Zweigniederlassungen.

Die Errichtung von Zweigniederlassungen kann schon bei Begründung der Gesellschaft vorgenommen werden. Erfolgt sie später, so ist hierzu keine Änderung des Gesellschaftsvertrages erforderlich. Als Maßnahme der Geschäftsführung, die über den gewöhnlichen Betrieb des Handelsgewerbes hinausgeht, bedarf sie jedoch der Zustimmung sämtlicher Gesellschafter (§ 116 Abs. 2 HGB.).

Die Zweigniederlassung bildet ein von dem Hauptunternehmen abgezweigtes Sonderunternehmen, das jedoch vermögensrechtlich das Schicksal des Hauptunternehmens teilt. Insbesondere bleibt das Gesellschaftsvermögen einheitlich. Es kann daher eine Urteilsforderung gegen die Gesellschaft sowohl in der Haupt- wie in der Zweigniederlassung zur Vollstreckung gebracht werden. Der Konkurs der Gesellschaft erfaßt ohne weiteres auch die Zweigstelle. Ebenso wird für die Besteuerung das Vermögen als Einheit angesehen.

Der Zweigstelle kommt jedoch besondere Bedeutung bei, weil sie eine eigene Geschäftsführung hat und innerhalb des Rahmens der Zweigstelle mit Rechtswirkung für die Gesellschaft Geschäfte abschließen kann. Sie kann auch unter eigenem Namen Rechte erwerben [1]). Es wird sogar als zulässig angesehen, daß die Zweigstelle in der Rechtsform der Gesellschaft mit beschränkter Haftung ihre Geschäfte führt [2]).

Die Zweigniederlassung benutzt die gleiche Firma wie die Hauptniederlassung, doch kann sie für die Firmenführung Zusätze annehmen, die sie als Zweigstelle kennzeichnen. Letzteres ist geboten, wenn sie sonst an ihrem Niederlassungsort mit anderen Firmenbezeichnungen in Widerstreit gerät (§ 30 Abs. 3 HGB.).

Nimmt die Zweigniederlassung eine besondere Firmenbezeichnung an, so ist es möglich, die Vertretungsmacht eines Gesellschafters oder eines Prokuristen auf den Betrieb der Zweigniederlassung zu beschränken (§§ 126 Abs. 3, 50 Abs. 3 HGB.). Derartige Beschränkungen sind sowohl bei dem Gericht der Haupt- wie der Zweigniederlassung zur Eintragung anzumelden.

Die Zweigniederlassung unterscheidet sich von Vertretungen, Lägern, Erzeugungsstellen und Werkstätten des Unternehmens dadurch, daß sie im Gegensatz zu diesen Stellen in der Führung der Geschäfte selbständig ist.

Eine besondere Veräußerung der Zweigniederlassung ist statthaft [3]).

Die Zweigstelle muß bei dem Gericht ihrer Niederlassung ins Handelsregister eingetragen werden. Die Eintragungen, welche die Hauptniederlassung betreffen, sind bei dem Gericht der Zweigstelle zu wiederholen und daselbst in gleicher Weise anzumelden (§ 13 HGB.). Für den Geschäftsverkehr mit dritten Personen sind die Eintragungen und Bekanntmachungen durch das Gericht der Zweigstelle entscheidend (§ 15 Abs. 3 HGB.).

Die Ortsverlegung der Zweigstelle ebenso wie deren Aufgabe sind zum Handelsregister anzumelden (§ 31 HGB.).

### b) Übernahme von Geschäften.

HGB. §. 25

> Wer ein unter Lebenden erworbenes Handelsgeschäft unter der bisherigen Firma mit oder ohne Beifügung eines das Nach-

---

[1]) RG. 62 7.
[2]) RG. 104 341.
[3]) RG. 77 60.

folgeverhältnis andeutenden Zusatzes fortführt, haftet für alle im Betriebe des Geschäfts begründeten Verbindlichkeiten des früheren Inhabers. Die in dem Betriebe begründeten Forderungen gelten den Schuldnern gegenüber als auf den Erwerber übergegangen, falls der bisherige Inhaber oder seine Erben in die Fortführung der Firma gewilligt haben.

Eine abweichende Vereinbarung ist einem Dritten gegenüber nur wirksam, wenn sie in das Handelsregister eingetragen und bekannt gemacht oder von dem Erwerber oder dem Veräußerer dem Dritten mitgeteilt worden ist.

Wird die Firma nicht fortgeführt, so haftet der Erwerber eines Handelsgeschäfts für die früheren Geschäftsverbindlichkeiten nur, wenn ein besonderer Verpflichtungsgrund vorliegt, insbesondere wenn die Übernahme der Verbindlichkeiten in handelsüblicher Weise von dem Erwerber bekannt gemacht worden ist.

Bei der Übernahme von Geschäften ergeben sich besondere Rechtsfolgen für die Haftung der Gesellschaft und der Gesellschafter. Betreffs der Haftung unterscheidet das Gesetz, ob die Firma des übernommenen Unternehmens fortgeführt wird oder nicht. Erfolgt die Fortführung, so erachtet es hierdurch den Zusammenhang mit dem bisherigen Unternehmen als gewahrt und bestimmt eine Nachfolge in die bestehenden Geschäftsverbindlichkeiten.

Wird dagegen die Firma nicht beibehalten, erfolgt vielmehr lediglich eine Aufnahme der Bestände des früheren Geschäftes, so tritt eine Übernahme der Geschäftsverbindlichkeiten nicht ein. Für die Schulden des aufgenommenen Unternehmens bleiben dann die bisherigen Inhaber allein verhaftet.

Anders gestaltet sich die Rechtslage nur, wenn das aufnehmende Unternehmen für die Übernahme der Haftung einen besonderen Rechtsgrund schafft, indem es z. B. allgemein durch Rundschreiben oder einzelnen Gläubigern gegenüber die Übernahme der Geschäftsverbindlichkeiten besonders bekannt gibt.

**Geschäftsübernahme unter Fortführung der Firma.**

Erfolgt die Fortführung der Firma, so gehen die bestehenden Verbindlichkeiten auf die aufnehmende Gesellschaft über. Die Gläubiger des früheren Geschäftes können sich nunmehr an diese Gesellschaft und deren Gesellschafter halten. Andererseits werden auch die Forderungen des bisherigen Unternehmens erworben. Deren Schuldner können allerdings den Nachweis fordern, daß der bisherige Inhaber oder seine Erben in die Fortführung der Firma gewilligt haben.

Die Fortführung des Unternehmens braucht nicht unter einer Firma zu erfolgen, die mit der früheren genau übereinstimmt. Eine Verkürzung

z. B. der Vornamen eines in der Firma enthaltenen Personennamens ändert an der Übernahme nichts[1]). Zulässig ist auch die Beifügung eines das Nachfolgeverhältnis andeutenden Zusatzes. Es können auch beide Firmen zusammengefügt werden, so daß beide Firmen in einer Firmenbezeichnung vereinigt werden. Hierbei muß nur das Nachfolgeverhältnis hervorgehoben werden.

Schließlich kann auch die aufgenommene Firma als Zweigniederlassung der aufnehmenden Firma erscheinen. Sie muß dann einen Zusatz erhalten, der sie in ihrer Eigenschaft als Zweigstelle kennzeichnet[2]).

**Übergang von Geschäftsverbindlichkeiten.**

Die Übernahme erstreckt sich im Zweifel auf alle Verbindlichkeiten, die im Betriebe des früheren Unternehmens begründet worden sind. Hierzu gehören sämtliche Verpflichtungen des Geschäftes, die nicht nur in privaten Beziehungen des Inhabers ihren Grund hatten, so z. B. auch die Beteiligung an einer Gesellschaft mit beschränkter Haftung, wenn die Beteiligung im Betriebe des Geschäftes erfolgte[2]), Verpflichtungen, die an die Benutzung der bisherigen Firma geknüpft sind[3]) u. a.

Neben der übernehmenden Gesellschaft bleibt den Gläubigern der frühere Geschäftsinhaber verhaftet. Allerdings kann bei laufenden Verträgen die Haftung aufhören, wenn nach der Übernahme neue Vertragsleistungen erwachsen, die der Vertragsgegner von vornherein der übernehmenden Gesellschaft zuführt. Es gilt dies z. B. für Lieferungen, die bereits an die übernehmende Gesellschaft ausgeführt werden. Aus dieser Art der Erfüllung kann gefolgert werden, daß die aufnehmende Gesellschaft an Stelle des bisherigen Geschäftsinhabers neu in das Vertragsverhältnis aufgenommen ist[5]).

**Übergang von Steuerschulden.**

§ 96 AO.

> Gründet sich die Steuerpflicht auf den Betrieb eines Unternehmens und wird das Unternehmen im ganzen veräußert, so haftet der Erwerber neben dem Veräußerer für die laufenden und für die festgesetzten, aber noch nicht entrichteten Steuern.

Es wird bei der Übernahme von Geschäften häufig übersehen, daß der Erwerber nicht nur die Haftung für die bisherigen privatrechtlichen Verbindlichkeiten, sondern nach § 96 AO. auch diejenige für die Steuerschulden übernimmt.

---

[1]) RG. 113 306.
[2]) RG. 113 213.
[3]) RG. 76 7.
[4]) RG. 66 320.
[5]) RG. 19 129; 31 45.

Diese Haftungsübernahme bezieht sich auf die auf den Betrieb des Unternehmens gelegten Steuern, insbesondere also auf die Umsatz-, Gewerbe-, Verkehrs- und Verbrauchssteuern. Sie umfaßt nicht nur die bereits von der Steuerbehörde festgesetzten und daher rückständigen Steuern. Sie erstreckt sich auch auf die laufenden noch nicht festgesetzten Steuern.

Gesetzliche Voraussetzung ist allerdings, daß das Unternehmen im ganzen veräußert wird. Doch ändert hieran nichts, wenn unerhebliche Teile des Geschäftsvermögens von der Übernahme ausgeschlossen sind.

Die Haftungsübernahme für Steuerschulden gründet sich auf eine Vorschrift des öffentlichen Rechtes. Sie kann daher durch gegenteilige Abreden der Parteien nicht geändert werden. Die Vereinbarung des Ausschlusses der Geschäftsverbindlichkeiten von der Übernahme beseitigt daher die Haftung des Übernehmers nicht. Selbst die Tatsache, daß die erwerbende Gesellschaft den früher betriebenen Geschäftszweig nicht mehr fortsetzt, schließt die Haftung für die Steuerschulden nicht aus [1]).

**Vereinbarter Ausschluß der Übernahme der Geschäftsverbindlichkeiten.**

In Abänderung der gesetzlichen Haftung kann für die privaten Geschäftsverbindlichkeiten vereinbart werden, daß für die erwerbende Gesellschaft deren Übernahme ausgeschlossen sein soll. Derartige Vereinbarungen haben für die Gläubiger erst Rechtswirkung, wenn sie in das Handelsregister eingetragen und bekannt gemacht oder wenn sie den Gläubigern besonders mitgeteilt sind.

Die Eintragung und Bekanntmachung oder die Benachrichtigung der Gläubiger muß unmittelbar nach der Geschäftsübernahme erfolgen. Die Maßnahmen entbehren sonst der Rechtswirkung [2]). Unterbleibt die Eintragung und Bekanntmachung, selbst durch Versehen des Registergerichtes, so muß es bei der gesetzlichen Haftung des Übernehmers verbleiben [3]).

Hervorzuheben ist, daß selbst bei vereinbartem Ausschluß damit nicht jede Haftung des Übernehmers entfällt. Vielmehr kann eine solche Haftung nach anderen Vorschriften begründet sein. Zu beachten ist insbesondere § 419 BGB., nach dem bei Übernahme eines Vermögens die Gläubiger an den übertragenen Werten und an den Ansprüchen aus dem Übernahmevertrag Befriedigung suchen können. Diese Werte und Ansprüche müssen allerdings noch greifbar und pfändbar sein. Auch kann bei Vermögensverschiebungen von den Gläubigern im Wege der Anfechtung vorgegangen werden.

---

[1]) RFH. $7_{341}$.
[2]) OLG. $21_{374}$.
[3]) RG. $75_{139}$.

**Besteuerung bei Geschäftsübernahmen.**

Eine Besteuerung bei Geschäftsübernahmen erfolgt insoweit, als zu dem übernommenen Vermögen Grundstücke gehören. Es werden dann 4 vom Hundert von dem gemeinen Wert der Grundstücke erhoben (§ 13 GrESt.). Ist der Veräußerungspreis höher als der gemeine Wert, so wird der Veräußerungspreis zugrunde gelegt (§ 12 GrESt.).

Eine Umsatzsteuer wird nicht erhoben, da der Verkauf eines Unternehmens außerhalb der gewerblichen Umsatztätigkeit gelegen ist[1]).

Für den bisherigen Geschäftsinhaber unterliegt der Gewinn, der bei Veräußerung oder Aufgabe des Unternehmens erzielt ist, der Einkommensteuer (§ 30 ESt.). Hierbei ist zur Ermittlung des Gewinnes der Veräußerungspreis mit dem Werte in Vergleich zu ziehen, der für den Schluß des vorangegangenen Steuerabschnittes der Veranlagung zugrunde gelegen hat. Hat eine solche Veranlagung nicht stattgefunden, so ist der Unterschied des Anschaffungs- und Herstellungspreises zu ermitteln (§ 30 Abs. 2, 4 ESt.).

Eine Besteuerung tritt jedoch nur ein, wenn bei Gesamtveräußerung der Gewinn 10 000 Rm. übersteigt oder bei Veräußerung eines Teiles des Gewerbebetriebes sich ein solcher anteilsmäßiger Gewinn ergibt, daß bei Gesamtveräußerung ein Gesamtgewinn von mehr als 10 000 Rm. erzielt sein würde.

### 3. Änderung der Personen der Gesellschafter.

Die offene Handelsgesellschaft ist mehr als jede andere Gesellschaft des Handelsrechtes von den Personen ihrer Gesellschafter abhängig. Jede Veränderung der Personen der Gesellschafter verändert den Bestand der Gesellschaft.

Die Änderung ist daher nur unter besonderen Voraussetzungen statthaft. Wo sie zugelassen wird, bleibt die rechtliche Selbständigkeit der Gesellschaft gewahrt. Es liegt keine Auflösung und Neuerrichtung vor. Das Unternehmen bleibt, die Personen wechseln.

#### a) Eintritt eines Gesellschafters.

Der Eintritt eines Gesellschafters kann sich in verschiedener Weise vollziehen. Zunächst können dem Kreis der Gesellschafter neue Gesellschafter hinzutreten. Es kann aber auch der Eintritt mit dem Ausscheiden eines Gesellschafters derart verbunden sein, daß der Eintretende die Stelle des Ausscheidenden einnimmt. Hierbei kann der ersetzte Gesellschafter entweder völlig ausscheiden oder in Zukunft die Stellung eines Kommanditisten oder stillen Gesellschafters einnehmen.

---

[1]) RFH. 653.

Der Eintritt eines Gesellschafters kann nur mit Zustimmung aller übrigen Gesellschafter stattfinden [1]). Doch können die Gesellschafter sich schon im voraus verpflichten, einen neuen Gesellschafter aufzunehmen. Hierbei kann bestimmten Gesellschaftern ein Wahlrecht eingeräumt werden. Doch ist eine rücksichtslose oder gar mißbräuchliche Ausnutzung dieses Vorrechtes unzulässig [2]).

Der Vertrag über den Eintritt eines Gesellschafters wird mit den einzelnen Gesellschaftern, nicht mit der Gesellschaft geschlossen. Eine unerlaubte Handlung bei Abschluß eines solchen Vertrages z. B. arglistige Täuschung eines Gesellschafters verpflichtet daher den betreffenden Gesellschafter, nicht die Gesellschaft [3]). Der vollzogene und in das Handelsregister zur Eintragung gelangte Eintritt ist daher für Dritte maßgeblich [4]).

Der Eintritt eines Gesellschafters muß zum Handelsregister angemeldet werden (§ 107 HGB.).

**Besteuerung beim Eintritt eines Gesellschafters.**

Der Eintritt eines Gesellschafters unterliegt gleich wie die Errichtung der Gesellschaft der Kapitalverkehrsteuer. Die Steuer beträgt auch hier 5 vom Tausend nach dem Wert der Einlage des Gesellschafters (§§ 17 d; 21 a KV.).

Die Personenveränderung, welche der Eintritt von Gesellschaftern ergibt, führt zu keiner Änderung der Eigentumsverhältnisse der Gesellschaft. Gehören daher der Gesellschaft Grundstücke, so liegt in dem Eintritt eines Gesellschafters keine Rechtsänderung, die einen Übergang des Eigentumes des Grundstückes bewirkt. Eine Besteuerung nach § 1 des Grunderwerbsteuergesetzes tritt daher nicht ein [5]).

### b) Ausscheiden eines Gesellschafters.

Das Ausscheiden eines Gesellschafters kann zwischen den Gesellschaftern vereinbart werden. Es kann bereits im Gesellschaftsvertrage vorgesehen sein.

Das Ausscheiden braucht kein freiwilliges zu sein. Es kann auch im Wege des Ausschlusses erfolgen.

Das Ausscheiden eines Gesellschafters bewirkt die Aufhebung des für den Ausgeschiedenen bestehenden Gesellschaftsverhältnisses. Die Aufhebung wirkt nicht zurück. An dem Vergangenen wird daher nichts ge-

---

1) RG. 52 161.
2) RG. 92 163.
3) OLG. 44 197.
4) RG. 51 33; 76 439.
5) RFH. 12 76.

ändert. Insbesondere bleibt die Haftung der Ausgeschiedenen für die bisherigen Geschäftsverbindlichkeiten.

Die Verjährung der Rechtsansprüche der Gläubiger gegen den ausgeschiedenen Gesellschafter beginnt mit dem Tage, an dem das Ausscheiden in das Handelsregister eingetragen ist. Wird der Anspruch erst später fällig, so beginnt die Verjährung mit dem Fälligkeitstage. Die Verjährungsfrist beträgt fünf Jahre (§ 159 HGB.).

**Auseinandersetzung zwischen den Gesellschaftern.**

Die Auseinandersetzung des Ausgeschiedenen mit den zurückbleibenden Gesellschaftern erfolgt nach den Vereinbarungen, die hierüber getroffen werden. Es empfiehlt sich, einen schriftlichen Auseinandersetzungsvertrag zu schließen. Auch ist es zweckmäßig, eine Bilanz für die Auseinandersetzung aufzumachen, an deren Aufstellung sämtliche Gesellschafter mitzuwirken haben[1]).

Sind besondere Vereinbarungen nicht vorliegend, so greifen ergänzend die gesetzlichen Vorschriften ein. Hiernach bleibt der frühere Gesellschafter an den Geschäften, die zur Zeit seines Ausscheidens noch schweben, weiter beteiligt. Insoweit wirkt das frühere Gesellschaftsverhältnis in der Form einer Abwicklungsgemeinschaft nach. Der ausgeschiedene Gesellschafter entbehrt allerdings des Einflusses auf die Erledigung dieser Geschäfte. Die übrigen Gesellschafter sind vielmehr berechtigt, diese Geschäfte so zu beendigen, wie es ihnen am vorteilhaftesten erscheint (§ 740 Abs. 1 BGB.). Sie dürfen hierbei aber nicht absichtlich zum Nachteil des früheren Gesellschafters handeln.

Der Ausgeschiedene kann am Schluß jeden Geschäftsjahres Rechenschaft über die beendigten Geschäfte, Auszahlung des ihm zustehenden Guthabens und Auskunft über den Stand der schwebenden Geschäfte verlangen (§ 740 Abs. 2 BGB.). Zur wirksamen Wahrung seiner Rechte wird ihm Einsicht und Prüfung der Geschäftsbücher, auch unter Zuziehung eines Büchersachverständigen nicht zu versagen sein[2]).

An dem Gewinn und dem Verlust aus dem noch schwebenden Geschäften bleibt der ausgeschiedene Gesellschafter in dem früheren Beteiligungsverhältnis beteiligt.

Der Anteil des Ausgeschiedenen am Gesellschaftsvermögen bemißt sich nach dem Stand des Vermögens, den es im Zeitpunkt des Ausscheidens des Gesellschafters hat. Nötigenfalls ist es im Wege der Schätzung zu ermitteln. Die Einlagen sind dem Gesellschafter zurückzugeben, je nach den Vereinbarungen bei der Einbringung entweder in Natur oder in Geld.

---

[1]) RG. 15₈₀.

[2]) RG. 25₈₈.

Sein Anteil am Gesellschaftsvermögen wächst den übrigen Gesellschaftern zu (§ 738 BGB.).

Die zurückbleibenden Gesellschafter sind nach Vollzug der Auseinandersetzung, falls nichts Gegenteiliges bestimmt ist, verpflichtet, den Ausgeschiedenen von allen Verbindlichkeiten der Gesellschaft zu befreien und ihm auf Verlangen Sicherheit zu gewähren (§ 738 Abs. 1 BGB.). Wird der Ausgeschiedene trotzdem von den Gläubigern in Anspruch genommen, so kann er von den Gesellschaftern Ersatz verlangen [1]).

Reicht der Wert des Vermögens zur Deckung der gemeinschaftlichen Schulden und der Einlagen nicht aus, so hat der Ausscheidende für den Fehlbetrag nach Maßgabe seiner Beteiligung am Verluste aufzukommen (§ 739 BGB.).

Die Ansprüche des ausgeschiedenen Gesellschafters gegen seine Mitgesellschafter auf Grund des Gesellschafts- und des Auseinandersetzungsvertrages unterliegen nicht der fünfjährigen Verjährung. Sie verjähren regelmäßig erst in dreißig Jahren [2]). Die verspätete Geltendmachung kann allerdings Treu und Glauben verletzen und zur Verwirkung des Anspruches führen.

Das Ausscheiden eines Gesellschafters ist von sämtlichen Gesellschaftern zur Eintragung in das Handelsregister anzumelden.

**Besteuerung beim Ausscheiden eines Gesellschafters.**

Beim Ausscheiden eines Gesellschafters wird der Zuwachs des Kapitalanteiles besteuert, der infolge des Ausscheidens den zurückbleibenden Gesellschaftern anfällt. Bei gleichzeitigem Eintritt eines Gesellschafters unterliegt der neu eintretende Gesellschafter der Steuer (§§ 17, 29 d. KVSt.). Die Steuer beträgt nach den geringen Sätzen des Kapitalverkehrsteuergesetzes 5 vom Tausend des Wertes des Anteiles, der zum Übergang gelangt.

Keine Steuerpflicht entsteht, wenn der ausscheidende Gesellschafter lediglich mit Teilen des Gesellschaftsvermögens abgefunden wird. Es liegt hierin keine Überlassung von Gesellschaftsrechten im Sinne des Kapitalverkehrsteuergesetzes, sondern nur eine Herausnahme von Werten aus der Gesellschaft [3]).

Das Ausscheiden eines Gesellschafters verursacht keine Änderung in den Eigentumsverhältnissen der Gesellschaft. Gehören daher der Gesellschaft Grundstücke, so liegt kein Übergang von Grundstücken oder von Teilen vor. Eine Besteuerung nach § 4 GrESt. tritt daher nicht ein. Scheidet

---

[1]) OLG. $45_{51}$.
[2]) ROH. $8_{246}$; $88_{42}$.
[3]) RFH. $15_{174}$.

jedoch bei einer aus zwei Personen bestehenden Gesellschaft ein Gesellschafter aus, so wird das Unternehmen Einzelunternehmen. Infolge der Vereinigung der Geschäftsanteile in einer Hand kommt die Besteuerung gemäß § 3 GrESt. in Betracht.

Der Veräußerungsgewinn, den bei Auseinandersetzung der ausscheidende Gesellschafter erzielt, ist für ihn als Einkommen aus Gewerbebetrieb einkommensteuerpflichtig (§ 30 Nr. 2 EKSt.). Zur Besteuerung gelangt ein solcher Gewinn jedoch nur, wenn bei Veräußerung sämtlicher Anteile der Gesellschafter ein Gesamtgewinn von mehr als 10 000 Rm. erzielt würde (§ 32 EKSt.). Wird der Gewinn, wie meist bei Abfindungen, in Teilbeträgen gezahlt, so ist die Steuer in demjenigen Wirtschaftsabschnitt bezogen, in dem die Teilsummen zur Auszahlung gelangen.

### 4. Änderung der Rechtsform.

#### a) Umwandlung.

Eine Umwandlung ist gegeben, wenn ein Unternehmen unter Änderung der bisherigen Rechtsform die Form einer Gesellschaft annimmt oder, wenn es bereits Gesellschaft war, zu einer anderen Art der Gesellschaft übergeht.

Die Änderung braucht nicht von einem Wechsel der Personen begleitet zu sein. Es können die Personen die gleichen bleiben, aber ihre Stellung als Gesellschafter kann Veränderung erfahren. Dies ist der Fall, wenn von den Gesellschaftern einer offenen Handelsgesellschaft einer oder mehrere die Rechtsstellung eines Kommanditisten oder eines stillen Gesellschafters annehmen. Dadurch wird die offene Handelsgesellschaft zur Kommanditgesellschaft oder die Beteiligung des persönlich haftenden Gesellschafters in eine solche eines stillen Gesellschafters verwandelt.

Die gleiche Veränderung kann in umgekehrter Reihenfolge eintreten. Die stille Gesellschaft kann in eine Kommanditgesellschaft oder offene Handelsgesellschaft oder die Kommanditgesellschaft kann zur stillen Gesellschaft oder zur offenen Handelsgesellschaft umgewandelt werden.

Mit diesen Umwandlungen können gleichzeitig diejenigen Veränderungen zusammenfallen, die durch den Hinzutritt oder das Ausscheiden von Gesellschaftern verursacht werden.

Unzulässig ist nach dem geltenden Gesetz die Umwandlung des Einzelunternehmens oder eines der behandelten Gesellschaftsarten in eine Gesellschaft oder Vereinigung, die eine juristische Person darstellt, also in eine Gesellschaft mit beschränkter Haftung, Aktiengesellschaft, Genossenschaft oder in einen eingetragenen Verein.

**Rechtsstellung des umgewandelten Unternehmens.**

Die Umwandlung läßt die Rechtsstellung des umgewandelten Unternehmens unberührt. Es bleibt das gleiche Unternehmen in seinen nach außen gerichteten Rechtsbeziehungen, auch wenn seine Rechtsform sich gewandelt hat.

Es sind daher keine Rechtshandlungen nötig, um einen Übergang von Rechten und die Übernahme von Pflichten herbeizuführen. Der Träger dieser Rechtsbeziehungen ist unverändert geblieben.

Notwendig kann es allerdings werden, Rechtsfeststellungen zu treffen, um das Unternehmen in seiner neuen Rechtsform als berechtigt und verpflichtet kenntlich zu machen. Es kann daher verlangt werden, daß frühere Verträge nunmehr auf den Namen des umgewandelten Unternehmens gestellt werden. Dingliche Rechte und Pflichten insbesondere Grundbucheintragungen sind zu berichtigen. Schuldtitel z. B. Urteilstitel müssen umgeschrieben werden.

Die Umwandlung der Gesellschaft stellt in jedem Falle eine Änderung des Gesellschaftsvertrages dar. Auch wenn sie bereits im Gesellschaftsvertrage vorgesehen war, ergibt doch ihre Durchführung die Änderung des Vertrages.

Die Umwandlung muß, um gegen Dritte wirksam zu sein, zum Handelsregister angemeldet werden. Doch hat zuvorige Kenntnis des Dritten die gleiche Rechtswirkung.

**Steuerrechtliche Behandlung der Umwandlung.**

Die steuerrechtliche Betrachtung hat gleichfalls davon auszugehen, daß die Umwandlung die Rechtsstellung des bisherigen Unternehmens unverändert beläßt. Die Umwandlung erzeugt daher an sich keine Steuerpflichten[1]). Nur einzelne Vorgänge, die der Durchführung der Umwandlung dienen, können zu einer Steuerpflicht führen. Es gilt dies von der Einbringung von Einlagen, insbesondere von Grundstücken, bei Geschäftsübernahmen sowie von der Änderung der Kapitalanteile bei dem Eintritt und dem Ausscheiden von Gesellschaftern.

### b) Rückwandlung.

Von Rückwandlung spricht man, wenn eine Umwandlung wieder rückgängig gemacht wird. Doch ist eine Rückwandlung auch vorliegend, wenn die Gesellschafter oder ein Teil von ihnen nach Auflösung des Unternehmens die Auflösung wiederum rückgängig machen und das Unternehmen fortführen.

Das Gesetz erwähnt den Fall, daß nach einem Zwangsvergleich oder

---

[1]) RFH. $16_{15}$; $19_{291}$; $21_{120}$.

nach Einstellung des Konkursverfahrens die Gesellschafter die in Konkurs geratene Gesellschaft fortsetzen (§ 144 HGB.). Häufiger kommt es vor, daß, nachdem die Liquidation der Gesellschaft beschlossen ist, die Gesellschafter die Liquidation aufheben und sich zur Wiederaufnahme des Betriebes entschließen.

Die Rückwandlung ist nur eine Abart der Umwandlung. Alles betreffs der Umwandlung Gesagte hat daher in gleicher Weise für die Rückwandlung Geltung.

### c) Verschmelzung.

Das Aktienrecht kennt die gesetzliche Vereinigung zweier Aktiengesellschaften zu einer Gesellschaft (§ 306 HGB.). Eine gleiche rechtliche Möglichkeit besteht für die offenen Handelsgesellschaften und die Kommanditgesellschaften nicht.

Derartige Gesellschaften müssen andere Wege suchen, falls sie zu einer Vereinigung gelangen wollen. Sie können hierfür die Form der Interessengemeinschaft wählen. Eine solche Gemeinschaft läßt jedoch die rechtliche Selbständigkeit der vereinigten Unternehmen unberührt. Sie gestattet nur ein geschäftliches Zusammengehen, kein rechtliches Aufgehen.

Eine rechtliche Verschmelzung kann nur derart bewerkstelligt werden, daß das eine Unternehmen sich auflöst und das andere seine Sachwerte aufnimmt. Die Aufnahme wird meist im Wege der Geschäftsübernahme erfolgen. Sie kann gleichzeitig mit einer Umwandlung des aufnehmenden Unternehmens verbunden sein.

Die Verschmelzung kann sich auch derart vollziehen, daß beide Unternehmen sich auflösen und eine neue Gesellschaft eingehen, an die sie ihre Sachwerte übertragen. Diese Art der Verschmelzung bedeutet die Neuerrichtung einer Gesellschaft. Sie ist daher nach den für die Errichtung geltenden Vorschriften zu behandeln.

## IX. Die Auflösung der offenen Handelsgesellschaft.

HGB. § 131.

Die offene Handelsgesellschaft wird aufgelöst:

1. durch den Ablauf der Zeit, für welche sie eingegangen ist,
2. durch Beschluß der Gesellschafter,
3. durch die Eröffnung des Konkurses über das Vermögen der Gesellschaft,
4. durch den Tod eines Gesellschafters, sofern nicht aus dem Gesellschaftsvertrage sich ein anderes ergibt,
5. durch die Eröffnung des Konkurses über das Vermögen eines Gesellschafters,
6. durch Kündigung und durch gerichtliche Entscheidung.

Die Auflösungsgründe der offenen Handelsgesellschaft entspringen mannigfachen Ursachen. Sie lassen sich nicht unter einem einheitlichen Gesichtspunkt zusammenfassen.

Der Gesellschaftsvertrag kann die Auflösung der Gesellschaft regeln. Es können auch Bestimmungen über die Gründe, welche die Auflösung herbeiführen, getroffen werden.

An bestimmten gesetzlichen Auflösungsgründen kann allerdings nichts geändert werden (Nr. 3, 5 und 6). Bei anderen sind ergänzende Vereinbarungen der Gesellschafter statthaft (Nr. 4, 6). Jedenfalls kann durch Gesellschaftsvertrag die Zahl der Auflösungsgründe vermehrt werden.

## 1. Zeitablauf.

Die Dauer der Gesellschaft kann in dem Gesellschaftsvertrage zeitlich begrenzt sein. Nach Zeitablauf tritt dann die Auflösung der Gesellschaft ein. Wird trotzdem die Gesellschaft stillschweigend fortgesetzt, so stellt sie das Gesetz einer Gesellschaft, die für unbestimmte Zeit eingegangen ist, gleich (§ 134 HGB.).

Fehlt eine Bestimmung über die Dauer der Gesellschaft, so ist die Gesellschaft für unbestimmte Zeit eingegangen. Sie kann dann von jedem Gesellschafter zum Schluß eines Kalenderjahres aufgekündigt werden, wobei eine Kündigungsfrist von mindestens 6 Monaten einzuhalten ist (§ 132 HGB.).

Das Schicksal einer auf unbestimmte Zeit eingegangenen Gesellschaft bleibt daher stets von diesem Kündigungsrecht bedroht. Vielfach wird infolgedes die Dauer der Gesellschaft auf bestimmte Zeit festgelegt und vereinbart, daß nach Verlauf dieser Zeit, falls eine Kündigung nicht erfolgt, die Gesellschaft sich auf bestimmte Zeit fortsetzt.

## 2. Beschluß der Gesellschafter.

Das Gesetz hebt besonders hervor, daß die Auflösung der Gesellschaft durch Beschluß der Gesellschafter erfolgen kann. Es ist dies eine selbstverständliche Folge des Grundsatzes, der jede gesellschaftliche Vereinigung beherrscht. Über die Art, in der die Beschlußfassung der Gesellschafter zu erfolgen hat, ist auf die frühere Darlegung zu verweisen (s. S. 36/37).

## 3. Tod des Gesellschafters.

Der Tod eines Gesellschafters zerstört das gesellschaftliche Band. Das Gesetz spricht daher aus, daß durch den Tod eines Gesellschafters die Gesellschaft aufgelöst wird, falls nicht für diesen Fall eine andere Regelung vereinbart ist (§ 131 Nr. 4 HGB.).

Eine solche Regelung kann in verschiedener Hinsicht getroffen werden. Es kann vorgesehen sein, daß beim Tode eines Gesellschafters ein Fortbestehen der Gesellschaft allein unter den übrig bleibenden Gesellschaftern stattfinden soll (§ 138 HGB.). Es kann jedoch auch eine Fortsetzung mit den Erben oder einer dritten Person, die an Stelle des verstorbenen Gesellschafters zu treten hat, vereinbart sein (§ 139 HGB.).

Beim Fehlen solcher Abmachungen oder in Abänderung früherer Vereinbarungen können jedoch die Gesellschafter auch in freier Vereinbarung mit den Erben die Fortsetzung der Gesellschaft beschließen [1]). Es liegt hier ein Fall von Rückwandlung der Gesellschaft vor [2]).

Bleibt die Gesellschaft nur unter den übrigen Gesellschaftern bestehen, so ist als Tag für die Auseinandersetzung mit den Erben der Todestag des Erblassers zugrunde zu legen (§ 138 HGB.). Der Gesellschaftsvertrag kann aber anderes bestimmen.

**Die Kommanditbeteiligung der Erben.**

Ist vorgesehen, daß bei dem Tode eines Gesellschafters die Gesellschaft mit dessen Erben fortgesetzt werden soll, so sind die Erben trotzdem nicht gezwungen, die Stellung von persönlich haftenden Gesellschaftern einzunehmen. Jeder Erbe hat vielmehr ein Wahlrecht. Er kann sich dahin entscheiden, nur Kommanditist zu sein, wobei seine Kommanditeinlage der ihm zugefallene Teil des Kapitalanteiles seines Erblassers bildet (§ 139 Abs. 1 HGB.).

Das Wahlrecht ist für die Haftung der Erben von ausschlaggebender Bedeutung. Entscheidet sich der Erbe für eine Kommanditbeteiligung, so schließt er hiermit nicht nur seine persönliche Haftung für die zukünftigen Verbindlichkeiten der Gesellschaft aus. Auch für die schon entstandenen Schulden der Gesellschaft haftet der Erbe nur nach Maßgabe der Erbenhaftung des Bürgerlichen Rechtes, also *grundsätzlich nur nach Kräften des Nachlasses*.

Die übrigen Gesellschafter brauchen sich allerdings auf die Umgestaltung der Gesellschaft nicht einzulassen. Sie können den Antrag des Erben ablehnen, was dieser mit der Erklärung seines sofortigen Ausscheidens aus der Gesellschaft beantworten kann (§ 139 Abs. 2).

Die Erklärungen der Erben müssen innerhalb einer Frist von drei Monaten nach Kenntnis von dem Erbfall, wenn aber das Recht zur Ausschlagung dann noch läuft, bis zum Ablauf der Ausschlagungsfrist abgegeben werden (Abs. 3). Wird die Frist versäumt, so ist der Erbe entgültig persönlich

---

[1]) Jahrb. 26, A. 219.

[2]) RFH. 20₃₀₄.

haftender Gesellschafter. Er haftet dann für die Verbindlichkeiten der Gesellschaft unbeschränkt.

Die Regelung, die das Gesetz trifft, bezweckt den Schutz der Erben. Das Gesetz untersagt daher die Abänderung der gesetzlichen Bestimmungen durch den Gesellschaftsvertrag. Es gestattet lediglich für den Fall der kommanditistischen Beteiligung der Erben, daß deren Gewinnanteil anders als der des Erblassers festgesetzt wird (Abs. 4).

Urkunden, welche die Fortsetzung der Gesellschaft mit Erben eines Gesellschafters oder mit Teilnehmern eines infolge Todes eines Gesellschafters fortgesetzten Gütergemeinschaft betreffen, werden von einer Kapitalverkehrsteuer ausgenommen (§ 18 KVSt).

**Fürsorgepflicht der Erben und Gesellschafter.**

Bei Auflösung der Gesellschaft durch Todesfall haben die Erben den Gesellschaftern sofort Mitteilung zu machen und bei Gefahr im Verzuge die von dem Erblasser zu besorgenden Geschäfte fortzuführen. Sie haben diese Tätigkeit auszuüben, bis die Gesellschafter in Gemeinschaft mit ihnen anderweit Fürsorge treffen können. Auch sind die Gesellschafter zur einstweiligen Fortführung der von ihnen zu besorgenden Geschäfte verpflichtet (§ 137 HGB.). Eine Verletzung dieser Fürsorgepflicht würde die Zuwiderhandelnden schadensersatzpflichtig machen.

### 4. Kündigung der Gesellschaft.

**Kündigungsrecht der Gesellschafter.**

HGB. § 132.

> Die Kündigung eines Gesellschafters kann, wenn die Gesellschaft für unbestimmte Zeit eingegangen ist, nur für den Schluß eines Geschäftsjahres erfolgen; sie muß mindestens sechs Monate vor diesem Zeitpunkte stattfinden.

Über das Recht zur Aufkündigung der Gesellschaft kann der Gesellschaftsvertrag Festsetzung treffen. Durch sie wird allerdings das Recht der Gesellschafter, aus wichtigen Gründen die Auflösung der Gesellschaft zu verlangen, nicht berührt (§ 133 HGB.).

Sonst sind aber die Gesellschafter frei, das Kündigungsrecht nach Inhalt und Ausübung beliebig zu ordnen. Im Interesse aller Beteiligten ist es jedoch gelegen, die Ausübung der Kündigung an bestimmte Fristen und Formen zu binden.

Bei einer Gesellschaft, die auf bestimmte Zeit eingegangen ist, ist während deren Dauer das Kündigungsrecht der Gesellschafter ausgeschlossen. Die Gesellschafter haben sich hier für die vereinbarte Zeit fest gebunden. Das gleiche gilt, wenn nach Zeitablauf die Gesellschaft wiederum auf bestimmte Zeit verlängert wird.

Bei einer Gesellschaft, die auf unbestimmte Zeit eingegangen ist, bestimmt das Gesetz, daß sie beliebig gekündigt werden kann. Nur muß die Kündigung zum Schluß des Geschäftsjahres erfolgen und eine Kündigungsfrist von mindestens sechs Monaten eingehalten werden. Die gleiche Behandlung erfährt eine Gesellschaft, deren Dauer zwar begrenzt war, die hiernach aber auf unbestimmte Zeit fortgesetzt wird (§ 134 HGB.).

Schließlich kann in gleicher Weise wie die auf unbestimmte Zeit eingegangene Gesellschaft diejenige zur Kündigung kommen, die für die Lebenszeit eines Gesellschafters geschlossen ist (§ 134 HGB.). Der in solcher Vereinbarung liegenden Bindung der Gesellschafter auf ungewisse Zeit begegnet das Gesetz dadurch, daß es jedem Gesellschafter auch hier das Kündigungsrecht gewährt, das demnach unter Innehaltung einer sechsmonatlichen Frist zum Jahresabschluß auszuüben ist.

**Art und Wirkung der Kündigung.**

Die Kündigungserklärung muß unbedingt und eindeutig sein. Sie muß den Willen des Gesellschafters klarstellen, die Gesellschaft durch die abgegebene Erklärung zur Auflösung zu bringen. Das Wort „kündigen" braucht nicht zu fallen; doch ist es zweckmäßig, es zu gebrauchen, um über die Bedeutung der Erklärung keinen Zweifel aufkommen zu lassen. Gleichbedeutend ist die Erklärung eines Gesellschafters, daß er die Gesellschaft von einem bestimmten Zeitpunkt an nicht mehr fortsetze oder daß er sich seitdem als ausgeschieden betrachte. Zweifelhafter ist schon die Erklärung, daß sich der Gesellschafter entschlossen habe oder daß er beabsichtige, von einem bestimmten Zeitpunkt aus der Gesellschaft auszuscheiden. Unzureichend ist in jedem Falle eine Äußerung, daß sich der Gesellschafter vorbehalte, aus der Gesellschaft auszutreten.

Die Kündigung ist an die Gesellschafter als die Vertragsbeteiligten des Gesellschaftsvertrages, nicht an die Gesellschaft zu richten[1]). Eine Form für die Kündigung ist nicht vorgeschrieben. Die Kündigung kann daher auch mündlich erfolgen. Aus Beweisgründen empfiehlt sich jedoch schriftliche Abgabe, am richtigsten mittels Einschreibebriefes.

Ist die Kündigungsfrist nicht gewahrt, so tritt eine Auflösung der Gesellschaft für den angegebenen oder beabsichtigten Zeitpunkt nicht ein. Doch kann der Erklärung diese Wirkung für den nächstzulässigen Zeitpunkt beigelegt werden, falls außer Zweifel steht, daß die Kündigung für den späteren Termin aufrecht erhalten wird.

Die Kündigung kann zurückgenommen werden. Hierzu gehört jedoch die Zustimmung sämtlicher Gesellschafter. Da die Kündigungserklärung, sobald sie auch nur einem der Gesellschafter zugegangen ist, die Auflösung der

---

[1]) RG. 293.

Gesellschaft bewirkt, so können nunmehr alle Gesellschafter sich auf die Auflösung der Gesellschaft berufen.

**Kündigung durch den Privatgläubiger eines Gesellschafters.**

HGB. § 135.

> Hat ein Privatgläubiger eines Gesellschafters, nachdem innerhalb der letzten sechs Monate eine Zwangsvollstreckung in das bewegliche Vermögen des Gesellschafters ohne Erfolg versucht ist, auf Grund eines nicht bloß vorläufig vollstreckbaren Schuldtitels die Pfändung und Überweisung des Anspruchs auf dasjenige erwirkt, was dem Gesellschafter bei der Auseinandersetzung zukommt, so kann er die Gesellschaft ohne Rücksicht darauf, ob sie für bestimmte oder unbestimmte Zeit eingegangen ist, sechs Monate vor dem Ende des Geschäftsjahres für diesen Zeitpunkt kündigen.

Ein Privatgläubiger eines Gesellschafters, der keine Befriedigung erlangt, wird versuchen, den Gesellschafter auf Grund seiner Beteiligung bei der Gesellschaft in Anspruch zu nehmen. Der Kapitalanteil des Gesellschafters selbst ist unpfändbar, da er der Verfügung des Gesellschafters entzogen ist. (§ 719 BGB.). Dem Zugriff des Gläubigers unterliegen daher, solange die Gesellschaft besteht, lediglich die Bezüge und Gewinnansprüche des Gesellschafters.

Diese Ansprüche bieten aber nur in seltenen Fällen dem Gläubiger einen zureichenden Befriedigungsgegenstand. Will er, was meist allein einen Erfolg verspricht, aus der Beteiligung seines Schuldners an der Gesellschaft Befriedigung nehmen, so muß diese Beteiligung erst flüssig gemacht werden. Dies geschieht im Regelfall nur mit Auflösung der Gesellschaft.

Das Gesetz gibt dem Gläubiger daher ein Kündigungsrecht der Gesellschaft. Voraussetzung für dessen Anwendung ist, daß der Gläubiger einen rechtskräftigen Schuldtitel besitzt, auf Grund dessen er die Pfändung und Überweisung des Auseinandersetzungsguthabens seines Schuldners erwirkt hat. Auch muß innerhalb der letzten sechs Monate die Zwangsvollstreckung in das bewegliche Vermögen des Schuldners vergeblich geblieben sein.

Die Kündigung des Gläubigers muß zum Schluß des Geschäftsjahres mit sechsmonatlicher Kündigungsfrist ausgesprochen werden.

Wie jeder andere Gläubiger, kann in gleicher Weise auch ein Gesellschafter, der Gläubiger eines Mitgesellschafters ist, gegen diesen vorgehen. Es ist einem Gesellschafter auch nicht verboten, die Forderung eines Dritten zu erwerben und sie dann in der angegebenen Weise gegen einen Mitgesellschafter geltend zu machen.

Die Kündigung des Gläubigers führt nicht notwendig zur Auflösung der Gesellschaft. Vielmehr können die übrigen Gesellschafter dem Gläubiger erklären, daß die Gesellschaft unter ihnen fortbestehen soll. Es scheidet dann nur der verpflichtete Gesellschafter aus und zwar mit dem Ende des laufenden Geschäftsjahres, falls die Kündigungsfrist noch gewahrt werden kann, sonst des nachfolgenden Jahres. Für diesen Stichtag wird das Auseinandersetzungsguthaben des Gesellschafters festgestellt und insoweit, als es gepfändet ist, dem Gläubiger, zum Restbetrag dagegen dem Gesellschafter ausgefolgt. (§ 141 HGB.) Sind nur zwei Gesellschafter vorhanden, so kann der andere Gesellschafter durch gerichtlichen Antrag ermächtigt werden, das Geschäft ohne Liquidation mit Aktiven und Passiven zu übernehmen (§ 142 HGB.).

### 5. Auflösung durch Gerichtsentscheid.

#### a) Gerichtliche Auflösung der Gesellschaft.

HGB. § 133.

> Auf Antrag eines Gesellschafters kann die Auflösung der Gesellschaft vor dem Ablaufe der für ihre Dauer bestimmten Zeit oder bei einer für unbestimmte Zeit eingegangenen Gesellschaft ohne Kündigung durch gerichtliche Entscheidung ausgesprochen werden, wenn ein wichtiger Grund vorliegt.
>
> Ein solcher Grund ist insbesondere vorhanden, wenn ein anderer Gesellschafter eine ihm nach dem Gesellschaftsvertrag obliegende wesentliche Verpflichtung vorsätzlich oder aus grober Fahrlässigkeit verletzt oder wenn die Erfüllung einer solchen Verpflichtung unmöglich wird.
>
> Eine Vereinbarung, durch welche das Recht des Gesellschafters, die Auflösung der Gesellschaft zu verlangen, ausgeschlossen oder diesen Vorschriften zuwider beschränkt wird, ist nichtig.

Neben dem Kündigungsrecht der Gesellschafter besteht deren Befugnis, die Auflösung der Gesellschaft durch Urteilsspruch herbeizuführen. Die Auflösung wird hier das Ergebnis gerichtlicher Rechtsgestaltung. Aber diese Tätigkeit wird durch Anträge der Gesellschafter veranlaßt, setzt also zunächst deren Willensäußerung voraus, die Gesellschaft zur Endigung zu bringen.

**Auflösungsgründe.**

Das Gesetz hebt als Grundsatz hervor, daß die Auflösung der Gesellschaft durch Gerichtsentscheidung davon abhängig sei, ob für die Auflösung ein wichtiger Grund vorliegt. Als Anwendungsfall bezeichnet es zunächst Verletzungen einer wesentlichen Gesellschafterpflicht durch einen Gesellschafter, wobei es sich um solche vorsätzlicher oder grobfahrlässiger Art handeln muß. Der Pflichtverletzung wird es gleichgestellt, wenn einem Gesellschafter die Erfüllung einer Gesellschafterpflicht unmöglich wird.

Betreffs der Vorkommnisse, die eine schuldhafte Pflichtverletzung eines Gesellschafters darstellen, sei auf die Einzelfälle verwiesen, die bei Erörterung der Entziehung der Geschäftsführung eines Gesellschafters zusammengestellt sind (s. S. 39). Soweit sie die Auflösung der Gesellschaft rechtfertigen sollen, ist allerdings zu berücksichtigen, daß es sich um die Verletzung einer wesentlichen, demnach für den Bestand der Gesellschaft wichtigen Gesellschafterpflicht handeln muß. Bei gesellschaftswidrigem Verhalten eines Gesellschafters ist daher zu erwägen, ob es nicht auch durch Entziehung der Vertretungsmacht oder der Befugnis zur Geschäftsführung für die Gesellschaft unschädlich gemacht werden kann. Handelt es sich allerdings um Vorkommnisse so schwerwiegender Art, daß den übrigen Gesellschaftern ein Zusammenwirken mit dem betreffenden Gesellschafter in der Gesellschaft nicht zuzumuten ist, so ist die Auflösung der Gesellschaft auszusprechen.

Bei den Fällen, bei denen Unmöglichkeit der Erfüllung einer Gesellschafterpflicht hervortritt, ist hervorzuheben, daß ein Verschulden des Gesellschafters nicht vorzuliegen braucht. Gründe für die Auflösung können daher auch in anhaltender Krankheit oder sonstigen Behinderungen eines Gesellschafters z. B. infolge Ausübung einer öffentlichen Tätigkeit gelegen sein.

Da wichtige Gründe die Entscheidung geben, kann die Notwendigkeit zur Auflösung der Geselschaft auch in allgemeinen geschäftlichen oder wirtschaftlichen Verhältnissen begründet sein. Fehlende Rentabilität, mangelnde Konkurenzfähigkeit des Unternehmens, ungenügende Geldmittel, Geldverluste, die nicht auszugleichen sind, können somit gleichfalls für die Auflösung der Gesellschaft einen wichtigen Grund bilden.

**Klageerhebung auf Auflösung.**

Die Auflösung erfolgt auf Antrag eines Gesellschafters im ordentlichen Gerichtsverfahren. Die Klageerhebung eines einzigen Gesellschafters genügt. Der Klageanspruch richtet sich darauf, die Auflösung der Gesellschaft durch Gerichtsurteil auszusprechen. Der Klageantrag kann zurückgenommen werden.

Die Auflösung wird mit der Rechtskraft des Urteils rechtswirksam.

Haben Verfehlungen eines geschäftsführenden Gesellschafters zu der Klage Anlaß gegeben, so empfiehlt es sich, im Hinblick auf die Dauer eines Prozesses mittels einstweiliger Verfügung über die Entziehung der Geschäftsführung und der Vertretungsmacht eine Regelung zu beantragen.

b) Gerichtlicher Ausschluß eines Gesellschafters.

HGB. § 140.

Tritt in der Person eines Gesellschafters ein Umstand ein, der nach § 133 für die übrigen Gesellschafter das Recht begründet, die Auflösung der Gesellschaft zu verlangen, so kann vom Gericht anstatt der Auflösung die Ausschließung dieses Gesellschafters aus der Gesellschaft ausgesprochen werden, sofern die übrigen Gesellschafter dies beantragen.

Für die Auseinandersetzung zwischen der Gesellschaft und dem ausgeschlossenen Gesellschafter ist die Vermögenslage der Gesellschaft in dem Zeitpunkte maßgebend, in welchem die Klage auf Ausschließung erhoben ist.

Liegen wichtige Gründe in der Person eines Gesellschafters vor, welche die übrigen Gesellschafter zu dem Antrag auf Auflösung der Gesellschaft berechtigen, so können sie statt dessen mittels Klage den Ausschluß des betreffenden Gesellschafters aus der Gesellschaft beantragen. Hier muß aber die Klage von sämtlichen übrigen Gesellschaftern erhoben werden.

Der Ausschluß kann nur durch Gerichtsurteil erfolgen. Die Bestimmung eines Gesellschaftsvertrages, daß über die Ausschließung eines Gesellschafters die Mehrheit der übrigen unter Ausschluß des Rechtsweges entscheiden soll, ist ungültig [1]).

Die Ausschließung ist mit der Rechtskraft des auf Ausschließung lautenden Urteils wirksam. Stirbt der betreffende Gesellschafter zuvor, so kann nicht gegen die Erben auf Ausschließung erkannt werden [2]).

Für die Auseinandersetzung der Gesellschafter ist die Vermögenslage der Gesellschaft in dem Zeitpunkt maßgebend, in dem die Ausschlußklage dem Beklagten zugestellt ist. An dem seit dem eintretenden Gewinn und Verlust der Gesellschaft nimmt daher der verklagte Gesellschafter, falls die Klage zum Ausschluß führt, nicht mehr teil.

### c) Geschäftsübernahme an Stelle der gerichtlichen Auflösung.

HGB. § 142.

Abs. 1. Sind nur zwei Gesellschafter vorhanden, so kann, wenn in der Person des einen von ihnen die Voraussetzungen vorliegen, unter welchen bei einer größeren Zahl von Gesellschaftern seine Ausschließung aus der Gesellschaft zulässig sein würde, der andere Gesellschafter auf seinen Antrag vom Gerichte für berechtigt erklärt werden, das Geschäft ohne Liquidation mit Aktiven und Passiven zu übernehmen.

Abs. 3. Auf die Auseinandersetzung finden die für den Fall des Ausscheidens eines Gesellschafters aus der Gesellschaft geltenden Vorschriften entsprechende Anwendung.

Besteht eine Gesellschaft nur aus zwei Gesellschaftern, so kommt der Ausschluß eines Gesellschafters darauf hinaus, dem anderen das Geschäft allein zu überantworten. In Übereinstimmung hiermit gestattet das Gesetz

---

[1]) ROH. 21 84.

[2]) RG. 108 388.

dem vertragstreuen Gesellschafter, von vornherein Klage auf Übernahme des Geschäftes zu erheben.

Hat eine solche Klage Erfolg, so wird die Geschäftsübernahme mit der Rechtskraft des sie anordnenden Urteils wirksam. Die Rechtsprechung nimmt an, daß in gleicher Weise wie bei der freiwilligen Geschäftsübernahme nunmehr Übertragungen erforderlich seien, um dem verbleibenden Gesellschafter das Eigentum der Geschäftswerte zu verschaffen [1]). Es handelt sich jedoch nur um eine Umwandlung gleich wie bei dem Ausscheiden eines Gesellschafters. Hiernach wären nur Rechtsfeststellungen nötig, um den vollzogenen Übergang klarzustellen. Auch die Firma der Gesellschaft geht über, ohne daß es der Einwilligung des anderen Gesellschafters bedarf, selbst wenn dessen Namen in der Firma enhalten ist.

Für die Auseinandersetzung zwischen den Beteiligten sind die beim Ausscheiden eines Gesellschafters geltenden Vorschriften zugrunde zu legen. Als Stichtag für die Vermögenslage der Gesellschaft ist der Tag der Klageerhebung maßgeblich [2]).

### d) Steuerliche Behandlung des Ausschlusses und der Geschäftsübernahme.

Es kommen die gleichen Rechtssätze zur Anwendung, die beim Ausscheiden eines Gesellschafters gelten. Die Vorgänge begründen an sich keine Steuerpflicht. Dagegen können die Rechtshandlungen, die ihrer Durchführung dienen, zur Besteuerung kommen, wenn sie als solche der Steuer unterliegen.

Bei Gesellschaften, die im Eigentum von Grundstücken sind, kommt die Sonderbesteuerung in Betracht, die das Grunderwerbsteuergesetz bei Personenveränderungen von Teilhabern einer Gesellschaft vorsieht (§ 15 GrESt.).

## 6. Auflösung der Gesellschaft durch Gesellschaftskonkurs.

Die Eröffnung des Konkurses über das Vermögen der Gesellschaft führt unmittelbar zur Auflösung der Gesellschaft. Eine Rückgängigmachung der Auflösung ist nur möglich, wenn der Konkurs nach Abschluß eines Zwangsvergleiches oder auf Antrag der Gesellschaft zur Einstellung kommt (§ 144 HGB.). Eine solche Einstellung auf Antrag der Gesellschaft erfolgt, wenn die Zustimmungserklärungen aller Gläubiger beigebracht werden, nicht aber, wenn das Gericht mangels Masse Einstellung anordnet (§§ 202, 204 KO.). Das Vergleichsverfahren nach der Vergleichsordnung vom 5. Juli

[1]) OLG. Jahrb. 25, A. 78.
[2]) RG. 101 242; s. aber 56 18.

1927 berührt das Bestehen der Gesellschaft erst, wenn das Vergleichsverfahren in das Konkursverfahren überleitet (§§ 82 ff.).

Die Voraussetzungen für die Eröffnung des Konkurses und das weitere Verfahren bestimmt die Konkursordnung.

Hiernach erfolgt die Konkurseröffnung wegen Zahlungsunfähigkeit der Gesellschaft, also bei Unvermögen, fällige Verbindlichkeiten aus bereiten Mitteln zu decken (§ 209 KO.). Außer den Gläubigern kann jeder Gesellschafter und jeder Liquidator den Antrag auf Konkurseröffnung stellen. Schließen sich andere Gesellschafter oder Liquidatoren dem Antrag nicht an, so hat das Konkursgericht dem Antrag trotzdem stattzugeben, falls die Zahlungsunfähigkeit der Gesellschaft glaubhaft gemacht wird. Zuvor sind jedoch über den Antrag sämtliche Gesellschafter und Liquidatoren zu hören (§ 210 KO.).

Einen Einfluß auf die Gestaltung und Durchführung des Verfahrens haben die Gesellschafter nicht. Ihre Rechte aus dem Gesellschaftsverhältnis, insbesondere auf Haftungsausgleich gegenüber den Mitgesellschaftern werden durch den Konkurs zwar nicht berührt. Dies ist jedoch von geringer Bedeutung, da der Gesellschaftskonkurs fast stets von dem Privatkonkurs der Gesellschafter begleitet zu sein pflegt.

Ein den Konkurs beendender Zwangsvergleich, der hiermit auch persönliche Verpflichtungen der Gesellschafter begründet, kann nur auf Vorschlag aller Gesellschafter geschlossen werden. Gleiches gilt von einem Vergleich auf Grund der Vergleichsordnung (§ 89 Nr. 2 VO.). Der Zwangsvergleich begrenzt zugleich den Umfang der persönlichen Haftung der Gesellschafter. Mehrforderungen können die Gläubiger gegen die Gesellschafter nicht geltend machen, sofern nicht in dem Vergleich anderes festgesetzt ist (§ 211 KO.; § 89 Nr. 4 VO.).

### 7. Auflösung der Gesellschaft durch Privatkonkurs der Gesellschafter.

Der Privatkonkurs eines Gesellschafters kann in persönlichen Verpflichtungen des Gesellschafters seine Ursache haben, die mit der Gesellschaft nichts zu tun haben. Dennoch berührt er die Interessen der Gesellschaft, weil die persönliche Haftung jedes Gesellschafters Grundlage der offenen Handelsgesellschaft ist. Diese Grundlage gerät ins Wanken, wenn durch den Privatkonkurs die persönliche Zahlungsunfähigkeit eines Gesellschafters offenkundig festgestellt wird. Das Gesetz spricht daher als Grundsatz aus, daß mit der Eröffnung des Konkurses über das Vermögen eines Gesellschafters die Gesellschaft ohne weiteres zur Auflösung kommt.

Allerdings wird den anderen Gesellschaftern gestattet, die Fortsetzung der Gesellschaft zu beschließen. Sie haben dann dem Konkursverwalter zu erklären, daß die Gesellschaft unter ihnen fortbestehen soll (§ 141 Abs. 2 HGB.).

Für die Auseinandersetzung gilt, daß der im Konkurs befindliche Gesellschafter mit der Konkurseröffnung aus der Gesellschaft ausgeschieden ist. Auf Grund dieses Stichtages erfolgt die Auseinandersetzung mit dem Konkursverwalter. Besteht die Gesellschaft nur aus zwei Personen, so kann der andere Gesellschafter die Übernahme des Geschäftes mit Aktiven und Passiven nach den bereits entwickelten Grundsätzen verlangen (§ 142 HGB.).

Beim Zusammentreffen von Gesellschafts- und Privatkonkurs können die Gesellschaftsgläubiger im Privatkonkurs nur den Ausfall geltend machen, den sie in dem Konkurs der Gesellschaft erleiden (§ 212 KO.). Ein Zwangsvergleich der Gesellschaft begrenzt gleichzeitig die Forderungen der Gläubiger im Privatkonkurs, falls nichts gegenteiliges bestimmt wird (§ 211 KO.). Ebenso sind im Vergleichsverfahren über das Privatvermögen eines Gesellschafters die Gesellschaftsgläubiger nur insoweit beteiligt, als sie nicht in dem Gesellschaftsverfahren Befriedigung erlangt haben (§ 90 VO.).

### 8. Anmeldung der Auflösung der Gesellschaft zum Handelsregister.

HGB. 143.

> Die Auflösung der Gesellschaft ist, wenn sie nicht infolge der Eröffnung des Konkurses über das Vermögen der Gesellschaft eintritt, von sämtlichen Gesellschaftern zur Eintragung in das Handelsregister anzumelden.
>
> Das gleiche gilt von dem Ausscheiden eines Gesellschafters aus der Gesellschaft.
>
> Ist anzunehmen, daß der Tod eines Gesellschafters die Auflösung oder das Ausscheiden zur Folge gehabt hat, so kann, auch ohne daß die Erben bei der Anmeldung mitwirken, die Eintragung erfolgen, soweit einer solchen Mitwirkung besondere Hindernisse entgegenstehen.

Die Auflösung der Gesellschaft ist von sämtlichen Gesellschaftern zur Eintragung in das Handelsregister anzumelden. Bei Auflösung durch den Tod eines Gesellschafters kann bei der Anmeldung von der Mitwirkung der Erben abgesehen werden, wenn der Mitwirkung besondere Hindernisse entgegenstehen z. B. wenn die Personen der Erben nicht feststehen, auch ihre Feststellung in nächster Zeit nicht zu erwarten ist.

Weigert sich ein Gesellschafter, die Anmeldung vorzunehmen, so kann er hierzu von dem Registergericht durch Ordnungsstrafen angehalten werden (§ 14 HGB.). Wenn durch seine Weigerung die Anmeldung verzögert wird, macht er sich den Gesellschaftern gegenüber schadensersatzpflichtig.

Bei Streitigkeiten zwischen den Gesellschaftern kann das Registergericht die Eintragung aussetzen, bis das Prozeßgericht entschieden hat. Es kann auch den Beteiligten eine Frist zur Klageerhebung bestimmen (§ 127 FG.).

Bei Auflösung der Gesellschaft durch Konkurs bedarf es keiner Anmeldung der Gesellschafter. Der Konkursverwalter gibt dem Registergericht von der Eröffnung des Konkurses Mitteilung (§ 112 KO.). Die Konkurseröffnung wird dann von Amts wegen in das Handelsregister eingetragen. Das gleiche gilt von der Aufhebung des Eröffnungsbeschlusses sowie von der Einstellung und Aufhebung des Konkursverfahrens. Eine öffentliche Bekanntmachung dieser Eintragungen findet nicht statt (§ 32 HGB.).

Gegen einen Dritten wirkt die Auflösung der Gesellschaft erst mit deren Eintragung und Bekanntmachung, falls ihm die Auflösung nicht bereits vorher bekannt war (§ 15 HGB.).

## X. Rechtsansprüche zwischen Gesellschaft und Gesellschaftern und zwischen Gesellschaftern untereinander.

**Rechtsansprüche zwischen Gesellschaft und Gesellschaftern.**

Aus dem bestehenden Gesellschaftsverhältnis ergeben sich wechselseitig zwischen Gesellschaft und Gesellschaftern zahlreiche Rechtsansprüche. Die Gesellschaft kann z. B. von den Gesellschaftern Einbringung der übernommenen Einlagen fordern, Ansprüche aus dem Auftragsverhältnis geltend machen, Eintritt in gesellschaftswidrige Geschäfte verlangen, Verzinsung verspäteter Geldablieferung und unrechtmäßiger Entnahmen beanspruchen und Schadensersatzansprüche aus mannigfachen Gründen erheben. Wiederum können die Gesellschafter von der Gesellschaft Ersatz ihrer Aufwendungen und Verzinsung verauslagter Gelder fordern, bei der Gesellschaft wegen der Verluste und Gefahren ihrer Geschäftsführung Deckung nehmen, Auszahlung ihrer Bezüge und ihres Gewinnanteiles beanspruchen und bei verzögerter Erfüllung Schadensersatz begehren.

Gegenüber solchen aus dem Gesellschaftsverhältnis entfließenden Forderungen und Pflichten ist für die Gesellschafter Trägerin der gegenüberstehenden Rechte und Pflichten die Gesellschaft. Es kann nicht ein Mitgesellschafter aus eigenem Recht die Ansprüche der Gesellschaft gegen einen Gesellschafter wahrnehmen und ihre Pflichten auf sich nehmen. Er kann auch nicht auf die Erfüllung solcher Ansprüche, sei es auch nur an die Gesellschaft selbst, Klage erheben[1]).

Berechtigt und verpflichtet ist vielmehr lediglich die Gesellschaft als die Vereinigung der in ihr zur Gesamthand verbundenen Gesellschafter. Sie ist daher auch allein mit ihrem Vermögen den Gesellschaftern wegen

[1]) Anders bei der Bürgerl. GRG. $70_{32}$

ihrer Ansprüche verhaftet. Wird ein Gesellschafter persönlich in Anspruch genommen, so kann er den Mitgesellschafter auf das Gesellschaftsvermögen verweisen.

Für die Rechtsverfolgung solcher Ansprüche und die Beschlußfassung hierüber scheidet ein Gesellschafter insoweit, als er eigene Interessen gegen die Gesellschaft zu verfolgen oder zu verteidigen hat, aus der Gemeinschaft der Gesellschafter aus. Dieser Gegensatz kann zu Schwierigkeiten führen, wenn bei widerstreitenden Gesellschaftern jeder gegenüber den anderen Gesellschaftern das Gesellschaftsinteresse vor dem Einzelinteresse zu vertreten behauptet. Hier kann es kommen, daß erst der Richterspruch darüber entscheidet, wo die Interessen der Gesellschaft gelegen sind.

Neben den erwähnten Ansprüchen können allerdings dem einzelnen Gesellschafter Rechte an die Gesellschaft aus Leistungen erwachsen, zu denen er durch die Pflichten, die er als Gesellschafter übernommen hat, nicht gehalten war. Dies ist dann der Fall, wenn ein Gesellschafter unabhängig von seiner Einlagepflicht der Gesellschaft Darlehen gewährt oder ihr Gegenstände zur Benutzung überlassen hat. Für diese Ansprüche tritt der Gesellschafter der Gesellschaft nicht in seiner Eigenschaft als Gesellschafter, sondern als Gläubiger wie irgend ein Dritter gegenüber, der Rechtsansprüche der Gesellschaft gegenüber zu vertreten hat. Hier kann der Gesellschafter daher auch zu seinen Gunsten die Haftung in Anspruch nehmen, welche gesetzlich der Gesellschaft wie den einzelnen Gesellschaftern gegenüber Ansprüchen dritter Personen obliegt. Insoweit solche Ansprüche vorliegen, kann daher der Gesellschafter auch seine Mitgesellschafter persönlich und zwar gesamtschuldnerisch in Anspruch nehmen[1]).

**Rechtsansprüche zwischen Gesellschaftern untereinander.**

Die Gesellschafter sind während der Dauer der Gesellschaft insoweit gebunden, als Rechte und Pflichten, die sich für sie aus dem Gesellschaftsverhältnis ergeben, von ihnen innerhalb der Gemeinschaft zu verfolgen und zu erfüllen sind. Ihre Ansprüche in und an die Gesellschaft richten und bestimmen sich daher fast durchgängig im Hinblick auf die Gemeinschaft, von der sie und der gegenüber sie geltend zu machen sind. Ausgenommen sind lediglich die grundlegenden Beziehungen der Gesellschaftsverhältnisse, die zwischen den einzelnen Gesellschaftern zu ordnen sind und für die daher lediglich die Gesellschafter als Vertragsgegner zu gelten haben.

Das gilt jedoch nur für Rechtsansprüche, die das Bestehen der Gesellschaft zur Voraussetzung haben. Werden Ansprüche erhoben, welche die Rechtsgrundlage der Gesellschaft oder die Gesellschafterstellung eines Gesellschafters überhaupt in Frage stellen, so handelt es sich nicht mehr um eine

[1]) RG. $85_{157}$; OLG. $32_{104}$.

Angelegenheit, die aus dem Gemeinschaftsverhältnis selbst zu entscheiden wäre. Betroffen sind vielmehr die Gesellschafter in ihrer ganzen Stellung als Gesellschafter. Für solche Ansprüche haben daher die Gesellschafter als Gegner zu gelten.

Es handelt sich hierbei in erster Linie um Ansprüche, die das Nichtbestehen der Gesellschaft behaupten, sei es derart, daß die Gesellschaft überhaupt nicht zustande gekommen oder daß sie später aufgelöst sei. Das gleiche gilt betreffs der Anfechtung der Rechtsstellung eines Gesellschafters. Hier hat bereits das Gesetz selbst die Rechtsverfolgung derartiger Ansprüche so geordnet, daß als berechtigt und verpflichtet für die Anspruchserhebung die Gesellschafter, nicht die Gesellschaft erklärt werden (§ 140 Abs. 1 HGB.).

Die gleichen Gesichtspunkte müssen für die Behandlung derjenigen Rechtsansprüche maßgebend sein, die nicht das Rechtsverhältnis der Gesellschafter innerhalb der Gemeinschaft, sondern den Ausgleich von Rechtsfolgen betreffen, die sich für den einzelnen Gesellschafter aus seinem persönlichen Einstehen für die Schulden der Gesellschaft ergeben. Die Ausgleichsansprüche der Gesellschafter untereinander vollziehen sich nicht innerhalb der Gemeinschaft, sondern zwischen den Gesellschaftern persönlich. Ein Gesellschafter, der aus eigenen Mitteln Verbindlichkeiten der Gesellschaft befriedigt, kann daher bei seinen Mitgesellschaftern unmittelbar Rückgriff suchen, ohne hierbei den Umweg über das dann meist nicht zureichende Vermögen der Gesellschaft zu nehmen (§ 426 BGB.)[1]. Allerdings muß der Gesellschafter für den Rückgriff in Rechnung stellen, daß er in Höhe seiner Beteiligung an der Gesellschaft selbst verpflichtet war und er daher insoweit sich nur selbst seinen Mitgesellschaftern gegenüber entlastet hat. Insoweit seine Beteiligung am Verlust reicht, entfällt daher das Recht auf Rückgriff.

## XI. Schiedsgerichtliche Vereinbarungen.

Rechtsstreitigkeiten der Gesellschaft mit ihren Gesellschaftern, die vor den Gerichten zum Austrag kommen, haben stets etwas Mißliches. Es leidet unter solcher Geltendmachung die vertrauensvolle Zusammenarbeit der Gesellschafter, auf der die Gesellschaft beruht. Es kommt hinzu, daß, um solche Streitigkeiten nicht zu vertiefen, schnelle Entscheidungen nötig sind, solche aber vielfach bei den Gerichten nicht erzielt werden.

Diese Nachteile vermeidet das schiedsgerichtliche Verfahren, das daher vielfach zur Regelung von Streitigkeiten zwischen Gesellschaft und Gesellschaftern und zwischen Gesellschaftern untereinander vereinbart wird. Gegenüber seinen Vorzügen ist aber zu beachten, daß das Schiedsgericht, das angerufen wird, seine Sprüche nicht mit dem Ansehen und der Sach-

---

[1]) ROH. XII 272.

lichkeit umkleiden kann, die der ordentlichen Gerichtsbarkeit notwendig innewohnt. Das Schiedsverfahren entbehrt auch der Rechtsgarantien, die das Gerichtsverfahren besonders durch seinen Rechtszug gewährt.

Für das Gebiet des Gesellschaftsrechtes erscheint es daher im allgemeinen angebracht, eine Schiedstätigkeit nur für solche Angelegenheiten zu vereinbaren, deren Beurteilung mehr auf kaufmännischem Gebiete liegt, z. B. für Fragen der Bewertung und Bilanzierung. Für Angelegenheiten dagegen, die von einer rechtlichen Beurteilung abhängig sind, wiegt meist der Vorteil einer schnelleren Entscheidung die Nachteile, welche die Preisgabe der ordentlichen Gerichtsbarkeit darstellt, nicht auf.

Über das Schiedsverfahren bestehen die besonderen Vorschriften der Zivilprozeßordnung (§§ 1025 ff.). Erforderlich ist es, im Schiedsvertrage Bestimmungen über die Art der Bestellung und die Zahl der Schiedsrichter zu treffen, wobei Bedacht zu nehmen ist, daß jedenfalls der Obmann eine unparteiische, dem Einfluß der Parteien entzogene Persönlichkeit ist.

Ist eine gültige Schiedsvereinbarung vorliegend, so braucht kein Beteiligter sich auf eine gerichtliche Austragung der Angelegenheit einzulassen. Er kann vielmehr der vor Gericht erhobenen Klage den Einwand des Schiedsvertrages entgegensetzen, der zur Abweisung der Klage führt (§ 274 N. 3 ZPO.). Doch kann auf diesen Einwand verzichtet werden.

Auch bei schiedsrichterlicher Entscheidung kann das ordentliche Gericht durch Erlaß von einstweiligen Verfügungen eine vorläufige Regelung treffen.

Der Schiedsspruch hat für die Beteiligten die Wirkung eines gerichtlichen Urteiles. Zum Zwecke der Zwangsvollstreckung wird der Spruch durch Gerichtsbeschluß für vollstreckbar erklärt (§§ 1039, 1042 ZPO.).

## XII. Die Liquidation der offenen Handelsgesellschaft.

Mit der Auflösung hört die Gesellschaft auf, die gewerblichen Zwecke, die sie sich zum Ziele gesetzt hat, weiter zu verfolgen. Die Gesellschaft kann sich nun aber nicht unvermittelt in Nichts auflösen. Bevor sie gewerblich verschwindet, ist es notwendig, eine Auseinandersetzung sowohl mit den Gläubigern wie auch unter den Gesellschaftern herbeizuführen. Hierfür ist die Liquidation als die gesetzliche Art der Auseinandersetzung vorgeschrieben.

### 1. Freie Auseinandersetzung.

HGB. § 145.

Nach der Auflösung der Gesellschaft findet die Liquidation statt, sofern nicht eine andere Art der Auseinandersetzung von den Gesellschaftern vereinbart oder über das Vermögen der Gesellschaft der Konkurs eröffnet ist.

Ist die Gesellschaft durch Kündigung des Gläubigers eines Gesellschafters oder durch die Eröffnung des Konkurses über das Vermögen eines Gesellschafters aufgelöst, so kann die Liquidation nur mit Zustimmung des Gläubigers oder des Konkursverwalters unterbleiben.

Die Gesellschafter können unter sich eine freie Art der Auseinandersetzung vereinbaren. Eine Liquidation ist gesetzlich nicht geboten.

Die Gesellschafter werden zumeist die freie Auseinandersetzung wählen, wenn die Auseinandersetzung leicht zu bewerkstelligen ist oder wenn die Gesellschafter unter sich einig sind und die Absicht haben, die Werte der Gesellschaft nicht zu versilbern, sondern sich persönlich oder anderen Unternehmen, an denen sie sich beteiligen, zuzuführen. Im Wege der Auseinandersetzung erfolgt auch häufig die Übernahme des Geschäftes durch einen oder mehrere Gesellschafter.

Die freie Auseinandersetzung ist zulässig, solange noch ungeteiltes Gesellschaftsvermögen vorhanden ist (§ 158 HGB.). Daß das unverteilt gebliebene Vermögen erheblich sein muß, wird nicht erfordert. Es genügt unter Umständen auch ein Vermögenswert.

Eine etwa begonnene, aber noch nicht beendete Liquidation ist dann außer Kraft zu setzen[1]). Es ist in das Handelsregister einzutragen, daß die begonnene Liquidation nicht beendet wird, die Auseinandersetzung vielmehr nach Vereinbarung der Gesellschafter erfolgt.

In welcher Weise die freie Auseinandersetzung bewerkstelligt wird, hängt von den hierfür getroffenen Bestimmungen ab, die meist schon im Gesellschaftsvertrage enthalten sind. Für gewöhnlich erfolgt eine Regelung über die Befriedigung der Gläubiger, über die Veräußerung oder Verteilung der Gesellschaftswerte, über eine etwaige Geschäftsübernahme durch die Gesellschafter und über die Personen, welche die Auseinandersetzung durchführen. Ergänzend gelten die für die Liquidation gegebenen gesetzlichen Vorschriften.

Eine Gefahr für die Gläubiger besteht bei der freien Auseinandersetzung nicht. An die Stelle der aufgelösten Gesellschaft treten in jeder Hinsicht die einzelnen Gesellschafter[2]). Sie haften nach wie vor den Gläubigern gesamtschuldnerisch.

Erfolgt die Auflösung der Gesellschaft durch Konkurs, so muß das Konkursverfahren eintreten. Bei Auflösung der Gesellschaft durch Aufkündigung eines Privatgläubigers oder infolge Privatkonkurses eines Ge-

---

[1]) Jahrb. 39, A. 111.

[2]) RG. 64 74.

sellschafters kann im ersteren Falle der pfändende Gläubiger, im zweiten Falle der Konkursverwalter die Zustimmung zu einer Auseinandersetzung ohne Liquidation erteilen (§ 145 HGB.).

## 2. Die Liquidatoren.

**Vertretungsmacht der Liquidatoren.**

HGB. § 146.

> Die Liquidation erfolgt, sofern sie nicht durch Beschluß der Gesellschafter oder durch den Gesellschaftsvertrag einzelnen Gesellschaftern oder anderen Personen übertragen ist, durch sämtliche Gesellschafter als Liquidatoren. Mehrere Erben eines Gesellschafters haben einen gemeinsamen Vertreter zu bestellen.
>
> Auf Antrag eines Beteiligten kann aus wichtigen Gründen die Ernennung von Liquidatoren durch das Gericht erfolgen, in dessen Bezirk die Gesellschaft ihren Sitz hat; das Gericht kann in einem solchen Falle Personen zu Liquidatoren ernennen, die nicht zu den Gesellschaftern gehören. Als Beteiligter gilt außer den Gesellschaftern im Falle des § 135 auch der Gläubiger, durch den die Kündigung erfolgt ist.
>
> Ist über das Vermögen eines Gesellschafters der Konkurs eröffnet, so tritt der Konkursverwalter an die Stelle des Gesellschafters.

Die Durchführung der gesetzlichen Liquidation erfolgt durch einen oder mehrere Liquidatoren. Wie die Gesellschafter während des Bestehens der Gesellschaft deren gesetzliche Vertretung ausüben, so liegt im Stande der Liquidation die gerichtliche und außergerichtliche Vertretung der Gesellschaft ausschließlich in den Händen der Liquidatoren. Die frühere Vertretungsmacht der Gesellschafter hat aufgehört. Die Gesellschafter sind, falls sie nicht gleichzeitig Liquidatoren sind, nicht mehr befugt, für die Gesellschaft nach außen zu handeln, für sie rechtsgeschäftliche Erklärungen abzugeben und Prozesse zu führen[1]). Parteieide sind von den Liquidatoren zu leisten [2]). Schwebende Rechtsstreitigkeiten werden, falls zu Liquidatoren andere Personen als Gesellschafter bestellt werden, unterbrochen. Die Liquidatoren oder ihre Prozeßgegner müssen das Verfahren erst wieder aufnehmen und hiervon der Gegenseite Anzeige erstatten (§ 241 ZPO.).

Da den Liquidatoren gesetzliche Vertretungsmacht zukommt, ist eine Beschränkung des Umfanges der Befugnisse Dritten gegenüber unwirksam (§ 151 HGB.). Im Innenverhältnis sind allerdings die Liquidatoren verpflichtet, Anordnungen zu beachten, welche die Gesellschafter oder die sonst Beteiligten einstimmig über die Geschäftsführung treffen (§ 152 HGB.).

[1]) RG. 100 165.
[2]) ROH. 21 342.

Die Zeichnung durch die Liquidatoren erfolgt derart, daß sie der bisherigen als Liquidationsfirma zu bezeichnenden Firma ihren Namen beifügen.

**Gesamtvertretung.**

HGB. § 150.

> Sind mehrere Liquidatoren vorhanden, so können sie die zur Liquidation gehörenden Handlungen nur in Gemeinschaft vornehmen, sofern nicht bestimmt ist, daß sie einzeln handeln können; eine solche Bestimmung ist in das Handelsregister einzutragen.
>
> Durch die Vorschrift des Abs. 1 wird nicht ausgeschlossen, daß die Liquidatoren einzelne von ihnen zur Vornahme bestimmter Geschäfte oder bestimmter Arten von Geschäften ermächtigen. Ist der Gesellschaft gegenüber eine Willenserklärung abzugeben, so findet die Vorschrift des § 125 Abs. 2 Satz 3 entsprechende Anwendung.

Sind mehrere Liquidatoren bestellt, so besteht Gesamtvertretung. Doch kann auch Einzelvertretung vorgesehen werden. Ebenso können einzelne Liquidatoren zur Vornahme bestimmter Geschäfte oder bestimmter Arten von Geschäften ermächtigt werden.

Bei Gesamtvertretung verpflichten die Gesellschaft nur die gemeinschaftlich abgegebenen Erklärungen[1]). Es gelten die für die Gesamtvertretung von Gesellschaftern anzuwendenden Rechtssätze.

**Bestellung von Liquidatoren.**

Zu Liquidatoren können sowohl Gesellschafter wie andere Personen bestellt werden. Auch die Bestellung von Gesellschaften z. B. von Treuhand- und Revisionsgesellschaften muß als zulässig erachtet werden[2]). Die Ausübung der Liquidationstätigkeit erfolgt dann durch die gesetzlichen Vertreter dieser Gesellschaften, die als solche im Handelsregister einzutragen sind.

Enthält der Gesellschaftsvertrag keine Bestimmung, so sind sämtliche Gesellschafter, auch die in der Gesellschaft nicht geschäftsführenden, Liquidatoren. Bei Tod eines Gesellschafters vertritt ihn sein Erbe. Mehrere Erben haben einen gemeinsamen Vertreter zu bestellen. Können sie sich über eine Person nicht einigen, so bleiben sie unvertreten.

Auf Antrag eines Beteiligten kann aus wichtigen Gründen die Bestellung von Liquidatoren durch das Registergericht vorgenommen werden. Wichtige Gründe sind, wenn den für die Bestellung in Betracht kommenden Personen Tatsachen vorzuwerfen sind, die sie zur Ausübung der Tätigkeit eines Liquidators als ungeeignet erscheinen lassen. Als Beispiele seien Un-

---

[1]) ROH. $21_{45}$.

[2]) OLG. $44_{189}$.

verträglichkeit, eigensüchtige Interessennahme, Unredlichkeit oder ein Verhalten, das bei einem Gesellschafter zur Entziehung der Geschäftsführung berechtigen würde, erwähnt.

War die Bestellung bereits erfolgt, so kann gerichtlich die Abberufung ausgesprochen werden.

Das Gericht nimmt die Bestellung nicht von Amts wegen vor, sondern nur auf Antrag eines „Beteiligten". Als Beteiligte gelten Gesellschafter oder deren Erben, der Konkursverwalter im Privatkonkurs und der Pfändungsgläubiger. Sonstige Gläubiger sind dagegen nicht zur Antragstellung berechtigt.

**Rechtsstellung der Liquidatoren.**

Die Liquidatoren können für ihre Tätigkeit Vergütung beanspruchen. Es empfiehlt sich, hierüber vor Annahme des Amtes Vereinbarung zu treffen. Zur Annahme des Amtes eines Liquidators besteht keine Verpflichtung. Für einen Gesellschafter kann allerdings eine solche Pflicht im Gesellschaftsvertrage begründet sein. Der Gesellschafter muß dann das Amt annehmen, sonst kann er sich ersatzpflichtig machen.

Eine vorzeitige Niederlegung des Amtes ist unstatthaft. Falls nichts anderes vereinbart ist, muß angenommen werden, daß das Amt für die Dauer der Liquidation übernommen ist. Eine außerordentliche Kündigung ist bei Vorliegen wichtiger Gründe statthaft (§ 626 BGB.). Hierzu gehört, daß der Liquidator die zugesagte Vergütung nicht oder nicht regelmäßig erhält.

Für die ordnungsmäßige Führung der Geschäfte sind die Liquidatoren der Gesellschaft verantwortlich[1]). Sie haften im vollen Umfange nicht nur für die Sorgfalt, die sie in eigenen Angelegenheiten anzuwenden pflegen. Lediglich bei Liquidatoren, die früher Gesellschafter waren, besteht die geminderte Haftung.

Den Gläubigern sind die Liquidatoren nicht verantwortlich.

Die Vertretungsmacht von Angestellten erleidet durch die Bestellung von Liquidatoren keine Änderung. Erteilte Prokuren bleiben bestehen. Die Liquidatoren sind nicht berechtigt, falls sie nicht gleichzeitig Gesellschafter sind, Prokuren zu widerrufen oder Prokuristen zu bestellen. Derartige Handlungen bleiben den Gesellschaftern vorbehalten (§§ 116, 156 HGB.).

**Abberufung der Liquidatoren.**

HGB. § 147.

Die Abberufung von Liquidatoren geschieht durch einstimmigen Beschluß der nach § 146 Abs. 2, 3 Beteiligten; sie kann

[1]) RG. 109387.

auf Antrag eines Beteiligten aus wichtigen Gründen auch durch das Gericht erfolgen.

Die Abberufung von Liquidatoren kann durch einstimmigen Beschluß der Gesellschafter oder der gesetzlich sonst Beteiligten herbeigeführt werden.

Auf Antrag eines Beteiligten kann die Abberufung auch durch das Registergericht erfolgen (§ 147 HGB.). Es gilt dies sowohl für die durch die Gesellschafter wie durch das Gericht bestellten Liquidatoren.

Wichtige Gründe für die Abberufung sind insbesondere solche, die eine Entziehung der Geschäftsführung oder der Vertretungsmacht eines Gesellschafters rechtfertigen würden.

### 3. Die Aufgaben der Liquidation.

**Bilanzen während der Liquidation.**

HGB. § 154.

> Die Liquidatoren haben bei dem Beginne sowie bei der Beendigung der Liquidation eine Bilanz aufzustellen.

Das Ziel der Liquidation ist, die Gläubiger zu befriedigen und das noch übrig bleibende Vermögen der Gesellschaft unter die Gesellschafter zu verteilen. Um diesen Aufgaben gerecht zu werden, ist eine Feststellung des Vermögensbestandes bei Beginn und bei Beendigung der Liquidation erforderlich. Das Gesetz schreibt daher eine Liquidationseröffnungsbilanz und eine Schlußbilanz vor. Daneben ist es üblich und auch zweckmäßig, Jahresbilanzen aufzustellen.

Liquidationsbilanzen sind Vermögens-, keine Ertragsbilanzen.

Es sind die Vermögenswerte und Verbindlichkeiten der Gesellschaft aufzuführen, auch die Kapitalanteile der Gesellschafter zu bezeichnen. Reservekonten sind aufzulösen. Die Bewertung der Vermögensgegenstände hat im Hinblick auf den bevorstehenden Verkauf zu erfolgen[1]).

Eine Gewinnverteilung an die Gesellschafter kommt während der Liquidation nicht in Betracht, da die Gesellschaft nicht mehr auf gewerblichen Gewinn eingestellt ist, sondern nur noch aufgelöst werden soll.

**Auflösung des gewerblichen Unternehmens.**

HGB. § 149.

> Die Liquidatoren haben die laufenden Geschäfte zu beendigen, die Forderungen einzuziehen, das übrige Vermögen in Geld umzusetzen und die Gläubiger zu befriedigen; zur Beendigung schwebender Geschäfte können sie auch neue Geschäfte eingehen. Die Liquidatoren vertreten innerhalb ihres Geschäftskreises die Gesellschaft gerichtlich und außergerichtlich.

---

[1]) RG. $80_{104}$.

Durch die Liquidation ist das Unternehmen aufzulösen. Hierzu sind die laufenden Geschäfte zu beendigen. Es kann hierfür nötig werden, neue Geschäfte einzugehen, z. B. um Liefer- oder anderen Vertragspflichten nachzukommen. So kann es auch erforderlich sein, um Waren fertigzustellen oder bereits fertige zum Verkauf zu bringen, andere Waren hinzuzukaufen. Ein Hinausgehen über diesen Zweck ist aber unzulässig. Es würde mit dem Liquidationszweck nicht vereinbar sein, um einen vorteilhaften Ausverkauf zu erzielen, neue Waren zur Ergänzung des Lagers hinzuzukaufen. Die Liquidatoren würden sich mit solchem Vorgehen schadensersatzpflichtig machen.

Die Forderungen der Gesellschaft sind einzuziehen, doch können sie auch, um die Liquidation zum schnellen Abschluß zu bringen, durch Verkauf verwertet werden.

Das Vermögen der Gesellschaft ist in Geld umzusetzen, also zu versilbern. Ein Verkauf des Geschäftes wird schon im Hinblick auf die Befriedigung der Gläubiger meist nicht zu umgehen sein. Ist aber die Befriedigung der Gläubiger bewirkt oder sichergestellt, so kann bei Einigung der Gesellschafter jede andere Regelung, insbesondere auch eine Geschäftsübernahme durch einen oder mehrere Gesellschafter zugelassen werden.

**Befriedigung der Gläubiger.**

Die Gläubiger sind zu befriedigen. Eine öffentliche Aufforderung an die Gläubiger der Gesellschaft, sich zu melden, findet nicht statt. Ebensowenig braucht vor Verteilung des Vermögens ein Sperrjahr innegehalten zu werden. Diese Vorschriften gelten lediglich für die Liquidation von juristischen Personen, insbesondere bei der Gesellschaft mit beschränkter Haftung und der Aktiengesellschaft. Hier bedarf es aber auch erhöhter Sicherungsmaßnahmen zugunsten der Gläubiger, weil es ihnen nach der Verteilung des Gesellschaftsvermögens an jeder sachlichen Deckung fehlt, irgendeine persönliche Sicherheit auch wie bei der offenen Handelsgesellschaft nicht mehr besteht.

Vor Berichtigung der Schulden darf Vermögen unter die Gesellschafter nicht verteilt werden (§ 155 HGB.).

Ist eine Forderung noch nicht fällig oder der Gläubiger nicht bekannt, so ist der ausstehende Betrag zurückzuhalten. Wenn die Höhe einer Forderung zweifelhaft ist, muß für den möglichen Höchstbetrag Deckung zurückbehalten werden (§ 155 Abs. 2). Das gleiche gilt bei Forderungen, die in Streit befangen sind, für die Prozeßkosten.

Reicht das Vermögen der Gesellschaft zur Befriedigung der Gläubiger nicht aus, so müssen die Liquidatoren versuchen, die Fehlbeträge von den Gesellschaftern einzubekommen. Die erhaltenen Beträge sind den Gesellschaftern auf die Beträge, die ihnen aus der Liquidationsmasse zustehen, gutzubringen.

**Verfahren bei Zahlungsunfähigkeit der Liquidationsmasse.**

Sind die vorhandenen oder erreichbaren Mittel zur Befriedigung der Gläubiger nicht ausreichend, so können die Liquidatoren mit den Gläubigern einen Vergleich, nötigenfalls mit gerichtlicher Hilfe nach der Vergleichsordnung versuchen. Gelingt dies nicht, so müssen die Liquidatoren den Konkurs anmelden.

Verabsäumen die Liquidatoren die rechtzeitige Anmeldung des Konkurses, so haften sie den Gesellschaftern für den Schaden, der aus dieser Unterlassung erwächst. Doch sind sie nicht wie die Liquidatoren einer Gesellschaft mit beschränkter Haftung und einer Aktiengesellschaft strafbar (§ 84 GmbHGes., § 315 Nr. 2 HGB.). Das Gesetz hat es wohl übersehen, den gleichliegenden Fall bei den Liquidatoren der offenen Handelsgesellschaft unter Strafe zu stellen.

Dagegen sind die Liquidatoren sonst bei Zuwiderhandlung gegen die Strafvorschriften der Konkursordnung straffällig. Insbesondere machen sie sich strafbar, wenn sie in Kenntnis der Zahlungsunfähigkeit der Gesellschaft einem Gläubiger in der Absicht, ihn vor den übrigen Gläubigern zu begünstigen, eine größere Sicherung oder Befriedigung gewährt zu haben, als er zu beanspruchen hatte (§§ 239—241, 244 KO.).

**Verteilung des Vermögens.**

HGB. § 155.

> Das nach Berichtigung der Schulden verbleibende Vermögen der Gesellschaft ist von den Liquidatoren nach dem Verhältnisse der Kapitalanteile, wie sie sich auf Grund der Schlußbilanz ergeben, unter die Gesellschafter zu verteilen.
>
> Das während der Liquidation entbehrliche Geld wird vorläufig verteilt. Zur Deckung noch nicht fälliger oder streitiger Verbindlichkeiten sowie zur Sicherung der den Gesellschaftern bei der Schlußverteilung zukommenden Beträge ist das Erforderliche zurückzubehalten. Die Vorschriften des § 122 Abs. 1 finden während der Liquidation keine Anwendung.
>
> Entsteht über die Verteilung des Gesellschaftsvermögens Streit unter den Gesellschaftern, so haben die Liquidatoren die Verteilung bis zur Entscheidung des Streites auszusetzen.

Die Verteilung des Gesellschaftsvermögens kann stattfinden, wenn nach Berichtigung der Schulden verteilbare Masse vorhanden ist. Doch gestattet das Gesetz bei Geld, das während der Liquidation entbehrlich geworden ist, eine **vorläufige Verteilung**.

Die Verteilung erfolgt auf Grund der von den Liquidatoren aufzustellenden Schlußbilanz. Diese Bilanz muß von sämtlichen Gesellschaftern genehmigt werden. Kann über sie keine Einigung erzielt werden, so muß hierüber im Rechtsstreit zwischen den Gesellschaftern entschieden werden. Die Liquidatoren haben dann die Verteilung des Gesellschaftsvermögens bis zu dieser Entscheidung auszusetzen.

Der Anteil des einzelnen Gesellschafters an der Teilungsmasse bestimmt sich nach seinem Kapitalanteil, wie er auf Grund der Schlußbilanz festgestellt wird. Doch kann im Gesellschaftsvertrage oder sonstigen Vereinbarungen ein anderer Verteilungsmaßstab vorgesehen sein.

**Rücknahme von Sacheinlagen.**

Eine Rücknahme von Sacheinlagen der Gesellschafter kann nicht verlangt werden, soweit es sich nicht um Gegenstände handelt, die der Gesellschaft nur zum Gebrauch oder zur Nutznießung überlassen sind. Das Vermögen der Gesellschaft ist, wie es § 149 HGB. ausspricht, durch die Liquidation in Geld umzusetzen. Doch kann der Gesellschaftsvertrag anderes festsetzen.

Ist eine Rücknahme von Einlagen z. B. von Grundstücken, Maschinen, Einrichtungsgegenständen vorgesehen, so bestimmt sich der Rücknahmepreis nach dem zeitigen Verkaufswert. Der Wert der Gegenstände zur Zeit der Einbringung, den § 733 BGB. für die bürgerliche Gesellschaft als maßgeblich erachtet, entscheidet hier nicht.

### 4. Rechtsstellung der Gesellschafter während der Liquidation.

**Wegfall der Vertretungsmacht der Gesellschafter.**

HGB. § 156.

> Bis zur Beendigung der Liquidation kommen in bezug auf das Rechtsverhältnis der bisherigen Gesellschafter untereinander sowie der Gesellschaft zu Dritten die Vorschriften des zweiten und dritten Titels zur Anwendung, soweit sich nicht aus dem gegenwärtigen Titel oder aus dem Zwecke der Liquidation ein anderes ergibt.

Durch die Liquidation werden die Gesellschafter, sofern sie nicht Liquidatoren werden, von der Geschäftsführung und von der Vertretung für die Gesellschaft enthoben. Damit entfallen die ihnen für ihre geschäftsführende Tätigkeit ausgesetzten Gehaltsbezüge und sonstigen Vergütungen.

Entnahmen aus der Gesellschaftskasse sind während der Liquidation nicht mehr statthaft. Gewinnausschüttungen finden nicht statt (§ 155 Abs. 3 HGB.).

Andererseits sind die Gesellschafter nunmehr auch von den Pflichten der Geschäftsführung befreit. Sie brauchen sich um die Geschäftsführung und die Buchführung der Liquidatoren nicht zu bekümmern, ja können dies in Einzelheiten gar nicht, ohne in die Rechte der Liquidatoren einzugreifen. Die Gesellschafter unterliegen auch nicht mehr dem Wettbewerbsverbot.

**Kontroll- und Aufsichtsrechte der Gesellschafter.**

Den Gesellschaftern verbleiben jedoch während der Liquidation Kontroll- und Aufsichtsrechte. Sie haben das Recht, sich in den Angelegenheiten der Gesellschaft persönlich zu unterrichten und in die Bücher und Schriftstücke der Gesellschaft Einsicht zu nehmen.

Sie können ferner über die Geschäftsführung und über die Bestellung und Abberufung von Liquidatoren Anordnungen treffen, müssen aber hierbei in ihren Beschlüssen einstimmig sein, sonst brauchen die Liquidatoren ihre Anweisungen nicht zu beachten. Ist daher ein Gesellschafter Liquidator, so kann gegen dessen Willen nichts unternommen werden. Es würde äußerstenfalls nur seine gerichtliche Abberufung übrig bleiben.

Die Gesellschafter sind schließlich zur Abberufung von Prokuristen befugt, können auch Prokuristen neu bestellen. Sie müssen aber hierüber einstimmig beschließen, da es sich um Maßnahmen handelt, welche die Geschäftsführung betreffen (§§ 152 u. 116 HGB.).

**Geltendmachung von Rechtsansprüchen gegen Gesellschafter.**

Ansprüche, welche die Gesellschaft gegen die Gesellschafter geltend zu machen hat, werden ihnen gegenüber durch die Liquidatoren vertreten. Es gilt dies z. B. für Vornahme rückständiger Einlagen, Herausgabe von Gegenständen, die der Gesellschaft gehören, Abrechnung aus Geschäften, die für die Gesellschaft abgeschlossen sind.

In gleicher Weise geschieht auch die Aufbringung der Beträge, die zur Befriedigung der Gläubiger erforderlich sind. Reicht hierfür das Gesellschaftsvermögen nicht aus, so haben die Gesellschafter für die Fehlbeträge in dem Verhältnis aufzukommen, zu welchem sie am Verlust der Gesellschaft beteiligt sind. In gleichem Verhältnis haften sie für einen Ausfall, der bei einem Gesellschafter entsteht (§ 735 BGB.).

Von einer Wahrnehmung durch die Liquidatoren sind diejenigen Ansprüche ausgeschlossen, welche die für die Gesellschafter grundlegenden Beziehungen des Gesellschaftsverhältnisses und die Rechtsstellung des einzelnen Gesellschafters betreffen. Derartige Ansprüche können nur von den Gesellschaftern gegeneinander geltend gemacht werden. Zu solchen Angelegenheiten gehört die Genehmigung der Schlußbilanz, die Feststellung der Höhe der Kapitalanteile und der Gewinnberechtigung der Gesellschafter sowie die Anerkennung von Vorrechten eines Gesellschafters betreffs der Verteilung des Gesellschaftsvermögens. Streitigkeiten über derartige Verhältnisse sind daher zwischen den Gesellschaftern auszutragen. Die Liquidatoren haben bis zur Entscheidung des Streites die Verteilung des Vermögens auszusetzen (§ 155 Abs. 3 HGB.).

### 5. Handelsregisterliche Anmeldungen während der Liquidation.

HGB. § 148.

> Die Liquidatoren sind von sämtlichen Gesellschaftern zur Eintragung in das Handelsregister anzumelden. Das gleiche gilt von jeder Änderung in den Personen der Liquidatoren oder in ihrer Vertretungsmacht. Im Falle des Todes eines Gesellschafters kann, wenn anzunehmen ist, daß die Anmeldung den Tatsachen entspricht, die Eintragung erfolgen, auch ohne daß die Erben bei der Anmeldung mitwirken, soweit einer solchen Mitwirkung besondere Hindernisse entgegenstehen.
>
> Die Eintragung gerichtlich bestellter Liquidatoren sowie die Eintragung der gerichtlichen Abberufung von Liquidatoren geschieht von Amts wegen.
>
> Die Liquidatoren haben die Firma nebst ihrer Namensunterschrift zur Aufbewahrung bei dem Gerichte zu zeichnen.

Die Auflösung der Gesellschaft und der Eintritt der Liquidation ist von sämtlichen Gesellschaftern zum Handelsregister anzumelden. Zugleich sind die Personen der Liquidatoren anzumelden. Die Gesellschafter sind zu diesen Anmeldungen verpflichtet. Weigern sie sich, so können sie hierzu von dem Registergericht durch Ordnungsstrafen angehalten werden. Besteht Streit zwischen den Gesellschaftern über die Auflösung der Gesellschaft oder die Personen der Liquidatoren, so kann das Registergericht die Eintragung bis zur Entscheidung des ordentlichen Gerichtes aussetzen (FG. § 127).

Weiter haben die Gesellschafter jede Änderung in den Personen der Liquidatoren oder in ihrer Vertretungsmacht anzumelden.

Bei gerichtlicher Bestellung oder Abberufung von Liquidatoren erfolgt die Eintragung von Amts wegen durch das Registergericht.

Die Liquidatoren selbst nehmen während der Liquidation irgendwelche Anmeldungen zum Handelsregister **nicht** vor. Auch die Bestellung und der Widerruf von Prokuren werden von den Gesellschaftern angemeldet.

Die Liquidatoren haben lediglich nach ihrem Antritt die Liquidationsfirma nebst ihrer Namensunterschrift zur Aufbewahrung bei dem Gerichte zu zeichnen.

Wählen die Gesellschafter statt der Liquidation die freie Auseinandersetzung, so haben sie nur die Auflösung der Gesellschaft in das Handelsregister anzumelden.

## 6. Beendigung der Liquidation.

HGB. § 157.

Nach der Beendigung der Liquidation ist das Erlöschen der Firma von den Liquidatoren zur Eintragung in das Handelsregister anzumelden.

Die Bücher und Papiere der aufgelösten Gesellschaft werden einem der Gesellschafter oder einem Dritten in Verwahrung gegeben. Der Gesellschafter oder der Dritte wird in Ermangelung einer Verständigung durch das Gericht bestimmt, in dessen Bezirke die Gesellschaft ihren Sitz hat.

Die Gesellschafter und deren Erben behalten das Recht auf Einsicht und Benutzung der Bücher und Papiere.

Nach Beendigung der Liquidation ist das Erlöschen der Firma von den Liquidatoren zum Handelsregister anzumelden. Die letzte Kundbarmachung, daß das Dasein der Gesellschaft beendet ist, erfolgt also nicht durch die Gesellschafter, sondern durch die Liquidatoren. Die Liquidatoren bringen durch ihre Anmeldung gleichzeitig zur Kenntnis, daß ihre Tätigkeit für die Gesellschaft abgeschlossen ist.

Das Recht auf Einsicht und Benutzung der in Verwahrung gegebenen Bücher und Papiere der Gesellschaft steht allen Gesellschaftern und deren Erben zu. Zur Einsicht und Benutzung der Bücher und Schriftstücke sind auch bereits ausgeschiedene Gesellschafter und deren Erben befugt. Bei Ausübung des Rechtes können sich die Beteiligten der Hilfe eines Büchersachverständigen bedienen.

## 7. Nachliquidation.

Nach Durchführung der Liquidation kann sich herausstellen, daß die Liquidation in Wahrheit unvollständig war und daher noch nicht beendet ist. Es können Vermögensstücke der Gesellschaft aufgedeckt werden, die bei der Liquidation unbeachtet geblieben sind. Z. B. Rechte, deren Tilgung angenommen wurde, erweisen sich als fortbestehend. Es tauchen Aufwertungsansprüche auf.

Ebenso können Vermögensgegenstände, die bei Schluß der Liquidation als wertlos oder von geringem Wert erachtet wurden, plötzlich erhöhten Wert erhalten. Z. B. Forderungen, die als uneinbringlich angesehen wurden, gehen ganz oder teilweise ein.

In solchen Fällen wird vielfach eine formlose Aufteilung der Werte, die sich neu als Masse ergeben, möglich sein. In anderen Fällen dagegen, wenn mit dem Erhalt der neuen Forderungen zugleich Pflichten der Masse verbunden sind, wird eine förmliche Wiedereröffnung der Liquidation nicht zu umgehen sein.

Es muß dann eine Nachliquidation vorgenommen werden. Die Liquidatoren, die, wie sich herausgestellt hat, vorzeitig die Beendigung der Liquidation bewirkt haben, müssen nunmehr die Wiedereröffnung der Liquidation und zugleich das Fortbestehen der Liquidationsfirma zum Handelsregister anmelden. Sind Liquidatoren nicht mehr vorhanden oder verweigern sie die Nachliquidation, so haben die Gesellschafter neue Liquidatoren zu bestellen, sofern sie nicht selbst berufen sind. Ist eine Beschlußfassung der Gesellschafter mit besonderen Schwierigkeiten verknüpft, so kann auf Antrag eines Beteiligten das Gericht die Bestellung vornehmen. Es gilt dies z. B. wenn der Aufenthalt eines Gesellschafters unbekannt ist.

### 8. Besteuerung der Gewinne der Gesellschafter bei der Auseinandersetzung und Liquidation.

Die Gewinne, die bei Durchführung der Auseinandersetzung oder der Liquidation sich für die Gesellschafter ergeben, unterliegen der Einkommensteuer.

Diese Gewinne sind gleich wie die Bezüge, welche die Gesellschafter für ihre Tätigkeit als Liquidatoren erhalten, Einkünfte aus Gewerbebetrieb und daher nach § 29 Nr. 3 ESt. für die Gesellschafter steuerpflichtig.

Ein Gewinn ist vorhanden, wenn über die Kapitalanteile hinaus, welche für die Gesellschafter durch die Bilanz festgestellt sind, Ausschüttungen an die Gesellschafter erfolgen. In welcher Form die Ausschüttung erfolgt, ist ohne Bedeutung.

Werden den Gesellschaftern Sachwerte zugeteilt, so ist deren gemeiner Wert im Zeitpunkt der Zuteilung maßgebend. Die Wertfeststellung der Gesellschafter ist für die Besteuerung nicht entscheidend. Es gilt dies insbesondere bei Geschäftsübernahmen, sei es daß sie durch die Gesellschafter oder unmittelbar durch dritte Personen erfolgen, an deren Unternehmungen sich die Gesellschafter beteiligen. Die Beteiligung, die auf diese Weise der Gesellschafter erhält, ist der Gegenwert für die Gewinnausschüttung aus der Verteilung und als solcher gleichfalls nach dem gemeinen Wert zu versteuern.

Wird in Verfolg der Auseinandersetzung oder der Liquidation das Unternehmen im Ganzen oder zum Teil veräußert, so bleibt ein Gewinn steuerfrei, wenn er bei Gesamtveräußerung 10 000 Rm. nicht übersteigt oder bei Teilveräußerung nur so wenig beträgt, daß er bei Gesamtveräußerung 10 000 Rm. nicht überschritten hätte (§§ 30, 32 ESt.).

Für die Besteuerung ist diejenige Zeit maßgeblich, in der die Verteilung der Gewinne an die Gesellschafter erfolgt. Nicht dagegen kommt es auf die förmliche Beendigung der Auseinandersetzung oder der Liquidation an.

# B. Die Kommanditgesellschaft.

## I. Die Rechtsstellung der Kommanditgesellschaft.

HGB. § 161.

> Eine Gesellschaft, deren Zweck auf den Betrieb eines Handelsgewerbes unter gemeinschaftlicher Firma gerichtet ist, ist eine Kommanditgesellschaft, wenn bei einem oder bei einigen von den Gesellschaftern die Haftung gegenüber den Gesellschaftsgläubigern auf den Betrag einer bestimmten Vermögenseinlage beschränkt ist (Kommanditisten), während bei dem anderen Teile der Gesellschafter eine Beschränkung der Haftung nicht stattfindet (persönlich haftende Gesellschafter).
>
> Soweit nicht in diesem Abschnitt ein anderes vorgeschrieben ist, finden auf die Kommanditgesellschaft die für die offene Handelsgesellschaft geltenden Vorschriften Anwendung.

Die Kommanditgesellschaft unterscheidet sich von der offenen Handelsgesellschaft dadurch, daß die Gesellschafter der offenen Handelsgesellschaft für die Geschäftsverbindlichkeiten sämtlich unbeschränkt haften. Bei der Kommanditgesellschaft übernehmen die persönlich haftenden Gesellschafter die gleiche Haftung wie die Gesellschafter der offenen Handelsgesellschaft. Dagegen ist die Haftung der Kommanditisten auf ihre Kommanditeinlage beschränkt.

Diese Haftungsbeschränkung ist für die Rechtsstellung der Kommanditgesellschaft wesentlich. Der Kommanditist verbindet geschäftlich nicht seine Person mit der Gesellschaft. Er sucht in ihr eine Form der Beteiligung und stellt hierfür der Gesellschaft Mittel zur Verfügung. Darüber hinaus erstreckt sich seine Verantwortung nicht.

Aus dieser Beschränkung der Haftung ergeben sich notwendig gegenüber der offenen Handelsgesellschaft Unterschiede, die zu einer gesetzlichen Sonderregelung der Kommanditgesellschaft geführt haben. Das Gesetz hebt aber ausdrücklich hervor, daß, soweit besondere Vorschriften nicht bestehen, auf die Kommanditgesellschaft die für die offene Handelsgesellschaft geltenden Bestimmungen anzuwenden sind.

Im folgenden wird daher das Recht der Kommanditgesellschaft nur insoweit behandelt, als die gesetzlichen Bestimmungen besondere Rechtssätze für die Kommanditgesellschaft aufweisen. Im übrigen gelten für die Kommanditgesellschaft die Vorschriften, die für die offene Handelsgesellschaft bestehen. Sie bilden gewissermaßen den Hintergrund, von dem sich das Recht der Kommanditgesellschaft abhebt. Alle Rechtssätze, die für den Rechtsverkehr der offenen Handelsgesellschaft und für das Rechtsverhältnis der Gesellschafter untereinander gelten, kommen demnach auch für die Kommanditgesellschaft zur Anwendung, soweit sich nicht aus der gesetzlichen Sonderregelung Abweichungen ergeben.

## II. Die Errichtung der Kommanditgesellschaft.

Die Kommanditgesellschaft kann gleich von Beginn an als Kommanditgesellschaft errichtet werden. Sie kann jedoch auch derart begründet werden, daß ein Kommanditist in ein bestehendes Einzelunternehmen oder in eine offene Handelsgesellschaft eintritt. Weiter kann bei einer offenen Handelsgesellschaft ein Gesellschafter seine bisherige Stellung mit derjenigen eines Kommanditisten eintauschen. Auch ist durch § 139 HGB. den Erben eines Gesellschafters einer offenen Handelsgesellschaft das Recht eingeräumt, an Stelle ihres Erblassers Kommanditisten der Gesellschaft zu werden.

In allen Fällen, in denen ein bereits vorhandenes Unternehmen einen Kommanditisten als Gesellschafter aufnimmt, liegt keine Neuerrichtung einer Kommanditgesellschaft, sondern eine Umwandlung des bestehenden Unternehmens in eine Kommanditgesellschaft vor.

### 1. Die Personen der Gesellschafter.

Gesellschafter der Kommanditgesellschaft können gleichwie bei der offenen Handelsgesellschaft auch juristische Personen sein. Insbesondere ist es zulässig, daß eine Gesellschaft mit beschränkter Haftung persönlich haftende Gesellschafterin einer Kommanditgesellschaft ist[1]). Die Gesellschafter der Gesellschaft mit beschränkter Haftung können gleichzeitig Kommanditisten der Kommanditgesellschaft sein.

### 2. Die Firma der Gesellschaft.

Die Firma einer Kommanditgesellschaft hat den Namen wenigstens eines persönlich haftenden Gesellschafters mit einem das Vorhandensein einer Gesellschaft andeutenden Zusatz zu enthalten (§ 19 Abs. 2 HGB.).

Nicht erforderlich ist, daß die Firmenbezeichnung auf eine Kommanditgesellschaft hinweist. Es genügt, daß das Vorhandensein einer Gesellschaft angedeutet wird. Ausreichend sind daher für eine Kommanditgesellschaft Firmenbezeichnungen wie: Horster & Krause; Horster & Co.; Kommanditgesellschaft Horster; Horster Gesellschaft mit beschränkter Haftung & Co.

Der Name eines Kommanditisten darf in die Firma nicht aufgenommen werden (§ 19 Abs. 3). Möglich ist allerdings, daß ein solcher Name schon vorher in der Firma enthalten war und dann bestehen bleibt. Zur Fortführung

---

[1]) RG. 105 101; Jahrb. 51 122.

einer solchen Firma bedarf es dann der Zustimmung des betreffenden Kommanditisten (§ 24 HGB.).

### 3. Geschäftsbeginn.

HGB. § 176.

Hat die Gesellschaft ihre Geschäfte begonnen, bevor sie in das Handelsregister des Gerichtes, in dessen Bezirke sie ihren Sitz hat, eingetragen ist, so haftet jeder Kommanditist, der dem Geschäftsbeginne zugestimmt hat, für die bis zur Eintragung begründeten Verbindlichkeiten der Gesellschaft gleich einem persönlich haftenden Gesellschafter, es sei denn, daß seine Beteiligung als Kommanditist dem Gläubiger bekannt war. Diese Vorschrift kommt nicht zur Anwendung, soweit sich aus dem § 2 ein anderes ergibt.

Tritt ein Kommanditist in eine bestehende Handelsgesellschaft ein, so findet die Vorschrift des Abs. 1 Satz 1 für die in der Zeit zwischen seinem Eintritt und dessen Eintragung in das Handelsregister begründeten Verbindlichkeiten der Gesellschaft entsprechende Anwendung.

Die Wirksamkeit der Kommanditgesellschaft tritt wie diejenige der offenen Handelsgesellschaft erst mit dem Zeitpunkt ein, in dem die Gesellschaft in das Handelsregister eingetragen ist (§ 123). Der Beginn der Geschäfte kann jedoch schon früher einsetzen.

Das Gesetz regelt zugunsten der Gläubiger die Haftung für Vorgeschäfte derart, daß auch der Kommanditist, der dem Geschäftsbeginn zugestimmt hat, wie der persönlich haftende Gesellschafter für die bis zur Eintragung begründeten Verpflichtungen unbeschränkt haftet. Das Gleiche gilt bei einem Kommanditisten, der in ein bestehendes Handelsgeschäft eintritt, betreffs der Verbindlichkeiten, die in der Zeit von seinem Eintritt bis zu dessen Eintragung entstanden sind.

Hat der Kommanditist den Geschäftsbeginn nicht gekannt, so haftet er bei Eintragung der Gesellschaft nur in Höhe seiner Kommanditeinlage, bei Nichtzustandekommen der Gesellschaft überhaupt nicht. Die Haftungsbeschränkung auf die Kommanditeinlage tritt ferner ein, wenn dem Gläubiger die nur kommanditistische Beteiligung des Gesellschafters bekannt war.

### 4. Anmeldung zum Handelsregister.

HGB. § 162.

Die Anmeldung der Gesellschaft hat außer den in § 106 Abs. 2 vorgesehenen Angaben die Bezeichnung der Kommanditisten und den Betrag der Einlage eines jeden von ihnen zu enthalten.

Bei der Bekanntmachung der Eintragung ist nur die Zahl der Kommanditisten anzugeben; der Name, der Stand und der

Wohnort der Kommanditisten sowie der Betrag ihrer Einlagen werden nicht bekanntgemacht.

Diese Vorschriften finden im Falle des Eintrittes eines Kommanditisten in eine bestehende Handelsgesellschaft und im Falle des Ausscheidens eines Kommanditisten aus einer Kommanditgesellschaft entsprechende Anwendung.

Die Kommanditgesellschaft muß bei dem Gericht, in dessen Bezirk sie ihren Sitz hat, zur Eintragung in das Handelsregister angemeldet werden. Anmeldepflichtig sind wie bei der offenen Handelsgesellschaft die Namen, der Stand und der Wohnort sämtlicher Gesellschafter, die Firma der Gesellschaft, der Ort, an dem sie ihren Sitz hat, und schließlich der Zeitpunkt ihres Geschäftsbeginnes. Hinzukommt, daß der Betrag der von jedem Kommanditisten übernommenen Einlage angemeldet werden muß. Dagegen sind keine Erklärungen über die Einzahlung der Einlagen abzugeben.

Bei der Bekanntmachung wird von dem Registergericht nur die Zahl der Kommanditisten veröffentlicht. Die sonstigen, die Kommanditisten betreffenden Angaben, insbesondere deren Namen, Stand und Wohnort sowie der Betrag ihrer Einlagen werden nicht bekanntgemacht. Diese Vorschrift will vermeiden, daß durch die Veröffentlichung die Personen der Kommanditisten und ihre Beteiligungen weiten Kreisen bekanntgegeben werden. Allein es ist nicht berechtigt, diese für die Gläubiger wichtigen Tatsachen verborgen zu halten. Gerade wegen der unmittelbaren Haftung der Kommanditisten gegenüber den Gläubigern haben diese an der Bekanntgabe ein besonderes Interesse.

Die Anmeldungen zum Handelsregister müssen durch sämtliche Gesellschafter, also auch durch die Kommanditisten erfolgen. Dagegen sind Zeichnungen der Firma nebst Namensunterschriften nur von den persönlich haftenden Gesellschaftern, welche die Gesellschaft vertreten, bei dem Gericht zu hinterlegen (§ 108 HGB.).

## III. Die Rechtsverhältnisse bei der Kommanditgesellschaft.

Die Kommanditgesellschaft ist gleichwie die offene Handelsgesellschaft eine Gesellschaft mit eigenen Rechten und Pflichten, die von denjenigen ihrer Gesellschafter unabhängig sind.

Die Kommanditgesellschaft kann unter ihrer Firma Rechte erwerben und Verbindlichkeiten eingehen. Sie kann das Eigentum und dingliche Rechte an Grundstücken erwerben. Auch kann sie unter ihrer Firma klagen und verklagt werden. Zur Vollstreckung in ihr Vermögen ist ein gegen die Kommanditgesellschaft gerichteter Schuldtitel erforderlich.

Die Kommanditgesellschaft besitzt eigenes, von dem Privatvermögen der Gesellschafter und der Kommanditisten getrenntes Vermögen. Dieses Vermögen ist zu Beginn der Kommanditgesellschaft durch eine Eröffnungsbilanz festzustellen.

### 1. Die persönlich haftenden Gesellschafter.

HGB. § 170.

Der Kommanditist ist zur Vertretung der Gesellschaft nicht ermächtigt.

Die Vertretungsmacht der Kommanditgesellschaft liegt in den Händen der persönlich haftenden Gesellschafter. Der Kommanditist ist zur Vertretung der Gesellschaft nicht ermächtigt. Er kann die Vertretung der Gesellschaft auch nicht in Gemeinschaft mit einem persönlich haftenden Gesellschafter ausüben[1]).

An dieser grundsätzlichen Regelung kann auch der Gesellschaftsvertrag nichts ändern. Allerdings ist es möglich, einen persönlich haftenden Gesellschafter von der Vertretungsmacht für die Gesellschaft auszuschließen. Es kann ihm auch, wenn ein wichtiger Grund vorliegt, die Vertretung entzogen werden (§ 127 HGB.). Allein dieser Ausschluß ist nur insoweit statthaft, als andere persönlich haftende Gesellschafter vorhanden sind, welche die Vertretung auszuüben in der Lage sind[2]). Fehlt es an solchen, so würde die Kommanditgesellschaft ohne Vertretung sein. Ein Gesellschaftsvertrag, der eine solche Regelung trifft, würde nichtig sein. Tritt der Mangel der Vertretung später ein, so würde ein wichtiger Grund vorliegen, die Gesellschaft durch gerichtliche Entscheidung aufzulösen (§ 133 HGB.).

Die Rechte und Pflichten der persönlich haftenden Gesellschafter sind in der Kommanditgesellschaft genau die gleichen wie in der offenen Handelsgesellschaft. Es wird daher auf deren Darstellung verwiesen. Es liegt nur die Besonderheit vor, daß die persönlich haftenden Gesellschafter in der Kommanditgesellschaft Mitgesellschafter haben, die nicht wie sie unbeschränkt, sondern lediglich mit ihrer Kommanditeinlage für die Verbindlichkeiten der Gesellschaft haften.

### 2. Die Kommanditisten.

#### a) Gesellschafterrechte der Kommanditisten.

Der Kommanditist ist Gesellschafter der Kommanditgesellschaft. Er hat an ihr nicht lediglich das Interesse des Geldmannes. Seine Beteiligung

[1]) OLG. $44_{199}$.
[2]) Jahrb. $52_{90}$.

bestimmt die Rechtsform der Gesellschaft. Steuerrechtlich wird er als Mitunternehmer angesehen (§ 65 ESt.).

Der Kommanditist steht im Gegensatz zu demjenigen, der sich an einer Gesellschaft nur still beteiligt. Bei dem stillen Gesellschafter tritt seine Beteiligung nach außen nicht in die Erscheinung. Seine Einlage wird nicht Vermögen einer Gemeinschaft, sondern geht in das Vermögen des Geschäftsinhabers über.

Die Einlage des Kommanditisten wird dagegen Vermögen der Gesellschaft. Sie ist Betriebsvermögen der Gesellschaft und dient als Haftungsgrundlage für die Rechtsansprüche der Gläubiger.

Was den Kommanditisten von den persönlich haftenden Gesellschaftern der Gesellschaft unterscheidet, ist, daß er die Gesellschaft nicht vertritt und für die Verbindlichkeiten der Gesellschaft nicht mit seinem privaten Vermögen, sondern nur in Höhe seiner Kommanditeinlage haftet.

**Ausschluß von der Vertretung und Geschäftsführung der Gesellschaft.**

HGB. § 164.

> Die Kommanditisten sind von der Führung der Geschäfte der Gesellschaft ausgeschlossen; sie können einer Handlung der persönlich haftenden Gesellschafter nicht widersprechen, es sei denn, daß die Handlung über den gewöhnlichen Betrieb des Handelsgewerbes der Gesellschaft hinausgeht. Die Vorschriften des § 116 Abs. 3 bleiben unberührt.

Eine Vertretung der Kommanditgesellschaft durch einen Kommanditisten ist rechtlich unzulässig. Kommanditisten können mit Rechtswirkung gegen dritte Personen für die Gesellschaft weder handeln noch Erklärungen entgegennehmen, ebensowenig für die Gesellschaft zeichnen. Sie sind auch nicht befähigt, im Rechtsstreit für die Gesellschaft Parteieide zu leisten[1]), können vielmehr als Zeugen auftreten. Selbst in Notfällen, wenn z. B. der einzige persönlich haftende Gesellschafter durch Krankheit verhindert ist, ist dem Kommanditisten eine Vertretung der Gesellschaft untersagt.

Auch von der Geschäftsführung sind die Kommanditisten nach der gesetzlichen Regelung ausgeschlossen. Hier kann aber der Gesellschaftsvertrag eine abweichende Regelung treffen (§ 164 HGB.). Es kann also einem Kommanditisten die Geschäftsführung im vollen oder beschränkten Umfange übertragen werden. Doch handelt es sich hierbei lediglich um eine innere Geschäftseinteilung, die gegenüber Dritten keine Rechtswirkung äußert. Die Übertragung der Geschäftsführung an einen Kommanditisten kann daher auch nicht in das Handelsregister eingetragen werden[2]).

Ist allerdings die Geschäftsführung dem Kommanditisten eingeräumt,

---

[1]) ROH. $15_{8}$.

[2]) Jahrb. $21_{93}$.

so kann sie ihm nur aus wichtigen Gründen durch das Gericht entzogen werden[1]).

Da die Kommanditisten von der Geschäftsführung ausgeschlossen sind, sind sie auch von dem Wettbewerbsverbot befreit, das für die persönlich haftenden Gesellschafter gilt. Der Gesellschaftsvertrag kann aber eine andere Bestimmung treffen (§§ 165, 163 HGB.).

**Widerspruchsrecht bei Maßnahmen der Geschäftsführung.**

Da die Kommanditisten nach der gesetzlichen Regelung an der Geschäftsführung nicht teilnehmen, so können sie, falls der Gesellschaftsvertrag nichts Gegenteiliges vorsieht, üblichen Geschäftshandlungen der persönlich haftenden Gesellschafter nicht widersprechen. Das Recht zum Widerspruch besteht jedoch für Handlungen, die über den gewöhnlichen Betrieb des Handelsgewerbes hinausgehen. Zu ihnen gehört auch, von Notfällen abgesehen, die Bestellung eines Prokuristen.

In derartigen Fällen beseitigt ein Widerspruch des Kommanditisten die Berechtigung der anderen Gesellschafter zur Vornahme der Handlung. Die Gesellschafter würden ihre Pflicht als Gesellschafter verletzen, wenn sie sich über diesen Widerspruch hinwegsetzen. Für die Außenwelt ist der Widerspruch allerdings ohne Bedeutung.

Wenn mehrere Kommanditisten vorhanden sind, so genügt bereits der Widerspruch eines einzigen Kommanditisten. Es ist nicht Einstimmigkeit der Kommanditisten zu erfordern. Doch kann der Gesellschaftsvertrag einschränkende Erfordernisse aufstellen.

**Kontrollrechte.**

HGB. § 166.

> Der Kommanditist ist berechtigt, die abschriftliche Mitteilung der jährlichen Bilanz zu verlangen und ihre Richtigkeit unter Einsicht der Bücher und Papiere zu prüfen.
>
> Die in § 118 dem von der Geschäftsführung ausgeschlossenen Gesellschafter eingeräumten weiteren Rechte stehen dem Kommanditisten nicht zu.
>
> Auf Antrag eines Kommanditisten kann das Gericht, wenn wichtige Gründe vorliegen, die Mitteilung einer Bilanz oder sonstiger Aufklärungen sowie die Vorlegung der Bücher und Papiere jederzeit anordnen.

Trotzdem das Gesetz dem Kommanditisten das Recht gewährt, bei außergewöhnlichen Geschäftsmaßnahmen zu widersprechen, beschränkt es doch sein Recht, eine Kontrolle der Geschäftsführung auszuüben, auf ein Mindestmaß. Es räumt ihm nicht einmal das Recht ein, das dem von der

---

[1]) RG. $110_{418}$.

Geschäftsführung ausgeschlossenen Gesellschafter einer offenen Handelsgesellschaft zusteht.

Der Kommanditist ist gesetzlich nicht befugt, sich von den Angelegenheiten der Gesellschaft persönlich zu unterrichten, jederzeit die Bücher und Schriftstücke der Gesellschaft einzusehen und sich aus ihnen eine Bilanz anzufertigen. Das Gesetz gestattet ihm nur, nach Abschluß des Jahres die Bilanz abzuverlangen und ihre Richtigkeit unter Einsicht der Bücher und Papiere der Gesellschaft nachzuprüfen. Es müssen schon wichtige Gründe vorliegen, wenn der Kommanditist es im Wege des Prozesses erreichen soll, daß an ihn außerdem die Mitteilung weiterer Bilanzen und sonstiger Aufklärungen sowie die jederzeitige Vorlegung der Bücher und Schriftstücke der Gesellschaft stattzufinden hat. Wichtige Gründe sind alle Vorkommnisse, die eine Gefährdung der Gesellschaft oder eine Beeinträchtigung der Rechte des Kommanditisten befürchten lassen. Da es sich meist um dringende Fälle handelt, wird der Kommanditist zweckmäßig bei dem Gericht eine einstweilige Verfügung beantragen.

Es muß bezweifelt werden, ob nicht das Gesetz in der Einschränkung der Kontrollrechte der Kommanditisten zu weit geht. Diese gesetzlichen Einschränkungen finden jedenfalls in den Verträgen der Geschäftswelt wenig Nachahmung. Hier werden vielmehr meist weitergehende Sicherungen der Rechte der Kommanditisten vorgesehen.

### b) Die Kommanditeinlagen des Kommanditisten.

Die Kommanditeinlage ist die von dem Kommanditisten in die Gesellschaft eingebrachte Vermögenseinlage, auf deren Betrag seine Haftung gegenüber den Gesellschaftsgläubigern beschränkt ist (§ 161 HGB.).

Die Kommanditeinlage muß in einer bestimmten Geldsumme ausgedrückt sein. Es geht nicht an, sie dem Betrage nach offen zu lassen oder die Bestimmung ihrer Höhe der Entscheidung eines Dritten zu überlassen. Eine dahingehende Abmachung ist für die Vertragsbeteiligten rechtsunwirksam. Der Gesellschaftsvertrag, der sie enthält, wäre nichtig.

Hin und wieder wird zwar zunächst ein bestimmter Geldbetrag der Einlage angegeben, deren Erhöhung aber den Vertragschließenden vorbehalten. Eine solche Vereinbarung ist rechtsgültig. Der Vorbehalt schließt jedoch keine Rechtspflicht in sich, weil die Vornahme und der Betrag der Erhöhung in das Belieben des Vertragschließenden gestellt ist.

Anders verhält es sich, wenn die Erhöhung die Einlage vorgesehen, jedoch die Entscheidung hierüber einigen Gesellschaftern oder einem Mehrheitsbeschluß der Gesellschafter überlassen ist. Hier ist, wenn eine dahingehende Entscheidung erfolgt, jeder Kommanditist zu einer entsprechenden Erhöhung verpflichtet.

**Art und Höhe der Einlage.**

Die Einlagen können Bar- oder Sacheinlagen sein und auch in Leistungen bestehen. Erforderlich ist, daß durch die Einlage der Gesellschaft Vermögenwerte zufließen. Es ist daher als statthaft anzusehen, daß der Kommanditist seine Einlage derart einbringt, daß er mit einer Forderung, die er an die Gesellschaft hat, gegen seine Einlagepflicht aufrechnet [1]). Nicht dagegen gilt es als eine zulässige Einbringung, wenn der Kommanditist der Gesellschaft Waren zur Verfügung stellt, deren Eigentum er sich vorbehalten hat [2]). Hier ist der Gesellschaft nichts zugekommen, was nach der Verkehrsanschauung einen genügend selbständigen Wert darstellt.

Die Kommanditeinlage verbleibt in Höhe desjenigen Betrages, auf den sie von vornherein festgesetzt ist oder auf den sie später erhöht oder herabgesetzt wird. Dadurch unterscheidet sie sich von dem Kapitalanteil des Gesellschafters einer offenen Handelsgesellschaft, der durch Zu- und Abschreibungen steten Veränderungen unterliegt.

Durch Verluste kann allerdings die Kommanditeinlage eine entsprechende Verminderung erfahren. Sie ist dann durch Zuschreibung späterer Gewinne auf den vertragsmäßigen Stand aufzufüllen. Bevor dieser Betrag erreicht ist, darf eine Gewinnausschüttung an den Kommanditisten nicht erfolgen (§ 169). Gewinne, die über den Betrag der Einlage hinausgehen, werden dem Kommanditisten nicht gutgeschrieben, sondern kommen zur Auszahlung (§ 167).

**Erhöhung und Herabsetzung der Einlage.**

HGB. § 172.

> Im Verhältnisse zu den Gläubigern der Gesellschaft wird nach der Eintragung in das Handelsregister die Einlage eines Kommanditisten durch den in der Eintragung angegebenen Betrag bestimmt.
>
> Auf eine nicht eingetragene Erhöhung der aus dem Handelsregister ersichtlichen Einlage können sich die Gläubiger nur berufen, wenn die Erhöhung in handelsüblicher Weise kundgemacht oder ihnen in anderer Weise von der Gesellschaft mitgeteilt worden ist.
>
> Eine Vereinbarung der Gesellschafter, durch die einem Kommanditisten die Einlage erlassen oder gestundet wird, ist den Gläubigern gegenüber unwirksam.
>
> Soweit die Einlage eines Kommanditisten zurückgezahlt wird, gilt sie den Gläubigern gegenüber als nicht geleistet. Das gleiche glit, soweit ein Kommanditist Gewinnanteile entnimmt, während sein Kapitalanteil durch Verlust unter den Betrag der geleisteten Einlage herabgemindert ist, oder soweit durch die Entnahme der Kapitalanteil unter den bezeichneten Betrag herabgemindert wird.

[1]) RG. $63_{265}$.
[2]) RG. $31_{72}$.

Was ein Kommanditist auf Grund einer in gutem Glauben errichteten Bilanz in gutem Glauben als Gewinn bezieht, ist er in keinem Falle zurückzuzahlen verpflichtet.

Die Kommanditeinlage hat nicht wie der Kapitalanteil des Gesellschafters der offenen Handelsgesellschaft nur für das innere Beteiligungsverhältnis der Gesellschafter Bedeutung. Die Einlage ist Kreditgrundlage der Gesellschaft. An ihrem Vorhandensein und eintretenden Veränderungen haben die Gläubiger der Gesellschaft ein erhebliches Interesse, weil in Höhe der Einlage eine unmittelbare Haftung des Kommanditisten für die Verbindlichkeiten der Gesellschaft besteht (§ 171).

Aus diesem Grunde hat die Eintragung des Betrages der Kommanditeinlage in das Handelsregister zu erfolgen. Damit ist für den Gläubiger die Haftungsgrenze des einzelnen Kommanditisten bezeichnet. Hieraus erklärt es sich, daß Erhöhungen und Ermäßigungen der Kammanditeinlage grundsätzlich auf die Rechte der Gläubiger erst Wirkung ausüben, wenn die Veränderungen in das Handelsregister eingetragen sind.

Erhöhungen der Kommanditeinlagen vermehren die Rechte des Gläubigers. Vor der handelsregisterlichen Eintragung können daher die Gläubiger die Erhöhung nur für sich geltend machen, wenn sie in handelsüblicher Weise z. B. durch Rundschreiben kundgemacht oder sie den Gläubigern besonders mitgeteilt ist.

Herabsetzungen der Kommanditeinlagen vermindern die Rechte der Gläubiger. Unberührt von einer Herabsetzung bleiben daher diejenigen Gläubiger, deren Ansprüche zur Zeit der Eintragung schon begründet waren. Spätere Gläubiger müssen dagegen die Herabsetzung nach ihrer Eintragung in das Handelsregister gegen sich gelten lassen (§ 174 HGB.).

### c) Beteiligung der Kommanditisten am Gewinn und Verlust der Gesellschaft.

Die Gewinn- und Verlustbeteiligung des Kommanditisten unterliegt der freien Vereinbarung der Gesellschafter. Es kommen auch hier wie bei der offenen Handelsgesellschaft die verschiedensten Abreden vor. Sofern der Kommanditist an der Geschäftsführung teilnimmt, können ihm auch feste Bezüge und sonstige Vergütungen ausgesetzt werden. Derartige vertraglich zugesicherte Ansprüche können dem Kommanditisten gegen seinen Willen nicht entzogen werden.

**Maßstab für die Verteilung von Gewinn und Verlust.**

HGB. § 168.

Die Anteile der Gesellschafter am Gewinn bestimmen sich, soweit der Gewinn den Betrag von vier vom Hundert der Kapitalanteile nicht übersteigt, nach den Vorschriften des § 121 Abs. 1, 2.

In Ansehung des Gewinnes, welcher diesen Betrag übersteigt, sowie in Ansehung des Verlustes gilt, soweit nicht ein anderes vereinbart ist, ein den Umständen nach angemessenes Verhältnis der Anteile als bedungen.

Die Verteilung des Gewinnes erfolgt auf Grund einer Jahresbilanz nach dem Verteilungsmaßstab, der hierfür in dem Gesellschaftsvertrag oder in Vereinbarungen der Gesellschafter festgelegt ist. Sind keine vertraglichen Bestimmungen getroffen, so gilt die gleiche gesetzliche Regelung, wie für die Gesellschafter der offenen Handelsgesellschaft.

Hiernach entfällt bei zureichendem Gewinn zunächst ein Anteil in Höhe von 4 vom Hundert auf die Kapitalanteile der persönlich haftenden Gesellschafter und auf die Kommanditeinlagen der Kommanditisten. Hierbei werden persönlich haftende Gesellschafter und Kommanditisten gleichmäßig berücksichtigt. Reicht der Gewinn für die vierprozentige Gewinnverteilung nicht aus, so bestimmen sich die Gewinnanteile nach einem entsprechend niedrigeren Satze.

Der weiter erzielte Gewinn kommt, soweit nicht etwas anderes vereinbart ist, im angemessenen Verhältnis der Anteile der Gesellschafter zur Verteilung. Eine Verteilung nach der Kopfzahl der Gesellschafter findet nicht statt. Im einzelnen Falle dürfte es nicht ohne Schwierigkeit sein, den von dem Gesetz angewandten Maßstab, der sich nach der Angemessenheit im Verhältnis der Anteile der Gesellschafter bestimmt, in sicheren Ziffern auszudrücken. Maßgebend für die Berechnung ist hauptsächlich das Maß der persönlichen Tätigkeit der Gesellschafter und die Höhe ihrer Einlagen. Es empfehlen sich genaue Vereinbarungen.

Über die Beteiligung des Kommanditisten am Verlust der Gesellschaft bestimmen gleichfalls die getroffenen Abreden. Sind solche nicht vorliegend, so ist für den Kommanditisten ein angemessener Anteil festzusetzen.

Doch wird in jedem Falle der Verlustanteil des Kommanditisten durch seine Einlage begrenzt. Ist daher die Kommanditeinlage voll eingezahlt, so ist der Kommanditist jeder anderweiten Haftung ledig (§ 167).

Der Kommanditist ist nicht verpflichtet, einen bezogenen Gewinn wegen späterer Verluste der Gesellschaft zurückzuzahlen (§ 169). Ist er betreffs der Aufstellung der Bilanz im guten Glauben, so entfällt auch jede Rückzahlungspflicht gegenüber den Gläubigern (§ 172 Abs. 5).

**Ausschüttung des Gewinnes.**

HGB. § 169.

Der § 122 findet auf den Kommanditisten keine Anwendung. Dieser hat nur Anspruch auf Auszahlung des ihm zukommenden Gewinnes; er kann auch die Auszahlung des Gewinnes nicht fordern, solange sein Kapitalanteil durch Verlust unter den auf die bedungene Einlage geleisteten Betrag herabgemindert ist oder durch die Auszahlung unter diesen Betrag herabgemindert werden würde.

Der Kommanditist ist nicht verpflichtet, den bezogenen Gewinn wegen späterer Verluste zurückzuzahlen.

Der nach der Jahresbilanz festgestellte Gewinn ist an die Kommanditisten auszuschütten. Es findet nicht eine Gutschrift wie bei den Kapitalanteilen der Gesellschafter der offenen Handelsgesellschaft statt.

Eine Gutschrift erfolgt nur, falls der Betrag der übernommenen Einlage noch nicht erreicht oder durch Verlust herabgemindert ist oder durch die Gewinnauszahlung herabgemindert werden würde (§ 167).

Der Kommanditist hat nur Anspruch auf Gewinnauszahlung. Entnahmen aus der Gesellschaftskasse, wie sie dem persönlich haftenden Gesellschafter erlaubt sind, sind ihm nach der gesetzlichen Regelung versagt. Das Gesetz gestattet den Gesellschaftern der offenen Handelsgesellschaft solche Entnahmen, um ihnen eine Vergütung für ihre laufende Tätigkeit zu gewähren. Solche Mitarbeit erachtet das Gesetz im Regelfall bei den Kommanditisten nicht für gegeben. Der Gesellschaftsvertrag kann jedoch dem Kommanditisten das Recht auf Entnahmen zubilligen.

**Aufstellung der Bilanzen.**

Die Grundlage für die Verteilung des Gewinnes und Verlustes ist die Jahresbilanz.

Die Bilanz wird bei der Kommanditgesellschaft durch die persönlich haftenden Gesellschafter aufgestellt und von ihnen gezeichnet. Im Innenverhältnis der Gesellschafter aber gilt die Bilanz erst, sobald sie von dem Kommanditisten genehmigt worden ist.

Kann zwischen den Gesellschaftern eine Einigung über die Bilanz nicht erzielt werden, so muß hierüber eine gerichtliche oder, falls vereinbart, eine schiedsrichterliche Entscheidung nachgesucht werden. Bis eine solche in rechtskräftiger Weise ergeht, muß die Ausschüttung jeden Gewinnes unterbleiben. Entnahmen auf den Gewinn, soweit sie gesetzlich nicht zugelassen sind, machen die Zuwiderhandelnden ersatzpflichtig. Sie können auch zu dem Antrag berechtigen, dem Zuwiderhandelnden die Geschäftsführung zu entziehen, ihn auszuschließen oder die Gesellschaft aufzulösen.

### d) Haftung des Kommanditisten gegenüber den Gesellschaftsgläubigern.

HGB. § 171.

Der Kommanditist haftet den Gläubigern der Gesellschaft bis zur Höhe seiner Einlage unmittelbar; die Haftung ist ausgeschlossen, soweit die Einlage geleistet ist.

> Ist über das Vermögen der Gesellschaft der Konkurs eröffnet, so wird während der Dauer des Verfahrens das den Gesellschaftsgläubigern nach Abs. 1 zustehende Recht durch den Konkursverwalter ausgeübt.

Die Kommanditeinlage des Kommanditisten bildet die Haftungsgrundlage für die Ansprüche der Gläubiger der Gesellschaft.

Allerdings können die Gläubiger die Einbringung der Einlage nicht unmittelbar fordern. Dies bleibt eine Pflicht der Gesellschaft. Die Ansprüche der Gläubiger äußern vielmehr derart Rechtswirkung, daß sie den Kommanditisten persönlich in Haftung nehmen können, soweit er seine Verpflichtung zur Einbringung der Einlage überhaupt nicht oder zum Teil nicht erfüllt hat. Insoweit haftet der Kommanditist den Gläubigern unmittelbar. Eine zuvorige Inanspruchnahme der Gesellschaft oder der persönlich haftenden Gesellschafter wird nicht erfordert.

Durch diese Regelung werden die Gläubiger zu einer Kontrolle darüber ermächtigt, ob der Kommanditist seiner Einlagepflicht vertragsgemäß nachgekommen ist. Bei Sacheinlagen schließt dies eine Prüfung in sich, ob die eingebrachten Sachgegenstände die von den Gesellschaftern angesetzten Werte besitzen.

**Erlaß oder Stundung der Kommanditeinlage.**

Die Haftung des Kommanditisten, die auf gesetzlicher Regelung beruht, kann zu Ungunsten der Gläubiger nicht durch Abmachungen der Gesellschafter beseitigt oder vermindert werden. Das Gesetz spricht daher aus, daß eine Vereinbarung, durch die einem Kommanditisten die Einlage erlassen oder gestundet wird, den Gläubigern gegenüber unwirksam ist (§ 172 Abs. 3).

Wird einem Kommanditisten seine Einlage zurückgezahlt, so gilt sie den Gläubigern gegenüber als nicht geleistet. Die Gläubiger sind also nicht gehindert, den Kommanditisten bis zum Betrage seiner Einlage in Anspruch zu nehmen. Das Gleiche gilt, soweit Gewinnausschüttungen oder Entnahmen erfolgen, obwohl die Kommanditeinlage bereits unter ihren Stand herabgemindert ist (§ 172 Abs. 4).

**Haftung des ein- und austretenden Kommanditisten.**

HGB. § 173.

> Wer in eine bestehende Handelsgesellschaft als Kommanditist eintritt, haftet nach Maßgabe der §§ 171, 172 für die vor seinem Eintritte begründeten Verbindlichkeiten der Gesellschaft, ohne Unterschied, ob die Firma eine Änderung erleidet oder nicht.
>
> Eine entgegenstehende Vereinbarung ist Dritten gegenüber unwirksam.

Die Haftung des Kommanditisten, der in eine Gesellschaft eintritt, erstreckt sich auch auf diejenigen Verbindlichkeiten, die vor seinem Eintritt begründet waren. Mit dem Eintritt eines Kommanditisten werden durch seine Einlage die Deckungsmittel für die Gläubiger vermehrt. Ein Ausschluß oder eine Herabsetzung der gesetzlich eintretenden Haftung ist den Gläubigern gegenüber ohne Rechtswirkung.

Die Haftung des Kommanditisten auf Grund seiner Kommanditbeteiligung verjährt regelmäßig in fünf Jahren nach seinem Ausscheiden oder seit Auflösung der Gesellschaft. Maßgeblich für den Beginn der Verjährung ist die Eintragung in das Handelsregister (§ 159 HGB.).

### e) Besteuerung des Kommanditisten.

Die Besteuerung des Kommanditisten erfolgt nach den gleichen Rechtssätzen wie diejenige des Gesellschafters der offenen Handelsgesellschaft.

Der Kommanditist ist Mitunternehmer des Gewerbebetriebes der Kommanditgesellschaft. Sein Gewinnanteil ebenso wie seine Bezüge und sonstigen Vergütungen bei der Gesellschaft sind daher Einkünfte aus Gewerbebetrieb. Sie unterliegen als solche der Einkommensteuer (§ 29 Nr. 3 ESt.).

Für die Höhe der Einkünfte ist derjenige Gewinn der Gesellschaft maßgeblich, der während des Wirtschaftsjahres tatsächlich erzielt worden ist. Unerheblich ist es dagegen, ob und in welchem Umfange eine Verteilung des Gewinnes vorgenommen ist.

Die Festsetzung des Geschäftsgewinnes der Kommanditgesellschaft erfolgt einheitlich für alle Gesellschafter der Kommanditgesellschaft (§ 65 Nr. 2 ESt.). Der in dem Feststellungsbescheide festgestellte Betrag ist daher für die Veranlagung des Kommanditisten zur Einkommensteuer zugrunde zu legen (§ 67 ESt.).

Eine abweichende steuerrechtliche Behandlung ergibt sich, wenn unter den persönlich haftenden Gesellschaftern einer Kommanditgesellschaft eine Gesellschaft in der Form der juristischen Person, insbesondere also eine Gesellschaft mit beschränkter Haftung oder eine Aktiengesellschaft auftritt. Im Rechtsverkehr begegnet vornehmlich die Form der Gesellschaft mit beschränkter Haftung & Co. Hier trifft das Gesetz betreffs der Kapitalverkehrsteuer die Sonderregelung, daß für die Belegung der Kommanditbeteiligung mit der Gesellschaftssteuer die Anteile der Kommanditisten nicht als solche an der Kommanditgesellschaft, sondern vielmehr als Anteile an der Gesellschaft mit beschränkter Haftung angesehen werden (§ 5 Abs. 2 KVSt.). Dies hat die Folge, daß die Beteiligung der Kommanditisten der erhöhten Besteuerung von 4 vom Hundert der Einlagewerte unterliegt und daß Zuschüsse der Kommanditisten wie Leistungen der Gesellschafter einer Gesellschaft mit beschränkter Haftung zu versteuern sind (§ 6 KVSt.). Doch sind nicht die Kommanditisten steuerpflichtig, sondern die Steuerpflicht trifft die der Kommanditgesellschaft als Gesellschafterin zugehörige Gesellschaft mit beschränkter Haftung [1]). Letztere hat den vollen Betrag der Steuer zu entrichten, auch wenn neben ihr Einzelpersonen gleichfalls als persönlich haftende Gesellschafter der Kommanditgesellschaft vorhanden sind [2]).

## IV. Die Auflösung und Liquidation der Kommanditgesellschaft.

**Tod des Kommanditisten.**

HGB. § 177.

Der Tod eines Kommanditisten hat die Auflösung der Gesellschaft nicht zur Folge.

Die Voraussetzungen, Gründe und Rechtsfolgen der Auflösung der Kommanditgesellschaft sind die gleichen wie bei der offenen Handelsgesellschaft. Das Gesetz enthält als einzigen Unterschied die Bestimmung, daß der Tod eines Kommanditisten die Auflösung der Gesellschaft nicht zur Folge hat.

Hiernach wird durch den Tod eines Kommanditisten der Bestand der Kommanditgesellschaft nicht berührt. An Stelle des Verstorbenen treten dessen Erben und zwar im Verhältnis ihrer Erbberechtigung [3]). Sind mehrere Erben vorhanden, so erhöht sich entsprechend die Zahl der vorhandenen Kommanditisten. Es ist nicht vorgeschrieben, daß die Erben ihre Rechte in der Gesellschaft einheitlich oder durch eine Person zu vertreten haben. Doch wird dies meist in Gesellschaftsverträgen bestimmt. Die Personen der Erben müssen zum Handelsregister angemeldet werden.

**Liquidationstätigkeit der Gesellschafter.**

Bei Auflösung der Gesellschaft sind die persönlich haftenden Gesellschafter zugleich mit den Kommanditisten Liquidatoren der Gesellschaft. Der Gesellschaftsvertrag kann aber anderes bestimmen. Mehrere Erben eines Kommanditisten haben als Liquidator einen gemeinsamen Vertreter zu bestellen (§ 146 Abs. 1 HGB.).

## V. Anmeldung zum Handelsregister.

Nach der Errichtung der Gesellschaft ist jede Änderung der Rechtsverhältnisse, welche bei der offenen Handelsgesellschaft eine Anmeldepflicht begründet, in gleicher Weise für die Kommanditgesellschaft zur Eintragung

[1]) RFH. $23_{34}$.
[2]) RFH. $23_5$.
[3]) anders GR. $72_{110}$.

anzumelden. Das Gesetz hebt besonders hervor, daß der Eintritt oder das Ausscheiden eines Kommanditisten sowie die Erhöhung oder Herabsetzung der Kommanditeinlagen anzumelden sind (§§ 162 Abs. 3, 175).

Die Anmeldungen sind in der vorgeschriebenen Form von sämtlichen Gesellschaftern, also auch von den Kommanditisten zu bewirken. Die Beendigung der Liquidation und das Erlöschen der Firma wird dagegen von den Liquidatoren zur Anmeldung gebracht.

---

# C. Die stille Gesellschaft.

## I. Die Rechtsstellung der stillen Gesellschaft.

HGB. § 335.

> Wer sich als stiller Gesellschafter an dem Handelsgewerbe, das ein anderer betreibt, mit einer Vermögenseinlage beteiligt, hat die Einlage so zu leisten, daß sie in das Vermögen des Inhabers des Handelsgeschäftes übergeht.
>
> Der Inhaber wird aus den in dem Betriebe geschlossenen Geschäften allein berechtigt und verpflichtet.

Die stille Gesellschaft zeigt nur die eine Seite der Vereinigungsformen des Handelsrechtes, nämlich die unter den Gesellschaftern begründete Gemeinschaft. Die andere Seite, das gemeinsame Auftreten im Handelsverkehr, fehlt.

Die stille Gesellschaft hat keine Gesellschaftsfirma, unter der sie im Geschäftsverkehr handeln kann. Sie kann als Gesellschaft keine Rechte und Pflichten erwerben. Aus den in dem Betriebe geschlossenen Geschäften wird lediglich der Inhaber des Geschäftes berechtigt und verpflichtet.

Trotzdem ist die stille Gesellschaft eine Gesellschaft, weil durch sie eine Gemeinschaft zum Betrieb eines Handelsgewerbes begründet wird.

Der stille Gesellschafter steht seinem Vertragschließenden nicht als Gläubiger, sondern als Gesellschafter gegenüber. Er ist allerdings, wie der Kommanditist bei der Kommanditgesellschaft, gesetzlich nur beteiligter, nicht geschäftsführender Gesellschafter. Auch ist in gleicher Weise seine Beteiligung auf den Betrag seiner Vermögenseinlage beschränkt. Im Gegensatz zur Kommanditgesellschaft tritt aber bei der stillen Gesellschaft das Beteiligungsverhältnis nach außen nicht in die Erscheinung. Es bleibt in der „Stille" der gegenseitigen Vereinbarungen der Vertragschließenden.

## II. Die Begründung der stillen Gesellschaft.

**Der Beteiligungsvertrag.**

Irgendeine „Errichtung" der Gesellschaft findet nicht statt. Die Begründung der Gesellschaft erfolgt zwischen den Beteiligten durch den Abschluß des Beteiligungsvertrages. Nach außen wirft die Errichtung der Gesellschaft keinen Schatten.

Mit dem Abschluß des Vertrages ist die Begründung der stillen Gesellschaft vollzogen. Mit diesem Zeitpunkt beginnen die Rechte und Pflichten der Gesellschafter, falls der Gesellschaftsvertrag nichts anderes vorsieht. Irgendeine Form ist für den Gesellschaftsvertrag nicht vorgeschrieben. Es empfiehlt sich schriftliche Vereinbarung.

Einen Beteiligungsvertrag kann auf der einen wie auf der anderen Seite sowohl der Einzelinhaber wie auch eine Gesellschaft, eine offene Handelsgesellschaft, eine Kommanditgesellschaft, eine Gesellschaft mit beschränkter Haftung und eine Aktiengesellschaft eingehen. Die Tatsache, daß für Gesellschaften die Pflicht zur Gewinnverteilung an ihre Gesellschafter besteht, schließt nicht aus, daß still Beteiligten vertraglich Vorrechte eingeräumt werden. Ein für die Gesellschafter verteilbarer Gewinn ist dann erst vorhanden, wenn die still Beteiligten vorweg befriedigt werden.

Auch eine gegenseitige Beteiligung von Unternehmungen in der Form der Interessengemeinschaft ist vielfach üblich.

**Gesellschaftliche- und Gläubigerbeteiligung.**

Gegenstand des mit der stillen Gesellschaft begründeten Beteiligungsvertrages ist die gesellschaftliche Gewinnbeteiligung. Dadurch unterscheidet sie sich von der Berechtigung, welche die bloße Darlehnshingabe gewährt. Durch gegebene Darlehen wird der Geber zum Gläubiger des Unternehmens. Er kann die Rückgabe der Leihgelder nebst vereinbarten Zinsen und sonstigen Vorteilen beanspruchen. Er ist aber nicht unmittelbar an dem Ertrage des Unternehmens interessiert. Das Darlehen gibt daher die Rechte des Gläubigers, nicht aber diejenigen eines Gesellschafters.

Ob eine gesellschaftliche Beteiligung oder eine Darlehensübernahme vorliegt, muß nach dem Inhalt des zwischen den Parteien geschlossenen Vertrages entschieden werden. Hierbei ist es unerheblich, welche Ausdrücke die Parteien in dem Vertrage für eine Beteiligung gewählt haben, ob sie also von „Einlage", „stiller Gesellschaft", „Beteiligung" gesprochen haben [1]).

Eine gesellschaftliche Beteiligung ist gegeben, wenn für das Unternehmen ein geschäftliches Zusammenwirken der Gesellschafter stattfindet. Bei der Darlehenshingabe überwiegt für den Darlehensgeber der Zweck der Nutzung des Leihkapitals.

---

[1]) RG. 57175.

Bei einem Darlehen wird meist eine feste Verzinsung und die Aufkündigung des Leihkapitals vorgesehen. Der Darlehensgeber beteiligt sich für gewöhnlich nicht an dem Ertrage des Unternehmens und sieht daher auch davon ab, sich Kontrollbefugnisse zu sichern [1]).

Trotzdem kommen in dem Rechtsverkehr zahlreiche Fälle vor, in denen auch bei Darlehenshingabe derartige Abreden vorliegen. Besonders bei einer Kreditgewährung, die für das Unternehmen von Bedeutung ist, pflegt sich der Geldgeber Gewinn- und Aufsichtsrechte auszubedingen, ohne daß er doch eine gesellschaftliche Gewinnbeteiligung erstrebt. Hier sind Grenzfälle vorliegend, die aus dem Gesamtinhalt der Vereinbarungen der Parteien zu entscheiden sind.

Von den Beteiligungsgeschäften unterscheidet sich die stille Gesellschaft dadurch, daß letztere eine Beteiligung an dem Unternehmen selbst, nicht nur an einzelnen Geschäften beabsichtigt [2]).

**Besteuerung des Beteiligungsvertrages.**

Der Vertrag über die Begründung der stillen Gesellschaft unterliegt in gleicher Weise wie die Errichtung einer offenen Handelsgesellschaft und Kommanditgesellschaft der Kapitalverkehrsteuer. Ebenso wird die Erhöhung der Einlage des stillen Gesellschafters und die Überlassung der Beteiligung an einen Dritten der Steuerpflicht unterworfen (§ 23 KVSt.). Eine Besteuerung findet jedoch nur statt, falls über den Vertragsabschluß eine Urkunde aufgenommen wird.

Die Steuer beträgt 5 vom Tausend des Wertes der Einlage oder ihrer Erhöhung, zum mindesten aber 40 Rm.

Die Steuerpflicht auf dieser Grundlage entfällt, wenn Inhaberin des Handelsgewerbes, an dem die Beteiligung stattfindet, eine juristische Person, insbesondere eine Gesellschaft mit beschränkter Haftung oder eine Aktiengesellschaft ist (§ 23 Abs. 4 KVSt.). Es tritt dann die erhöhte Steuer nach §§ 5, 11 KVSt. ein, die 4 vom Hundert der Einlagewerte beträgt.

## III. Die Rechtsverhältnisse der stillen Gesellschaft.

### 1. Der Geschäftsinhaber bei der stillen Gesellschaft.

Der Geschäftsinhaber, sei er nun Einzelperson oder Gesellschaft, ist nach außen Alleineigentümer des Geschäftes. Es gibt keine Firma und keine Vertretung der Gesellschaft, sondern nur eine Firma und das Eigentum des Inhabers. Im inneren Rechtsverhältnis der Gesellschafter ist es allerdings nicht selten, daß sich der stille Gesellschafter weitgehenden Einfluß auf die Geschäftsführung sichert.

---

[1]) RG. $31_{33}$; $57_{175}$.
[2]) ROH. $9_{159}$.

Es gibt ferner kein Gesellschaftsvermögen. Vielmehr ist der Geschäftsinhaber Eigentümer sämtlicher Vermögenswerte des Geschäftes. Auch die Einlage des stillen Gesellschafters ist so zu bewirken, daß sie in das Vermögen des Inhabers übergeht.

Als zulässig muß es dagegen erachtet werden, daß sich der stille Gesellschafter zur Sicherung seiner Ansprüche auf Rückgewähr der Einlage Vermögenswerte des Geschäftes zu Eigentum oder pfandweise übertragen läßt. Er kann hierin nicht schlechter gestellt sein, als ein Gläubiger des Geschäftes.

Aus den in dem Betriebe geschlossenen Geschäften wird allein der Geschäftsinhaber berechtigt und verpflichtet. An ihm haften die Forderungen und Verbindlichkeiten des Geschäftes. Jede persönliche oder unmittelbare Haftung des stillen Gesellschafters gegenüber den Gläubigern fehlt.

## 2. Der stille Gesellschafter.

### a) Die Einlage des stillen Gesellschafters.

Die Gesellschaftspflicht des stillen Gesellschafters erschöpft sich in der Einbringung einer Vermögenseinlage in die Gesellschaft. Die Einbringung vollzieht sich im inneren Geschäftsverkehr. Sie wird nicht offenkundig, wie bei der Kommanditgesellschaft.

Es besteht für den stillen Gesellschafter auch keine Haftung gegenüber dem Gläubiger wegen Nichterfüllung der Einlagepflicht. Lediglich der Geschäftsinhaber ist berechtigt, auf Grund des Beteiligungsvertrages Erfüllung zu beanspruchen. Die Gläubiger können jedoch den Anspruch des Geschäftsinhabers gegen den stillen Gesellschafter auf Einzahlung der Einlage mit Beschlag belegen.

Die Einlage des stillen Gesellschafters kann Bar- oder Sacheinlage sein und auch in Leistungen bestehen.

Die Einlage ist so zu bewirken, daß sie in das Vermögen des Geschäftsinhabers übergeht. Das bedeutet nicht immer Übertragung zu Eigentum. Die Einlage kann auch darin bestehen, daß Vermögenswerte nur zur Nutzung, Pachtung oder Verwertung überlassen werden, das Eigentum aber dem stillen Gesellschafter verbleibt. Bei Vermögensgegenständen, deren Verwertung verkehrsüblich durch Veräußerung, Verarbeitung oder Verbrauch stattfindet, so bei Geld, Wertpapieren oder Waren muß eine Übertragung zu Eigentum erfolgen. Eigentumsvorbehalte des stillen Gesellschafters wären hier ohne Rechtswirkung.

Die Höhe der Einlage kann jederzeit durch Vereinbarungen der Beteiligten geändert werden. Eine Rückzahlung kann allerdings bei späterem Konkurs des Geschäftsinhabers Anfechtungsansprüche begründen (§ 342 HGB.).

Durch Gewinne wird die Einlage nicht vermehrt. Doch kann anderes vereinbart werden. Ist die Einlage durch Verlust gemindert, so ist der Gewinn zunächst zur Deckung des Verlustes zu verwenden (§ 337 Abs. 2 u. 3).

b) Kontrollrechte des stillen Gesellschafters.

HGB. § 338.

> Der stille Gesellschafter ist berechtigt, die abschriftliche Mitteilung der jährlichen Bilanz zu verlangen und ihre Richtigkeit unter Einsicht der Bücher und Papiere zu prüfen.
>
> Die im § 716 des Bürgerlichen Gesetzbuches dem von der Geschäftsführung ausgeschlossenen Gesellschafter eingeräumten weiteren Rechte stehen dem stillen Gesellschafter nicht zu.
>
> Auf Antrag des stillen Gesellschafters kann das Gericht, wenn wichtige Gründe vorliegen, die Mitteilung einer Bilanz oder sonstiger Aufklärungen sowie die Vorlegung der Bücher und Papiere jederzeit anordnen.

Der stille Gesellschafter ist von der Geschäftsführung ausgeschlossen. Das Gesetz gewährt ihm zur Sicherung seiner Ansprüche nur das Recht auf Erhalt der Jahresbilanz und auf deren Prüfung unter Einsicht der Bücher und Papiere. Lediglich wenn wichtige Gründe vorliegen, kann auf seinen Antrag das Prozeßgericht dieses Prüfungsrecht erweitern. Die Regelung ist hier genau die gleiche wie bei dem Kommanditisten der Kommanditgesellschaft.

Die Mindestrechte, die das Gesetz gewährt, werden in Vereinbarungen der Beteiligten meist zugunsten des stillen Gesellschafters wesentlich verstärkt. Der stille Gesellschafter, der häufig der wirtschaftlich Stärkere ist, pflegt die Gewährung seiner Einlage von der Zubilligung weitgehender Mitbestimmung abhängig zu machen. Er sichert sich eine Einflußnahme nicht nur durch Kontroll- und Aufsichtsrechte, vielmehr übt er nicht selten die Geschäftsführung mehr oder minder persönlich aus.

c) Gewinn- und Verlustbeteiligung der stillen Gesellschafter.

HGB. § 336.

> Ist der Anteil des stillen Gesellschafters am Gewinn und Verluste nicht bestimmt, so gilt ein den Umständen nach angemessener Anteil als bedungen.
>
> Im Gesellschaftsvertrage kann bestimmt werden, daß der stille Gesellschafter nicht am Verluste beteiligt sein soll; seine Beteiligung am Gewinne kann nicht ausgeschlossen werden.

Über die Beteiligung des stillen Gesellschafters am Gewinn und Verlust entscheiden die zwischen den Beteiligten getroffenen Abmachungen.

Eine Beteiligung des stillen Gesellschafters am Gewinn der Gesellschaft muß stattfinden. Von einem Gesellschaftsverhältnis könnte nicht mehr die Rede sein, wenn dem stillen Gesellschafter in dem Beteiligungsvertrage ein Anspruch auf Gewinn überhaupt aberkannt wird. Wird daher der Gewinnanspruch ausgeschlossen, so liegt entweder eine stille Gesellschaft überhaupt nicht vor oder die betreffende Abmachung entbehrt der Rechtswirkung. In letzterem Falle müßte dem stillen Gesellschafter ein der Bedeutung seiner Einlage entsprechender Gewinn zuerkannt werden.

Dagegen ist der Ausschluß des stillen Gesellschafters vom Verlust des Unternehmens zulässig (§ 336 Abs. 2). Die Einlage des stillen Gesellschafters bleibt dann, selbst wenn Verlust entsteht, in der vereinbarten Höhe bestehen. Sie ist zu diesem Betrage bei Auflösung der Gesellschaft zurückzuzahlen. Auch im Konkurse des Inhabers kann sie in dieser Höhe von dem stillen Gesellschafter angefordert werden (§ 341).

Ist der Anteil des stillen Gesellschafters am Gewinn und Verlust nicht bestimmt, so gilt ein „den Umständen nach angemessener Anteil" als bedungen. Die Angemessenheit ist dann nach der Bedeutung der Einlage für das Unternehmen abzuschätzen.

Ist im Gesellschaftsvertrag der Anteilssatz nur für Gewinn oder nur für Verlust festgesetzt, so gilt im Zweifel die Bestimmung zugleich für Gewinn und Verlust (§ 722 Abs. 2 BGB.).

**Maßstab für die Verteilung des Gewinnes und des Verlustes.**

HGB. § 337.

> Am Schluß jedes Geschäftsjahres wird der Gewinn und Verlust berechnet und der auf den stillen Gesellschafter fallende Gewinn ihm ausbezahlt.
>
> Der stille Gesellschafter nimmt an dem Verluste nur bis zum Betrage seiner eingezahlten oder rückständigen Einlage teil. Er ist nicht verpflichtet, den bezogenen Gewinn wegen späterer Verluste zurückzuzahlen; jedoch wird, solange seine Einlage durch Verlust vermindert ist, der jährliche Gewinn zur Deckung des Verlustes verwendet.
>
> Der Gewinn, welcher von dem stillen Gesellschafter nicht erhoben wird, vermehrt dessen Einlage nicht, sofern nicht ein anderes vereinbart ist.

Die Verteilung des Gewinnes und Verlustes erfolgt auf Grund der Jahresbilanz, die von dem Geschäftsinhaber aufzustellen ist. Es ist nicht wie bei der offenen Handelsgesellschaft und Kommanditgesellschaft vorgeschrieben, daß ein bestimmter Hundertsatz des Gewinnes vorweg auf die Anteile der Gesellschafter entfallen soll. Doch kann dies von den Beteiligten vereinbart werden.

Der nach der Jahresbilanz festgestellte Gewinn ist an den stillen Gesellschafter *auszuschütten*. Eine Zuschreibung des Gewinnes zwecks Vermehrung der Einlage erfolgt nur, wenn dies besonders vereinbart ist.

Wird trotzdem der Gewinn gutgeschrieben, so kann der stille Gesellschafter jederzeit die Auszahlung des seine Einlage übersteigenden Gewinnes verlangen.

Ist die Einlage durch Verlust herabgemindert, so wird der Gewinn zunächst dazu verwandt, die Einlage auf den vereinbarten Stand zu bringen. Erst wenn dieser erreicht ist, findet wiederum eine Gewinnverteilung statt.

Eine andere Handhabung tritt, wie angeführt ist, nur ein, falls der stille Gesellschafter von der Beteiligung am Verlust der Gesellschaft ausgeschlossen ist oder wenn sonstige Vereinbarungen vorliegen, die eine Übernahme des Verlustes auf den Anteil des stillen Gesellschafters einschränken. Der stille Gesellschafter ist nicht verpflichtet, rechtmäßig bezogenen Gewinn wegen späterer Verluste zurückzuzahlen.

### d) Steuerpflicht des stillen Gesellschafters.

Das Einkommensteuergesetz erachtet die Einkünfte des stillen Gesellschafters nicht als solche aus Gewerbebetrieb, sondern als Einkünfte aus Kapitalvermögen (§ 37 Nr. 2 ESt.). Das Gesetz geht dabei von der regelmäßigen Art der stillen Gesellschaft aus, bei der für den stillen Gesellschafter der Gesichtspunkt der Kapitalbeteiligung überwiegt, derjenige der gewerblichen Mitarbeit aber zurücktritt. Der stille Gesellschafter wird hiernach nicht als Mitunternehmer, sondern als Kapitalbeteiligter des Gewerbebetriebes angesehen, so daß seine Einkünfte sich als solche aus Kapitalvermögen darstellen.

Daraus ergeben sich Unterschiede in der steuerlichen Behandlung gegenüber den Gesellschaftern einer offenen Handelsgesellschaft und einer Kommanditgesellschaft. Sind die Einkünfte des stillen Gesellschafters Einkommen aus Kapitalvermögen, so ist für den stillen Gesellschafter ein Gewinn so lange nicht gegeben, als bis die Einlage ihren ursprünglichen Stand erreicht hat. Ist daher die Einlage durch Verlust herabgemindert, so können Gewinne, die zur Auffüllung der Einlage dienen, nicht als Einkünfte aus Kapitalvermögen gelten. Außerdem ergibt sich die Fälligkeit der Gewinne des stillen Gesellschafters erst für den Zeitpunkt, in dem die Gewinne festgesetzt werden. Der Unternehmer eines Gewerbebetriebes erwirbt Einkommen schon in dem Jahre, in dem es verdient ist. Derjenige, der Einkommen aus Kapitalvermögen bezieht, kommt erst zum Erwerb, nachdem der Gewinn zur Feststellung gelangt ist. Diese Feststellung erfolgt aber regelmäßig erst nach der Bilanzaufstellung, so daß die Fälligkeit der Einkünfte und damit ihre Steuerpflicht in dem Jahre eintritt, in dem sie zur Festsetzung kommen[1]).

[1]) RFH. $12_{342}$.

Diese steuerliche Behandlung des stillen Gesellschafters gilt jedoch nur, wenn der stille Gesellschafter in der Hauptsache auf eine Kapitalbeteiligung beschränkt bleibt. Gehen dagegen seine wirtschaftlichen Befugnisse über die reine Geldbeteiligung hinaus, ist er besonders an den Anlagewerten des Betriebes mitbeteiligt, so ist er nach seiner wirtschaftlichen Machtstellung Mitunternehmer[1]). Für die steuerliche Beurteilung muß aber die wirtschaftliche Betrachtung entscheiden. Die Einkünfte des stillen Gesellschafters sind daher in diesem Falle nicht andere als diejenigen der Gesellschafter der offenen Handelsgesellschaft und der Kommanditgesellschaft. Sie sind in gleicher Weise als Einkünfte aus Gewerbebetrieb zu versteuern.

## IV. Die Auflösung der stillen Gesellschaft.

### 1. Die Gründe für die Auflösung der stillen Gesellschaft.

**Zeitablauf. Unmöglichkeit des Gesellschaftszweckes.**

HGB. § 339.

> Auf die Kündigung der Gesellschaft durch einen der Gesellschafter oder durch einen Gläubiger des stillen Gesellschafters finden die Vorschriften der §§ 132, 134, 135 entsprechende Anwendung. Die Vorschriften des § 723 des Bürgerlichen Gesetzbuches über das Recht, die Gesellschaft aus wichtigen Gründen ohne Einhaltung einer Frist zu kündigen, bleiben unberührt.
>
> Durch den Tod des stillen Gesellschafters wird die Gesellschaft nicht aufgelöst.

Soweit nicht die Beteiligten über die Auflösung der stillen Gesellschaft besondere Vereinbarungen getroffen haben, ergeben sich die Gründe für die Auflösung aus den Vorschriften des Bürgerlichen Gesetzbuches, nicht aus denjenigen, die für die offene Handelsgesellschaft gelten. Doch besteht zwischen diesen Vorschriften in wichtigen Punkten Übereinstimmung.

Eine Auflösung der stillen Gesellschafr tritt mit Ablauf der Zeit ein, für welche die Gesellschaft eingegangen ist (§ 723 BGB.).

Weiter endigt die Gesellschaft, wenn der vereinbarte Zweck der Gesellschaft erreicht oder dessen Erreichung unmöglich geworden ist (§ 726 BGB.). Letzteres ist z. B. der Fall, wenn der Geschäftsbetrieb eingestellt und seine Wiederaufnahme nicht mehr zu erwarten ist oder wenn bei einer für längere Zeit abgeschlossenen Gesellschaft mehrere Jahre hindurch kein Gewinn erzielt worden ist[2]).

---

[1]) RFH. $18_{162}$.

[2]) RG. Jur. W. $27_{1350}$.

**Tod eines Gesellschafters.**

Der Tod des stillen Gesellschafters hat die Auflösung der Gesellschaft nicht zur Folge. An Stelle des Verstorbenen treten vielmehr die Erben in die Gesellschaft ein.

Anders verhält es sich mit dem Tod des Geschäftsinhabers. Nach dessen Tode ist der stille Gesellschafter nicht verpflichtet, die Gesellschaft, die wesentlich auf der persönlichen Tätigkeit des Geschäftsinhabers beruht, mit dessen Erben fortzusetzen. Die Gesellschaft wird vielmehr durch den Tod des stillen Gesellschafters aufgelöst, falls nicht andere Vereinbarungen getroffen werden.

**Konkurs eines Gesellschafters.**

HGB. § 341.

> Wird über das Vermögen des Inhabers des Handelsgeschäftes der Konkurs eröffnet, so kann der stille Gesellschafter wegen der Einlage, soweit sie den Betrag des auf ihn fallenden Anteils am Verlust übersteigt, seine Forderung als Konkursgläubiger geltend machen.
>
> Ist die Einlage rückständig, so hat sie der stille Gesellschafter bis zu dem Betrage, welcher zur Deckung seines Anteils am Verlust erforderlich ist, zur Konkursmasse einzuzahlen.

Die Gesellschaft wird durch den Konkurs über das Vermögen des stillen Gesellschafters aufgelöst (§ 728 BGB.). An seiner Stelle erhebt der Konkursverwalter den Anspruch auf Rückzahlung der Einlage und auf Zuteilung etwaigen Gewinnes.

Gerät der Geschäftsinhaber in Konkurs, so wird die Gesellschaft gleichfalls aufgelöst (§ 728 BGB.).

Hat der stille Gesellschafter zu dieser Zeit seiner Einlagepflicht genügt, so ist er außer Haftung. Nur einen Rückstand seiner Einlage hat er der Konkursmasse insoweit zur Verfügung zu steller., als er zur Deckung seines Anteiles am Verlust erforderlich ist. Soweit seine Einlage seinen Anteil am Verlust übersteigt, tritt der stille Gesellschafter in dem Konkurse als einfacher Konkursgläubiger auf. Soweit er dem Geschäftsinhaber Gegenstände nur zur Verwaltung oder Nutzung überlassen hat, ist er berechtigt, Ansprüche auf Aussonderung zu erheben.

**Kündigung der Gesellschaft.**

Die Kündigung der Gesellschaft, die für eine unbestimmte Zeit oder auf Lebenszeit eingegangen ist, sowie die Aufkündigung durch den Gläubiger, der das Guthaben eines Gesellschafters gepfändet hat, folgt den Vorschriften, die für die offene Handelsgesellschaft aufgestellt sind. Die Kündigung darf in diesen Fällen nur zum Jahresschluß unter Einhaltung einer Kündigungsfrist von sechs Monaten stattfinden. Eine sofortige Aufkündigung ist jedoch statthaft, wenn für die vorzeitige Auflösung ein wichtiger Grund vorliegt.

Wann ein die fristlose Aufkündigung rechtfertigender Grund gegeben ist, bestimmt sich in gleicher Weise wie bei der offenen Handelsgesellschaft und der Kommanditgesellschaft. Es entscheidet hierüber im Streitfall das Gericht. Das gerichtliche Urteil hat aber, anders wie bei der offenen Handelsgesellschaft und Kommanditgesellschaft, nur feststellende, nicht begründende Wirkung. Schon die Erklärung des Aufkündigenden, nicht die sie bestätigende Gerichtsentscheidung bewirkt demnach die Auflösung der Gesellschaft (§ 723 BGB.).

Die Aufkündigung darf allerdings nicht zur Unzeit geschehen, es sei denn, daß auch hierfür ein wichtiger Grund vorliegt. Wird dies unbeachtet gelassen, so bleibt zwar die Rechtswirkung der erklärten Kündigung bestehen; der Kündigende ist aber zum Schadensersatz verpflichtet (§ 723 BGB.).

## 2. Die Auseinandersetzung der Gesellschafter.

§ 340.

Nach der Auflösung der Gesellschaft hat sich der Inhaber des Handelsgeschäftes mit dem stillen Gesellschafter auseinanderzusetzen und dessen Guthaben in Geld zu berichtigen.

Die zur Zeit der Auflösung schwebenden Geschäfte werden von dem Inhaber des Handelsgeschäfts abgewickelt. Der stille Gesellschafter nimmt teil an dem Gewinn und Verluste, der sich aus diesen Geschäften ergibt.

Er kann am Schlusse jedes Geschäftsjahrs Rechenschaft über die inzwischen beendigten Geschäfte, Auszahlung des ihm gebührenden Betrages und Auskunft über den Stand der noch schwebenden Geschäfte verlangen.

Wie die Eingehung der stillen Gesellschaft, so tritt auch deren Beendigung nach außen nicht in die Erscheinung. Es findet daher auch gesetzlich keine Liquidation statt, wenngleich eine solche vereinbart werden kann [1]. Es erfolgt lediglich eine Auseinandersetzung zwischen den Gesellschaftern.

Die Durchführung der Auseinandersetzung liegt in der Hand des Geschäftsinhabers. Es ist empfehlenswert, sie auf der Grundlage einer Auseinandersetzungsbilanz zu vollziehen.

Die Erledigung der schwebenden Geschäfte erfolgt durch den Geschäftsinhaber. Er ist hierbei in seinen geschäftlichen Maßnahmen frei. Doch darf er nicht absichtlich zum Schaden des stillen Gesellschafters handeln. Geschieht dies, so braucht letzterer die Abwicklung nicht gegen sich gelten zu lassen.

Für das Guthaben des stillen Gesellschafters ist der Zeitpunkt der Auflösung der Gesellschaft zugrunde zu legen. Für die noch unerledigten Geschäfte ist ihm am Schluß jeden nachfolgenden Geschäftsjahres Rechnung

---

[1] RG. 45$_{35}$.

zu geben, bis die Auseinandersetzung beendet ist. Um die Unterlagen für seine Ansprüche zu gewinnen, hat der stille Gesellschafter ein Recht auf Rechenschaftslegung und auf Auskunftserteilung.

Kann über die Auseinandersetzungsbilanz oder die nachfolgenden Abrechnungen keine Einigung erzielt werden, so muß eine gerichtliche oder schiedsrichterliche Klärung herbeigeführt werden. Die Auseinandersetzung ist dann bis zur Erledigung der strittigen Punkte auszusetzen, falls nicht eine teilweise Auseinandersetzung vorgenommen werden kann.

Der stille Gesellschafter erhält sein Guthaben in Geld erstattet. Doch wird bei Sacheinlagen vielfach der Wille der Vertragschließenden gewesen sein, daß bei Auflösung der Gesellschaft der stille Gesellschafter seine Einlage in Natur zurückerhält (§ 732 BGB.).

## V. Anfechtung bei Rückgewähr oder Erlaß der Einlage des stillen Gesellschafters.

HGB. § 342.

> Ist auf Grund einer in dem letzten Jahre vor der Eröffnung des Konkurses zwischen dem Inhaber des Handelsgeschäftes und dem stillen Gesellschafter getroffenen Vereinbarung diesem die Einlage ganz oder teilweise zurückgewährt oder sein Anteil an dem entstandenen Verluste ganz oder teilweise erlassen worden, so kann die Rückgewähr oder der Erlaß von dem Konkursverwalter angefochten werden. Es begründet keinen Unterschied, ob die Rückgewähr oder der Erlaß unter Auflösung der Gesellschaft stattgefunden hat oder nicht.
>
> Die Anfechtung ist ausgeschlossen, wenn der Konkurs in Umständen seinen Grund hat, die erst nach der Vereinbarung der Rückgewähr oder des Erlasses eingetreten sind.
>
> Die Vorschriften der Konkursordnung über die Geltendmachung der Anfechtung und deren Wirkung finden Anwendung.

Trotzdem das Gesetz den stillen Gesellschafter von jeder unmittelbaren Inanspruchnahme durch die Gläubiger des Geschäftes freistellt, wendet es sich doch dagegen, daß die Gesellschafter unter Preisgabe ihrer Ansprüche aus dem Beteiligungsvertrage zum Schaden der Gläubiger zusammenwirken. Das Gesetz gestattet in einem Sonderfall eine Anfechtung, wenn dem stillen Gesellschafter seine Einlage ganz oder teilweise zurückgewährt oder sein Anteil an dem Geschäftsverlust ganz oder teilweise erlassen wird. Voraussetzung ist, daß der Geschäftsinhaber später in Konkurs gerät und die Vereinbarung in dem letzten Jahre vor der Konkurseröffnung gelegen ist. Es handelt sich um eine gegenüber den sonstigen Bestimmungen erleichterte, nur für den Konkursfall geltende Anfechtung. Auf andere Fälle, wie Zahlungseinstellung ohne nachfolgenden Konkurs, Vergleich im Vergleichsverfahren ist die Vorschrift nicht anwendbar. Die Anfechtung kann auch nur von dem Konkursverwalter geltend gemacht werden.

Die Anfechtung ist ausgeschlossen, wenn erst spätere, nach der Vereinbarung gelegene Ereignisse den Konkurs verursacht haben. Dies ist z. B. der Fall, wenn der Geschäftsinhaber nach dem Ausscheiden des stillen Gesellschafters Kredit zu erschwerten Bedingungen aufnahm und dies zum Zusammenbruch führte oder wenn der Eintritt ungünstiger Konjunktur das Unternehmen zum Erliegen brachte.

Die Anfechtung, die das Gesetz für den behandelten Sonderfall vorsieht, berührt jedoch nicht die sonstigen, für eine Anfechtung geltenden Vorschriften. Hiernach aber kann die Rückgewähr der Einlage oder die Befreiung des stillen Gesellschafters von seiner Verlustbeteiligung eine Rechtshandlung darstellen, welche anfechtungsfähig ist, weil sie in der Absicht der Gläubigerbenachteiligung vorgenommen ist (§ 31 KO., § 3 AnfG.). Wird eine solche Anfechtung erklärt, so muß aber nunmehr im Rechtsstreit den Gesellschaftern diese Absicht nachgewiesen werden. Nur bei Handlungen, die kurz vor der Zahlungseinstellung oder vor dem Antrage auf Konkurseröffnung liegen, entfällt diese Beweispflicht (§ 30 Abs. 1 und 2 KO.).

# Formulare.

## I. Offene Handelsgesellschaft.

### Nr. 1.

**Errichtung einer offenen Handelsgesellschaft bei gleicher Gewinnbeteiligung der Gesellschafter.**

**Vertrag.**

Die Herren Erich Konrad zu Berlin, Wallstraße 4 und Gustav Siebert zu Berlin, Kurfürstenstraße 20 schließen nachstehenden Gesellschaftsvertrag:

§ 1.

Die Genannten errichten eine offene Handelsgesellschaft unter der Firma Tuchhandelsgesellschaft Erich Konrad & Co. mit dem Sitz zu Berlin. Das Geschäftsjahr ist das Kalenderjahr.

§ 2.

Der Zweck der Gesellschaft ist der Einkauf und Vertrieb von Stoffen aller Art für eigene und fremde Rechnung.

§ 3.

Die Gesellschaft beginnt mit dem 1. Januar 1928. Sie wird für die Zeit bis zum 1. Januar 1938 geschlossen, verlängert sich jedoch immer um weitere fünf Jahre, falls sie nicht mit halbjährlicher Kündigungsfrist schriftlich aufgekündigt wird.

§ 4.

Die Einlage jedes Gesellschafters beträgt 30000 Reichsmark und ist in bar einzuzahlen.

§ 5.

Zur Vertretung der Gesellschaft ist jeder Gesellschafter berechtigt.

§ 6.

Die Gesellschafter sind verpflichtet, ihre geschäftliche Tätigkeit ausschließlich dem Unternehmen der Gesellschaft zu widmen. Jedem Gesellschafter ist verboten, Bürgschaften oder sonstige Verbindlichkeiten für andere Personen zu übernehmen, Wechselverpflichtungen einzugehen und Börsengeschäfte oder andere Spekulationsgeschäfte abzuschließen.

§ 7.

Die Gesellschafter erhalten für ihre Tätigkeit eine am Schluß jeden Monats zahlbare Vergütung von 500 Rm. Außerdem sind sie berechtigt, von ihrem für das letzte Geschäftsjahr festgestellten Kapitalanteil 4 vom Hundert zu ihren Lasten zu entnehmen.

§ 8.

Die Gesellschafter sind am Gewinn und Verlust der Gesellschaft je zur Hälfte beteiligt.

§ 9.

Spätestens innerhalb der ersten drei Monate nach Beendigung des Geschäftsjahres ist eine Inventur aufzunehmen und eine Bilanz aufzustellen, die von den Gesellschaftern zu unterzeichnen ist.

§ 10.

Von dem nach der Bilanz festgestellten Jahresgewinn bleiben zwecks Verstärkung des Kapitals der Gesellschaft 20% unverteilt. Hiervon werden je 10% dem Kapitalanteil jedes Gesellschafters zugeschrieben.

Beträgt infolge von Verlusten der Kapitalanteil eines Gesellschafters weniger als die ursprüngliche Einlage, so kommt an ihn ein Gewinn so lange nicht zur Verteilung, bis sein Kapitalanteil wiederum den Betrag von 30 000 Reichsmark erreicht hat.

§ 11.

Ist einer der Gesellschafter durch mehr als drei Monate dauernde, anhaltende Krankheit an Wahrnehmung der Geschäfte der Gesellschaft verhindert, so ist auf seine Kosten eine Ersatzkraft anzustellen.

§ 12.

Der Tod eines Gesellschafters löst die Gesellschaft nicht auf. Vielmehr ist in diesem Falle die Gesellschaft mit den Erben fortzusetzen, die in Höhe des Kapitalanteiles ihres Erblassers die Stellung von Kommanditisten einnehmen. Stirbt auch der übrigbleibende Gesellschafter, so wird die Gesellschaft aufgelöst.

Im Todesfall ist die dem Gesellschafter zugesicherte Vergütung noch für sechs Monate an seine Erben weiterzuzahlen.

Berlin, den 2. Januar 1928.

Erich Konrad. Gustav Siebert.

## Zu Nr. 1.

### Anmeldung.

An das

Amtsgericht Berlin-Mitte,
Abteilung für Handelsregister.

Die Unterzeichneten

1. Kaufmann Erich Konrad zu Berlin, Wallstraße 4,
2. Kaufmann Gustav Siebert zu Berlin, Kurfürstenstraße 20

melden hiermit zur Eintragung in das Handelsregister an:

Wir haben unter der Firma „Tuchhandelsgesellschaft Erich Konrad & Co." eine offene Handelsgesellschaft mit dem Sitz zu Berlin errichtet. Gegenstand der Gesellschaft ist der Einkauf und Vertrieb von Stoffen aller Art für eigene und fremde Rechnung.

Die Gesellschaft hat am 1. Januar 1928 begonnen. Ihre Geschäftsräume befinden sich zu Berlin, Wallstraße 4.

Wir zeichnen die Firma nebst unserer Namensunterschrift, wie folgt:

Tuchhandelsgesellschaft Erich Konrad & Co.
Erich Konrad.
Tuchhandelsgesellschaft Erich Konrad & Co.
Gustav Siebert.

Kosten sind von der Gesellschaft einzuziehen.

Berlin, den 2. Januar 1928.

Erich Konrad [1])
Gustav Siebert.

## Nr. 2.

### Errichtung einer offenen Handelsgesellschaft bei ungleicher Gewinnbeteiligung der Gesellschafter zugleich unter Einbringung von Sachwerten und Prokurabestellung.

### Vertrag.

Die Herren Robert Frenzel zu Magdeburg, Breiter Weg 15, Fritz Koenig zu Magdeburg, Königgrätzerstraße 7 und August Hansel zu Magdeburg, Berlinerstraße 10 schließen folgenden Gesellschaftsvertrag:

§ 1.

Die Genannten errichten unter der Firma Lackfabrik Robert Frenzel & Co. eine offene Handelsgesellschaft mit dem Sitz in Magdeburg.

§ 2.

Der Zweck der Gesellschaft ist die Herstellung und der Vertrieb von Lacken, Lackfarben und verwandten Erzeugnissen. Die Gesellschaft ist berechtigt, gleichartige Unternehmungen zu erwerben, in Pacht zu nehmen oder sich an ihnen zu beteiligen.

§ 3.

Die Gesellschaft beginnt am 1. Januar 1928.
Das Geschäftsjahr ist das Kalenderjahr.

---

[1]) Die Unterschriften müssen gerichtlich oder notariell beglaubigt werden.

§ 4.

Die Einlagen der Gesellschafter betragen:

| | | |
|---|---|---|
| des Herrn Robert Frenzel | ......... | 300 000 Rm. |
| „ „ Fritz Koenig | ........... | 40 000 „ |
| „ „ August Hansel | .......... | 40 000 „ |

Die Einlage des Herrn Frenzel wird dadurch bewirkt, daß er das ihm gehörige, zu Magdeburg, Breiterweg 15 belegene Fabrikgrundstück nebst Wohngebäude einschließlich sämtlicher Bestands- und Zubehörstücke der Gesellschaft zu Eigentum überträgt. Einbegriffen ist der vorhandene Fuhrpark, bestehend aus drei Geschäftswagen, vier Pferden und zwei Lastkraftwagen im Werte von 10 000 Rm.

Die Auflassung des Grundstücks hat unverzüglich nach der Eintragung der Gesellschaft in das Handelsregister auf deren Kosten zu erfolgen.

Der Gesamtwert der von Herrn Frenzel eingebrachten Sachwerte wird auf 300 000 Rm. festgestellt. Jede Gewährleistung für Mängel wird ausgeschlossen.

Die Herren Koenig und Hansel leisten ihre Einlagen von je 40 000 Rm. in bar.

§ 5.

Zur Vertretung der Gesellschaft ist Herr Frenzel allein ermächtigt. Die anderen Gesellschafter sind nur in Gemeinschaft mit einem anderen Gesellschafter oder einem Prokuristen berechtigt, die Gesellschaft zu vertreten. Zu Prokuristen werden bestellt: Herr Erich Sachse zu Magdeburg, Hansastraße 20 und Fräulein Margarete Münzer zu Magdeburg, Werftstraße 24. Die Prokuristen sind nur in Gemeinschaft mit einem Gesellschafter zur Vertretung der Gesellschaft befugt.

§ 6.

Die Führung der Geschäfte erfolgt derart, daß Herr Frenzel die kaufmännische Leitung des Unternehmens hat. Herr Koenig übernimmt die Leitung der Fabrikation und Herr Hansel diejenige der Buchhaltung und des Kassenwesens.

§ 7.

Die Gesellschafter sind verpflichtet, ihre geschäftliche Tätigkeit ausschließlich dem Unternehmen der Gesellschaft zu widmen. Doch ist es Herrn Frenzel gestattet, weiter Gesellschafter der offenen Handelsgesellschaft i. Fa. Chemikalien-Großhandlung Robert Frenzel & Co. zu Halle zu bleiben, deren Gesellschafter außer ihm sein Schwiegersohn Hermann Kunze in Halle ist.

§ 8.

Den Gesellschaftern ist verboten, Bürgschaften oder sonstige Verbindlichkeiten für dritte Personen zu übernehmen, Wechselverbindlichkeiten einzugehen und Börsengeschäfte oder andere Spekulationsgeschäfte abzuschließen.

§ 9.

Die Gesellschafter erhalten für ihre Tätigkeit für die Gesellschaft feste Monatsbezüge und am Schluß des Jahres einen Hundertsatz von den erzielten Bruttoumsätzen und zwar:

| | | | | | |
|---|---|---|---|---|---|
| Herr Frenzel | monatlich | 2500 Rm. | und | 1% | vom Jahresumsatz |
| „ Koenig | „ | 1250 „ | „ | ½% | „ „ |
| „ Hansel | „ | 1250 „ | „ | ½% | „ „ |

§ 10.

Spätestens innerhalb der ersten drei Monate nach Beendigung eines Geschäftsjahres ist eine Inventur aufzunehmen und eine Bilanz aufzustellen.

In der Bilanz sind zum mindesten folgende Abschreibungen jährlich vorzunehmen:

| | |
|---|---|
| auf das Grundstück | 2% |
| „ Maschinen | 15% |
| „ sonstige Gebrauchs- und Inventargegenstände, insbesondere auf den Fuhrpark | 30% |
| „ Warenvorräte | 35% |

§ 11.

Es ist ein Reservefonds zu bilden, der wenigstens 10 vom Hundert des Gesamtbetrages der Einlagen der Gesellschafter betragen soll.

§ 12.

Die Gesellschafter sind am Gewinn und Verlust der Gesellschaft folgendermaßen beteiligt:

Herr Frenzel zu 50%
„ Koenig „ 25%
„ Hansel „ 25%

Werden die Kapitalanteile der Gesellschafter durch Verlust gemindert, so kommt eine Gewinnverteilung an einen Gesellschafter solange nicht in Betracht, bis nicht sein Kapitalanteil die Höhe seiner Einlage erreicht hat. Bis dahin werden Gewinne dem Kapitalanteil zugeschrieben.

Eine Gewinnverteilung muß ferner unterbleiben, bis nicht der Reservefonds in der vorbezeichneten Höhe besteht.

§ 13.

Der Tod eines Gesellschafters löst die Gesellschaft nicht auf. Vielmehr gilt folgendes:

Verstirbt Herr Frenzel, so kann an seine Stelle entweder sein Sohn Ernst Frenzel oder sein Schwiegersohn Herbert Lissel zu Leipzig als Gesellschafter in die Gesellschaft eintreten. Die Bestimmung hierüber trifft Herr Frenzel in seinem Testament. Lehnt der zunächst Berufene die Aufnahme als Gesellschafter ab, so kann der zweite in die Gesellschaft eintreten.

Der Eintretende übernimmt die Hälfte des Kapitalanteiles des Herrn Frenzel. Diese Hälfte ist auf den Betrag von 150 000 Rm. festzusetzen und je nachdem ein

Mehrbetrag an den Eintretenden auszuzahlen oder, soweit ein Fehlbetrag besteht, von ihm Nachzahlung zu leisten. Der Eintretende ist demnach an der Gesellschaft mit einer Einlage von 150 000 Rm. beteiligt. Der andere Genannte oder dessen Erben werden Kommanditisten der Gesellschaft mit einer Kommanditeinlage von 150 000 Rm.

Die Bezüge des als Gesellschafter Aufgenommenen betragen monatlich 1250 Rm. und ½% vom Jahresumsatz.

Die genannten beiden Erben des Herrn Frenzel können, nachdem ihre Berechtigung feststeht, von jedem der Mitgesellschafter durch eingeschriebenen Brief zur Erklärung binnen 10 Tagen darüber aufgefordert werden, ob sie von dem Recht zum Eintritt in die Gesellschaft Gebrauch machen wollen. Nach vergeblichem Ablauf dieser Frist ist das Recht des Befragten verwirkt.

Stirbt Herr Koenig oder Herr Hansel, so kann an ihre Stelle einer ihrer Söhne als Gesellschafter in die Gesellschaft eintreten. Die Bestimmung hierüber treffen Herr Koenig oder Herr Hansel in ihren Testamenten. An die hiernach Berufenen kann gleichfalls durch die übrigen Gesellschafter die erwähnte Aufforderung mit der gleichen Rechtsfolge gerichtet werden.

Falls nach dem Tode eines Gesellschafters ein Nachfolger, der an seine Stelle als Gesellschafter eintritt, nicht vorhanden ist, sind die Erben des Verstorbenen an der Gesellschaft kommanditistisch beteiligt.

§ 14.

Sind in der Person eines Gesellschafters Gründe gegeben, die die Gesellschaft zur Auflösung bringen oder die anderen Gesellschafter berechtigen würden, Antrag auf Auflösung der Gesellschaft zu stellen, so könnnen die übrigen Gesellschafter die Fortsetzung der Gesellschaft lediglich unter sich beschließen. Mit dem Ausscheidenden ist dann eine Auseinandersetzung vorzunehmen. Hiernach ist der Kapitalanteil des Ausscheidenden nebst gesetzlichen Zinsen seit dem Tage des Ausscheidens an ihn in vierteljährlichen Fristen in drei gleichen Teilbeträgen zur Auszahlung zu bringen. In der Höhe, in der der Gesellschafter an dem Gewinn und dem Verlust der Gesellschaft beteiligt ist, wird sein Anteil an dem Reservefonds festgestellt. Auch dieser Anteil kommt in gleicher Weise wie der Kapitalanteil zur Auszahlung. An dem sonstigen Vermögen der Gesellschaft hat der Gesellschafter kein Anrecht mehr.

§ 15.

Die Gesellschaft wird für die Zeit vom 1. Januar 1928 bis zum 1. Januar 1948 geschlossen. Sie verlängert sich stets um weitere zehn Jahre, falls sie nicht von einem der Gesellschafter mit einjährlicher Kündigungsfrist mittels eingeschriebenen Briefes gegenüber den anderen Gesellschaftern aufgekündigt wird.

§ 16.

Streitigkeiten der Gesellschafter, die die Aufstellung der Bilanz, die Bewertung der Vermögensgegenstände der Gesellschaft, den Reservefonds, die Feststellung der Kapital- oder Kommanditanteile der Gesellschafter, die Beteiligung am

Gewinn oder Verlust oder die den Gesellschaftern zukommenden Bezüge betreffen, werden unter Ausschluß des Rechtsweges durch ein Schiedsgericht entschieden, das aus drei Personen besteht. Die Bildung des Schiedsgerichtes erfolgt derart, daß jede der streitenden Parteien einen Schiedsrichter bestellt und die Schiedsrichter einen Obmann wählen. Teilt nach Aufforderung mittels eingeschriebenen Briefes eine Partei auf Erfordern der anderen nicht spätestens innerhalb einer Woche nach Empfang des Schreibens die Bestellung ihres Schiedsrichters mit, so geht das Recht zur Ernennung dieses Schiedsrichters auf die andere Partei über. Können sich die Schiedsrichter über die Person des Obmannes nicht einigen, so erfolgt dessen Wahl durch den Präsidenten des Landgerichts in Magdeburg oder dessen Stellvertreter. Bei Wegfall oder Ausscheiden eines Schiedsrichters wird ein anderer Schiedsrichter in gleicher Weise wie der zunächst Gewählte bestellt.

Magdeburg, den 2. Januar 1928.

Robert Frenzel
Fritz Koenig
August Hansel.

## Zu Nr. 2.

### Anmeldung.

An das
Amtsgericht Magdeburg,
Abteilung für Handelsregister.

Die Unterzeichneten

1. Kaufmann Robert Frenzel zu Magdeburg, Breiterweg 15,
2. " Fritz Koenig " " Königgrätzerstraße 7,
3. " August Hansel " " Berlinerstraße 10

melden hiermit zur Eintragung in das Handelsregister an:

Wir haben unter der Firma „Lackfabrik Robert Frenzel & Co." mit dem Sitz in Magdeburg eine offene Handelsgesellschaft errichtet. Der Zweck der Gesellschaft ist die Herstellung und der Vertrieb von Lacken, Lackfarben und verwandten Erzeugnissen.

Zur Vertretung der Gesellschaft ist Robert Frenzel allein ermächtigt. Die Gesellschafter Fritz Koenig und August Hansel sind zur Vertretung der Gesellschaft nur in Gemeinschaft mit einem Gesellschafter oder einem Prokuristen ermächtigt.

Zu Prokuristen sind bestellt:

1. Herr Erich Sachse zu Magdeburg, Hansastraße 20.
2. Fräulein Margarete Münzer zu Magdeburg, Werftstraße 24.

Die Prokuristen sind nur in Gemeinschaft mit einem Gesellschafter zur Vertretung der Gesellschaft ermächtigt.

Die Gesellschaft hat am 1. Januar 1928 begonnen. Die Geschäftsräume befinden sich zu Magdeburg, Breiter Weg 15.

Wir zeichnen die Firma nebst unserer Namensunterschrift, wie folgt:

Lackfabrik Robert Frenzel & Co.<br>Robert Frenzel<br>Lackfabrik Robert Frenzel & Co.<br>Fritz Koenig<br>Lackfabrik Robert Frenzel & Co.<br>August Hansel.

Die mitunterzeichneten Prokuristen zeichnen die Firma nebst ihrer Namensunterschrift, wie folgt:

Lackfabrik Robert Frenzel & Co.<br>ppa. Erich Sachse<br>Lackfabrik Robert Frenzel & Co.<br>ppa. Margarete Münzer.

Kosten sind von der Gesellschaft einzuziehen.

Magdeburg, den 2. Januar 1928.

Robert Frenzel<br>Fritz Koenig<br>August Hansel<br>Erich Sachse<br>Margarete Münzer.

## Nr. 3.

### Eintritt eines Gesellschafters in ein Einzelunternehmen unter Firmenänderung und Ausschluß der bisher entstandenen Forderungen und Verbindlichkeiten.

### Vertrag.

Die Herren Siegfried Nebelsieck zu Dresden, Breitestraße 10 und Ernst Kohnitz zu Dresden, Chemnitzerstraße 5, schließen nachstehenden Gesellschaftsvertrag:

§ 1.

Herr Kohnitz tritt mit dem 1. Januar 1928 in das unter der Firma „Fouragehandlung Siegfried Nebelsieck" von Herrn Nebelsieck bisher allein betriebene Geschäft als persönlich haftender Gesellschafter ein. Das Geschäft wird nunmehr von den Vertragschließenden als offene Handelsgesellschaft fortgeführt.

§ 2.

Die bisherige Firma wird geändert. Sie lautet jetzt: Fouragehandlung Nebelsieck & Kohnitz.

§ 3.

Der Wert der vorhandenen Waren, Betriebs- und Einrichtungsgegenstände sowie Beförderungsmittel wird nach dem Stande der Inventur und der

Bilanz vom 31. Dezember 1927 auf 15 000 Rm. festgestellt. In dieser Höhe besteht die Einlage des Herrn Nebelsieck.

Herr Kohnitz leistet gleichfalls eine Einlage von 15 000 Rm. Hiervon werden 10 000 Rm. in bar eingezahlt, während Herr Kohnitz im übrigen den ihm gehörigen, N. A. G. Lastkraftwagen 12 PS. nebst Anhänger in die Gesellschaft einbringt und ihr übereignet. Der Wert der Sacheinlage des Herrn Kohnitz wird auf 5000 Rm. festgestellt.

§ 4.

Der Übergang der Forderungen und Verbindlichkeiten, die im bisherigen Betrieb des Geschäftes begründet sind, wird ausgeschlossen.

§ 5.

Zur Vertretung der Gesellschaft ist jeder Gesellschafter berechtigt.

§ 6.

Die Gesellschafter sind verpflichtet, ihre geschäftliche Tätigkeit ausschließlich dem Unternehmen der Gesellschaft zu widmen. Jedem Gesellschafter ist verboten, Bürgschaften oder sonstige Verbindlichkeiten für andere Personen zu übernehmen, Wechselverpflichtungen einzugehen und Börsengeschäfte oder andere Spekulationsgeschäfte abzuschließen.

§ 7.

Die Gesellschafter erhalten für ihre Tätigkeit eine am Schluß jeden Monats zahlbare Vergütung von 300 Rm. Als weitere Vergütung für den Aufwand und sonstige Unkosten, die ihnen durch die Werbung und den Besuch von Kunden erwachsen, wird ihnen eine monatliche Pauschentschädigung von 200 Rm. zugebilligt. Nicht inbegriffen sind in dieser Entschädigung die Kosten für Reisen, die sie nach Orten außerhalb der Niederlassung der Gesellschaft unternehmen. Bei solchen Reisen sind die Gesellschafter berechtigt, für jeden Reisetag eine Tagesentschädigung von 20 Rm. und außerdem Ersatz ihrer Fahrkosten zu beanspruchen.

§ 8.

Die Gesellschafter sind am Gewinn und Verlust der Gesellschaft je zur Hälfte beteiligt.

§ 9.

Spätestens innerhalb der ersten drei Monate nach Beendigung des Geschäftsjahres ist eine Inventur aufzunehmen und eine Bilanz aufzustellen, die von den Gesellschaftern zu unterzeichnen ist.

§ 10.

Ist einer der Gesellschafter durch mehr als drei Monate dauernde, anhaltende Krankheit an Wahrnehmung der Geschäfte der Gesellschaft verhindert, so ist auf seine Kosten eine Ersatzkraft anzustellen.

§ 11.

Die Gesellschaft wird für die Zeit vom 1. Januar 1928 bis zum 1. Januar 1931 geschlossen. Sie verlängert sich immer um weitere 3 Jahre, falls sie nicht von einem Gesellschafter mit halbjährlicher Kündigungsfrist zum Jahresschluß aufgekündigt wird. Die Kündigung hat mittels Einschreibbriefes zu erfolgen.

Wird die Gesellschaft aufgekündigt, so ist der andere Gesellschafter berechtigt, das Geschäft nebst Forderungen und Verbindlichkeiten zu übernehmen. Die Übernahme erfolgt auf Grund der Bilanz des laufenden Jahres. Der sich nach dieser Bilanz für den Ausscheidenden ergebende Kapitalanteil nebst gesetzlichen Zinsen seit dem Tage, für den die Kündigung erklärt ist, ist an den Ausscheidenden in drei gleichen Teilbeträgen in vierteljährlichen Fristen zur Auszahlung zu bringen. An dem sonstigen Vermögen der Gesellschaft hat der Gesellschafter kein Anrecht mehr.

§ 12.

Der Tod eines Gesellschafters löst die Gesellschaft auf. Der Überlebende ist berechtigt, das Geschäft unter den gleichen Bedingungen wie im Falle der Kündigung zu übernehmen. Macht der Überlebende dieses Recht für sich geltend, so hat er spätestens innerhalb von einem Monat, nachdem die Personen des Erben feststehen, diesen die Übernahme zu erklären.

Im Todesfall ist die dem Gesellschafter zustehende Vergütung von 300 Rm. noch für drei Monate an die Erben fortzuentrichten.

§ 13.

Streitigkeiten zwischen den Gesellschaftern aus dem Gesellschaftsvertrage werden unter Ausschluß des Rechtsweges durch ein Schiedsgericht entschieden. Das Schiedsgericht besteht aus drei Personen. Die Bildung des Schiedsgerichtes erfolgt derart, daß jeder der streitenden Parteien einen Schiedsrichter bestellt und die Schiedsrichter einen Obmann wählen. Teilt nach Aufforderung mittels eingeschriebenen Briefes eine Partei auf Erfordern der anderen nicht spätestens innerhalb einer Woche nach Empfang des Schreibens die Bestellung ihres Schiedsrichters mit, so geht das Recht zur Ernennung dieses Schiedsrichters auf die andere Partei über. Können sich die Schiedsrichter über die Person des Obmannnes nicht einigen, so erfolgt dessen Wahl durch den Präsidenten der Handels- und Industriekammer zu Dresden oder dessen Stellvertreter. Bei Wegfall oder Ausscheiden eines Schiedsrichters wird ein anderer Schiedsrichter in gleicher Weise wie der zunächst Gewählte bestellt.

Dresden, den 2. Januar 1928.

Siegfried Nebelsieck.
Ernst Kohnitz.

## Zu Nr. 3.

### Anmeldung.

An das

Amtsgericht zu Dresden,
Abteilung für Handelsregister.

Betr.: Fouragehandlung Siegfried Nebelsieck
Nr. 226 der Abteilung A des Handelsregisters.

Die Unterzeichneten

1. Kaufmann Siegfried Nebelsieck zu Dresden, Breitestraße 10,
2. Ernst Kohnitz zu Dresden, Chemnitzerstraße 5

melden folgendes zur Eintragung in das Handelsregister an:

In das Handelsgeschäft, das bisher Siegfried Nebelsieck unter der Firma Fouragehandlung Siegfried Nebelsieck zu Dresden allein betrieben hat, ist Ernst Kohnitz als persönlich haftender Gesellschafter eingetreten.

Der Sitz der Gesellschaft ist zu Dresden.

Die Gesellschaft hat am 1. Januar 1928 begonnen. Die Firma ist geändert und lautet jetzt: Fouragehandlung Nebelsieck & Kohnitz.

Der Übergang der Forderungen und Verbindlichkeiten, die im bisherigen Betrieb des Geschäftes begründet sind, ist ausgeschlossen.

Die Geschäftsräume befinden sich nach wie vor zu Dresden, Breitestraße 10.

Wir zeichnen die Firma nebst unserer Namensunterschrift wie folgt:

Fouragehandlung Nebelsieck & Kohnitz
Siegfried Nebelsieck
Fouragehandlung Nebelsieck & Kohnitz
Ernst Kohnitz.

Die Kosten sind von der Gesellschaft einzuziehen.

Dresden, den 2. Januar 1928.

Siegfried Nebelsieck
Ernst Kohnitz.

## Nr. 4.

### Eintritt eines Gesellschafters in eine offene Handelsgesellschaft unter Firmenänderung und Ausschluß eines Gesellschafters von der Vertretung.

### Vertrag.

Zwischen Herrn Arthur Damann zu Hamburg, Ferdinandstraße 5, Ernst Behrend zu Hamburg, Herrengraben 22 und Fritz Selbiger zu Hamburg, Neuer Wall 9 wird folgender Vertrag geschlossen:

§ 1.

Herr Selbiger tritt mit dem 1. Januar 1928 als Gesellschafter in die offene

Handelsgesellschaft Arthur Damann & Co. ein, die am 10. April 1920 in das Handelsregister des Amtsgerichts Hamburg eingetragen ist und daselbst ihren Sitz hat. Die Gesellschaft betreibt unter der Firma Arthur Damann & Co. das Ein- und Ausfuhrgeschäft.

§ 2.

Die Firma der Gesellschaft wird dahin geändert, daß sie nunmehr lautet: Im- & Exporthaus Behrend, Selbiger & Co., früher Arthur Damann & Co.

§ 3.

Herr Selbiger bringt in die Gesellschaft eine Einlage von 100 000 Rm. in Form eines Kredites ein, den er der Gesellschaft bei dem Bankhaus Erich Kuntze & Co. zu Hamburg, Alsterdamm 19 in gleicher Höhe zur Verfügung stellt.

§ 4.

Die Bezüge des Herrn Behrend und Selbiger betragen vom 1. Januar 1928 an monatlich 1 500 Rm., die am Schluß jeden Monats zu zahlen sind. Zugleich erhalten sie als Ersatz für Aufwendungen und Unkosten, die ihnen bei Wahrnehmung der Interessen der Gesellschaft erwachsen, eine monatliche Pauschentschädigung von 300 Rm., in der aber Aufwendungen für Geschäftsreisen nicht inbegriffen sind.

Die Bezüge des Herrn Damann kommen vom 1. Januar 1928 in Wegfall.

§ 5.

Herr Damann gibt vom 1. Januar 1928 jede Geschäftsführung für die Gesellschaft auf. Er wird von diesem Zeitpunkt sowohl von der Vertretung wie von der Geschäftsführung der Gesellschaft ausgeschlossen.

§ 6.

Die Gesellschafter Behrend und Selbiger sind vom 1. Januar 1928 mit $42^1/_2$% und Herr Damann mit 15% am Gewinn und Verlust der Gesellschaft beteiligt.

§ 7.

Im übrigen verbleibt es für alle Gesellschafter bei den Bestimmungen des Gesellschaftsvertrages, den die Herren Damann & Behrend unter dem 25. März 1920 bei Errichtung der Gesellschaft geschlossen haben.

Hamburg, den 2. Januar 1928.

Arthur Damann
Ernst Behrend
Fritz Selbiger.

## Zu Nr. 4.

### Anmeldung.

An das

Amtsgericht Hamburg,

Abteilung für Handelsregister.

Betr. Fa. Arthur Damann & Co.

Die unterzeichneten Gesellschafter der offenen Handelsgesellschaft Arthur Damann & Co.

1. Kaufmann Arthur Damann zu Hamburg, Ferdinandstr. 5,
2. Kaufmann Ernst Behrend zu Hamburg, Herrengraben 22

melden folgendes zur Eintragung in das Handelsregister an:

Fritz Selbiger ist als Gesellschafter in die Gesellschaft eingetreten. Die Firma der Gesellschaft ist geändert und lautet jetzt:
„Im- und Exporthaus Behrend, Selbiger & Co., früher Arthur Damann & Co."
Arthur Damann ist von der Vertretung der Gesellschaft ausgeschlossen.

Die vertretungsberechtigten Gesellschafter zeichnen die Firma nebst ihrer Namensunterschrift wie folgt:

Im- & Exporthaus Behrend, Selbiger & Co. früher Arthur Damann & Co.
Ernst Behrend.

Im- & Exporthaus Behrend, Selbiger & Co., früher Arthur Damann & Co.
Fritz Selbiger.

Die Geschäftsräume der Gesellschaft befinden sich nach wie vor zu Hamburg, Hohe Bleichen 23.

Die Kosten bitten wir von der Gesellschaft einzuziehen.

Hamburg, den 2. Januar 1928.

Arthur Damann
Ernst Behrend
Fritz Selbiger.

## Nr. 5.

### Verlegung der Niederlassung an einen anderen Ort.

### Anmeldung.

An das

Amtsgericht Leipzig,

Abteilung für Handelsregister.

Die Unterzeichneten

1. Kaufmann Anton Struve zu Halle a. S., Kronprinzenufer 11
2. Kaufmann Erwin Gerstorff zu Leipzig, Kochstraße 5

melden hiermit zur Eintragung in das Handelsregister an:

Wir sind die alleinigen Gesellschafter der unter der Firma: „Fabrik elektrischer Maschinen Struve & Gerstorff" betriebenen offenen Handelsgesellschaft, deren Sitz bisher in Halle war. Zum Nachweis überreichen wir beglaubigten Auszug aus dem Handelsregister des Amtsgerichts Halle. Der Sitz der Gesellschaft ist nach Leipzig verlegt. Die Geschäftsräume befinden sich zu Leipzig, Elsterstraße 8.

Wir zeichnen die Firma nebst unserer Namensunterschrift, wie folgt:

Fabrik elektrischer Maschinen Struve & Gerstorff
Anton Struve
Fabrik elektrischer Maschinen Struve & Gerstorff
Erwin Gerstorff.

Leipzig, den 2. Januar 1928.

Anton Struve
Erwin Gerstorff [1]).

## Nr. 6.

## Errichtung einer Zweigniederlassung mit Firmenzusatz und Prokurabestellung.

### Anmeldung.

An das
Amtsgericht Düsseldorf,
Abteilung für Handelsregister.

Die unterzeichneten

1. Kaufmann Erich Konrad zu Berlin, Wallstraße 4,
2. Kaufmann Gustav Siebert zu Berlin, Kurfürstenstraße 20

melden hiermit zur Eintragung in das Handelsregister an:

Wir sind die alleinigen Gesellschafter der unter der Firma „Tuchhandelsgesellschaft Erich Konrad & Co." zu Berlin betriebenen offenen Handelsgesellschaft. Zum Nachweis überreichen wir beglaubigten Auszug aus dem Handelsregister des Amtsgerichts Berlin-Mitte.

Die Gesellschaft hat in Düsseldorf eine Zweigniederlassung errichtet, deren Geschäftstätigkeit mit dem 2. Januar 1928 begonnen hat [2]). Die Geschäfte der Zweigniederlassung betreibt die Gesellschaft unter der Firma:

Tuchhandelsgesellschaft Erich Konrad & Co.
Zweigstelle Düsseldorf.

Wir zeichnen diese Firma nebst unserer Namensunterschrift wie folgt:

Tuchhandelsgesellschaft Erich Konrad & Co.
Zweigstelle Düsseldorf.
Erich Konrad.

---

[1]) Die gleiche Anmeldungserklärung ist dem bisherigen Registergericht, jedoch ohne Firmenzeichnung zu erstatten. Diese Erklärung wird zweckmäßig erst abgegeben, nachdem die Eintragung in das Handelsregister des neuen Sitzes der Gesellschaft bereits erfolgt ist.

[2]) Die Eintragung der Zweigniederlassung teilt das Registergericht von amtswegen dem Registergericht der Hauptniederlassung mit, das dann in dessen Register die Eintragung vermerkt, § 131 FG.

Tuchhandelsgesellschaft Erich Konrad & Co.
Zweigstelle Düsseldorf.
Gustav Siebert.

Zur Prokuristin der Zweigniederlassung ist die Mitunterzeichnete, Fräulein Sidonie Hintz zu Düsseldorf, Rochusstraße 60 bestellt und zwar mit der Beschränkung, daß sich ihre Prokura nur auf den Betrieb der Zweigniederlassung der Gesellschaft in Düsseldorf erstreckt. Fräulein Hintz zeichnet die Firma nebst ihrer Namensunterschrift, wie folgt:

Tuchhandelsgesellschaft Erich Konrad & Co.
Zweigstelle Düsseldorf.
pa. Sidonie Hintz.

Die Geschäftsräume der Zweigniederlassung befinden sich zu Düsseldorf, Aachenerstraße 15.

Die Kosten sind von der Zweigniederlassung der Gesellschaft einzuziehen.

Düsseldorf, den 5. Januar 1928.

Erich Konrad.
Gustav Siebert
Sidonie Hintz.

## Nr. 7.

## Erteilung einer Einzelprokura und einer Gesamtprokura.

### Anmeldung.

An das

Amtsgericht Magdeburg,
Abteilung für Handelsregister.

Betr. Lackfabrik Robert Frenzel & Co.

Die unterzeichneten geschäftsführenden Gesellschafter der „Lackfabrik Robert Frenzel & Co."

1. Kaufmann Robert Frenzel zu Magdeburg, Breiterweg 15,
2. Kaufmann Fritz Koenig zu Magdeburg, Königgrätzerstraße 7,
3. Kaufmann August Hamel zu Magdeburg, Berlinerstraße 10

melden hiermit zur Eintragung in das Handelsregister an:

Wir haben dem mitunterzeichneten Arnim Gutschow zu Magdeburg, Morgenstraße 40 Prokura erteilt.

Arnim Gutschow zeichnet die Firma nebst seiner Namensunterschrift wie folgt:

Lackfabrik Robert Frenzel & Co.
ppa. Arnim Gutschow.

Außerdem haben wir den gleichfalls mitunterzeichneten Gustav Braeckow zu Magdeburg, Michaelstraße 6 und Fräulein Sophie Schroeder zu Magdeburg, Martinstraße 20 Gesamtprokura derart erteilt, daß diese Prokuristen in Gemeinschaft mit einem Gesellschafter oder dem Prokuristen Gutschow zur Vertretung der Gesellschaft ermächtigt sind.

Die letztgenannten Prokuristen zeichnen die Firma nebst ihrer Namensunterschrift, wie folgt:

Lackfabrik Robert Frenzel & Co.
ppa. Gustav Braeckow.
Lackfabrik Robert Frenzel & Co.
ppa. Sophie Schroeder.

Magdeburg, den 10. Januar 1928.

| | |
|---|---|
| Robert Frenzel | Arnim Gutschow |
| Fritz Koenig | Gustav Braeckow |
| August Hamel | Sophie Schroeder. |

## Nr. 8.

## Widerruf einer Prokura.

### Anmeldung.

An das
Amtsgericht Magdeburg,
Abteilung für Handelsregister.

Betr. Lackfabrik Robert Frenzel & Co.

Als geschäftsführender Gesellschafter[1]) der „Lackfabrik Robert Frenzel & Co." melde ich hiermit zur Eintragung in das Handelsregister an:

Die dem Arnim Gutschow zu Magdeburg, Morgenstraße 40 erteilte Prokura ist widerrufen.

Magdeburg, den 15. April 1928.

Robert Frenzel.

## Nr. 9.

## Änderung der Vertretungsmacht der Gesellschafter von Einzelvertretung in Gesamtvertretung.

### Anmeldung.

An das
Amtsgericht Breslau,
Abteilung für Handelsregister.

Betr. Seidenhaus Arthur Stock & Co.

Die unterzeichneten Gesellschafter der offenen Handelsgesellschaft Seidenhaus Arthur Stock & Co.:

---

[1]) Die Anmeldungserklärung eines geschäftsführenden Gesellschafters genügt, § 116 HGB.

1. Kaufmann Arthur Stock zu Breslau, Ohlauerstraße 7,
2. Kaufmann Rudolf Grün zu Breslau, Herrenstraße 12,
3. Kaufmann Ernst Lissner zu Breslau, Bischofsstraße 26

melden hiermit zur Eintragung in das Handelsregister an:

Die bisher bestehende Vertretungsmacht der Gesellschafter, nach der jeder Gesellschafter allein zur Vertretung der Gesellschaft ermächtigt war, ist geändert. Es ist Gesamtvertretung angeordnet und zwar derart, daß ein Gesellschafter nur in Gemeinschaft mit einem anderen Gesellschafter oder einem Prokuristen zur Vertretung der Gesellschaft berechtigt ist.

Breslau, den 2. Januar 1928.

Arthur Stock
Rudolf Grün
Ernst Lissner.

## Nr. 10.

## Ausschluß eines Gesellschafters von der Vertretung.

### Anmeldung.

An das
Amtsgericht Stuttgart,
Abt. für Handelsregister.

Betr. Gustav Steffens & Co.

Die unterzeichneten Gesellschafter der offenen Handelsgesellschaft Gustav Steffens & Co.:

1. Kaufmann Gustav Steffens zu Stuttgart, Ulrichstraße 15,
2. Kaufmann Eugen Soltmann zu Stuttgart, Marienstraße 27,
3. Fräulein Margarete Bunsen zu Stuttgart, Tübingerstraße 80

melden zur Eintragung in das Handelsregister an:

Die Gesellschafterin Margarete Bunsen ist von der Vertretung der Gesellschaft ausgeschlossen.

Stuttgart, den 2. Januar 1928.

Gustav Steffens
Eugen Soltmann
Margarete Bunsen[1]).

---

[1]) Bei Ausschluß durch Gerichtsentscheidung bedarf es der Anmeldungserklärung des ausgeschlossenen Gesellschafters nicht. Es genügt vielmehr die Vorlegung einer Ausfertigung der rechtskräftigen oder vollstreckbaren Gerichtsentscheidung, § 16 HGB.

## Nr. 11.

## Ausscheiden eines Gesellschafters und Eintritt eines neuen Gesellschafters unter Beibehaltung der Firma.

### Anmeldung.

An das

Amtsgericht Dortmund,

Abteilung für Handelsregister.

Die unterzeichneten Gesellschafter der offenen Handelsgesellschaft Heinrich Ritter & Co.:

1. Kaufmann Heinrich Ritter zu Dortmund, Humboldstraße 12,
2. Kaufmann Gustav Nord zu Dortmund, Arndstraße 27,
3. Kaufmann August Plate zu Dortmund, Südwall 17

melden folgendes zur Eintragung in das Handelsregister an:

Heinrich Ritter ist aus der Gesellschaft ausgeschieden. Zugleich ist der mitunterzeichnete Kaufmann Fritz Dunkel zu Dortmund, Münsterstraße 50 als Gesellschafter eingetreten. Die Firma der Gesellschaft wird unverändert fortgeführt. Heinrich Ritter willigt in die Fortführung der Firma.

Der eingetretene Gesellschafter Fritz Dunkel zeichnet die Firma nebst seiner Namensunterschrift, wie folgt:

Heinrich Ritter & Co.
Fritz Dunkel.

Dortmund, den 2. Januar 1928.

Heinrich Ritter
Gustav Nord
August Plate
Fritz Dunkel.

## Nr. 12.

## Auseinandersetzung zwischen Gesellschaftern unter Geschäftsübernahme durch einen Gesellschafter.

### Vertrag.

Zwischen Herrn Friedrich Grumbacher zu Frankfurt a. M. Schillerstraße 20, Emil Grumbacher zu Frankfurt a. M., Taunusstraße 27 und Moritz Weill zu Frankfurt a. M., Spessartstraße 5 ist folgendes vereinbart:

§ 1.

Die zwischen den Genannten unter der Firma „Maschinengroßhandlung Heinrich Grumbacher & Co." bestehende offene Handelsgesellschaft wird aufgelöst. Eine Liquidation der Gesellschaft findet nicht statt.

§ 2.

Die Auseinandersetzung der Gesellschafter erfolgt auf Grund der Bilanz zum 31. Dezember 1927. Hiernach wird der Kapitalanteil des Friedrich Grumbacher auf 80 122 Rm., derjenige des Emil Grumbacher auf 79 960 Rm. und der des Gesellschafters Moritz Weill auf 38 740 Rm. festgestellt.

§ 3.

An Friedrich Grumbacher wird das Eigentum des der Gesellschaft gehörigen, zu Frankfurt, Schillerstraße 20 belegenen, im Grundbuch des Amtsgerichts Frankfurt Band X Blatt Nr. 270 eingetragenen Grundstücks nebst Gebäuden übertragen. Die Auflassung hat unverzüglich nach Abschluß des Vertrages durch die Gesellschafter Emil Grumbacher und Moritz Weill an Friedrich Grumbacher zu erfolgen. Der Wert des Grundstücks nebst Gebäuden wird unter Berücksichtigung der bestehenden Belastungen auf 81 000 Rm. festgestellt. Jede Gewährleistung wird ausgeschlossen.

§ 4.

Emil Grumbacher übernimmt mit Wirkung vom 1. Januar 1928 das von der Gesellschaft betriebene Handelsgeschäft nebst Firma mit sämtlichen Forderungen und Verbindlichkeiten. Emil Grumbacher ist verpflichtet, seine Mitgesellschafter von allen Ansprüchen zu befreien, die gegen sie als frühere Gesellschafter geltend gemacht werden können. Letztere willigen in die Fortführung der bisherigen Firma durch Emil Grumbacher. Der Wert des übernommenen Geschäftes wird auf 86 000 Rm. festgesetzt. Jede Gewährleistung wird ausgeschlossen.

§ 5.

Der Kapitalanteil des Moritz Weill ist durch Zahlung zu berichtigen. Weill erhält die in der Bilanz im einzelnen aufgeführten Wertpapiere im Werte von 23 520 Rm. und den Rest von 15 220 Rm. in bar aus dem Bankguthaben der Gesellschaft.

§ 6.

Insoweit Friedrich Grumbacher und Emil Grumbacher höhere Werte erhalten haben, als ihre Kapitalanteile betragen, haben sie die Mehrbeträge, nämlich Friedrich Grumbacher 878 Rm. und Emil Grumbacher 5878 Rm. unverzüglich nach Vertragsabschluß dem Bankkonto der Gesellschaft bei der Commerz & Privatbank zu überweisen.

Diese Beträge ebenso der Rest des Bankguthabens der Gesellschaft mit 7928 Rm. bleiben bis zur völligen Abwicklung der Auseinandersetzung unverteilt. Die Verwaltung des Guthabens übernimmt Emil Grumbacher.

§ 7.

Sämtliche Kosten, Stempel und Steuern, die durch Ausführung dieses Vertrages entstehen, insbesondere auch die Kosten der Auflassung und Eintragung der Eigentumsänderung, die Grunderwerb- und die Wertzuwachssteuer gehen zu Lasten der Gesellschaft.

§ 8.

Sind die nach § 7 noch übrig bleibenden Verbindlichkeiten der Gesellschaft berichtigt, so erfolgt die Auszahlung des restlichen Bankguthabens an die Gesellschafter Friedrich Grumbacher, Emil Grumbacher und Moritz Weill im Verhältnis von $^2/_5$, $^2/_5$ und $^1/_5$.

§ 9.

Die Gesellschafter erkennen an, keine weiteren Ansprüche aus dem Gesellschaftsverhältnis mehr gegeneinander zu haben, als sie in diesem Vertrage festgesetzt sind.

Frankfurt a. M., den 2. Januar 1928.
Friedrich Grumbacher
Emil Grumbacher
Moritz Weill.

## Zu Nr. 12.

### Anmeldung.

An das
Amtsgericht Frankfurt a. M.,
Abteilung für Handelsregister.

Betr. Maschinengroßhandlung Heinrich Grumbacher & Co.

Die unterzeichneten Gesellschafter der offenen Handelsgesellschaft Maschinengroßhandlung Heinrich Grumbacher & Co.

1. Kaufmann Friedrich Grumbacher zu Frankfurt, Schillerstraße 20,
2. Kaufmann Emil Grumbacher zu Frankfurt, Taunusstraße 27,
3. Kaufmann Moritz Weill zu Frankfurt, Spessartstraße 5

melden folgendes zur Eintragung in das Handelsregister an:

Die Gesellschaft ist aufgelöst. Emil Grumbacher hat das Geschäft ohne Liquidation mit Forderungen und Verbindlichkeiten übernommen und führt es unter der bisherigen Firma fort, wozu die beiden anderen Unterzeichneten ihre Einwilligung geben.

Die Geschäftsräume befinden sich Taunusstraße 27. Emil Grumbacher zeichnet die Firma nebst seiner Namensunterschrift, wie folgt:

Maschinengroßhandlung Heinrich Grumbacher & Co.
Emil Grumbacher.

Die Kosten sind von der Gesellschaft einzuziehen.

Frankfurt a. M., den 2. Januar 1928.

Friedrich Grumbacher
Emil Grumbacher
Moritz Weill.

## Nr. 13.

### Auseinandersetzung zwischen Gesellschaftern unter Auflösung des Geschäfts.

**Vertrag.**

Zwischen Herrn Ernst Kohlgrub zu Breslau, Schweidnitzerstraße 11 und Herrn Richard Liber zu Breslau, Karlstraße 7, ist folgendes vereinbart:

§ 1.

Die zwischen den Genannten unter der Firma Mehlhandlung Kohlgrub & Co. bestehende offene Handelsgesellschaft wird aufgelöst. Eine Liquidation der Gesellschaft findet nicht statt.

§ 2.

Die Auseinandersetzung der Gesellschafter erfolgt auf Grund der Inventur und der Bilanz zum 31. Dezember 1927. Die Kapitalanteile der Gesellschafter sind die gleichen.

§ 3.

Herr Kohlgrub übernimmt die noch vorhandenen Warenvorräte und Verpackungen sowie sämtliche Einrichtungsgegenstände und Zubehörstücke des Geschäftes nach der Inventur im Gesamtwert von 8400 Rm. Er hat mit Abschluß des Vertrages den auf Herrn Liber entfallenden Anteil von 4200 Rm. an diesen auszuzahlen.

§ 4.

Herr Kohlgrub übernimmt die Einziehung der noch vorhandenen Außenstände der Gesellschaft. Die Einziehung erfolgt im Namen des Herrn Kohlgrub, aber für Rechnung der Gesellschafter. Sollte zum Zwecke der Einziehung eine förmliche Übertragung einzelner Forderungen an Herrn Kohlgrub erforderlich sein, so wird Herr Liber eine solche vornehmen.

§ 5.

Aus den Eingängen der Außenstände hat Herr Kohlgrub die noch bestehenden Verbindlichkeiten, insbesondere aus dem Mietsvertrage und laufenden Anzeigenverträgen zu begleichen. Zur Deckung der Verbindlichkeiten sind entsprechende Beträge zurückzubehalten.

§ 6.

Zum Zwecke der Auseinandersetzung ist Herr Kohlgrub ermächtigt, mit Gläubigern und Schuldnern der Gesellschaft Vergleiche abzuschließen, Nachlässe zu gewähren, Prozesse zu führen und alle von ihm für richtig erachteten Maßnahmen zu ergreifen.

Zum Schluß eines jeden Vierteljahres hat Herr Kohlgrub Herrn Liber Abrechnung zu erteilen und den auf ihn entfallenden Anteil an ihn abzuführen.

§ 7.

Die Auseinandersetzung muß spätestens zum 31. Dezember 1928 beendet sein. Außenstände, die bis dahin noch nicht eingezogen werden konnten, sind, falls sich die Vertragsschließenden nicht über deren Erwerb durch Herrn Kohlgrub einigen, durch Verkauf zu verwerten.

§ 8.

Für die Abwicklung der Auseinandersetzung erhält Herr Kohlgrub eine monatliche Vergütung von 200 Rm., die aus den Eingängen der Außenstände zu begleichen ist.

§ 9.

Die Gesellschafter erkennen an, keine weiteren Ansprüche aus dem Gesellschaftsverhältnis gegeneinander zu haben, als sie in diesem Vertrage festgesetzt sind.

Berlin, den 28. Juli 1928.

Ernst Kohlgrub
Richard Liber.

**Zu Nr. 13.**

**Anmeldung.**

An das
Amtsgericht Breslau,
Abteilung für Handelsregister.

Betr. Mehlhandlung Kohlgrub & Co:

Die unterzeichneten Gesellschafter der offenen Handelsgesellschaft, Mehlhandlung Kohlgrub & Co.

1. Kaufmann Ernst Kohlgrub zu Breslau, Schweidnitzerstraße 7,
2. Kaufmann Richard Liber zu Breslau, Karlstraße 7

melden zur Eintragung in das Handelsregister an:

Die Gesellschaft ist aufgelöst. Die Gesellschafter haben die Auseinandersetzung ohne Liquidation vereinbart. Die Firma ist erloschen.

Breslau, den 28. Juli 1928.

Ernst Kohlgrub
Richard Liber.

## Nr. 14.

### Auflösung einer Gesellschaft und Anordnung der Liquidation.

**Anmeldung.**

An das
Amtsgericht Stuttgart,
Abteilung für Handelsregister.

Betr. Gustav Steffens & Co.

Die unterzeichneten Gesellschafter der offenen Handelsgesellschaft Gustav Steffens & Co.:

1. Kaufmann Gustav Steffens zu Stuttgart, Ulrichstraße 15,
2. Kaufmann Eugen Soltmann zu Stuttgart, Marienstraße 27,
3. Fräulein Margarete Bunsen zu Stuttgart, Tübingerstraße 80

melden zur Eintragung in das Handelsregister an:

Die Gesellschaft ist aufgelöst. Zu Liquidatoren sind die Gesellschafter Gustav Steffens und Eugen Soltmann bestellt. Die Liquidatoren sind nur in Gemeinschaft zur Vertretung berechtigt. Sie zeichnen die Firma nebst ihrer Namensunterschrift, wie folgt:

Gustav Steffens & Co. in Liqu.
Gustav Steffens
Gustav Steffens & Co. in Liqu.
Eugen Soltmann.

Die Geschäftsräume befinden sich zu Stuttgart, Ulrichstraße 15. Kosten sind von der Gesellschaft einzuziehen.

Stuttgart, den 20. August 1928.

Gustav Steffens
Eugen Soltmann
Margarete Bunsen.

## Nr. 15.

### Abberufung eines Liquidators und Änderung der Vertretungsmacht der Liquidatoren.

**Anmeldung.**

An das
Amtsgericht Stuttgart,
Abteilung für Handelsregister.

Betr. Gustav Steffens & Co. in Liqu.

Die unterzeichneten Gesellschafter der offenen Handelsgesellschaft Gustav Steffens & Co. in Liquidation:

1. Kaufmann Gustav Steffens, Stuttgart, Ulrichstraße 15,
2. Kaufmann Eugen Soltmann, Stuttgart, Marienstraße 27,

3. Fräulein Margarete Bunsen, Stuttgart, Tübingerstraße 80
melden zur Eintragung in das Handelsregister an:

Von den bisherigen Liquidatoren der Gesellschaft Gustav Steffens und Eugen Soltmann wird Gustav Steffens abberufen. An seine Stelle ist der mitunterzeichnete Kaufmann Max Ahrens zu Stuttgart, Eberhardstraße 7 zum Liquidator der Gesellschaft bestellt.

Die Vertretungsmacht der Liquidatoren wird geändert. Jeder der Liquidatoren ist allein zur Vertretung der Gesellschaft ermächtigt.

Max Ahrens zeichnet die Firma nebst seiner Namensunterschrift, wie folgt:

Gustav Steffens & Co. i. Liqu.
Max Ahrens.

Die Geschäftsräume der Gesellschaft befinden sich jetzt zu Stuttgart, Eberhardstraße 7. Kosten sind von der Gesellschaft einzuziehen.

Stuttgart, den 9. November 1928.

Gustav Steffens
Eugen Soltmann
Margarete Bunsen
Max Ahrens.

## Nr. 16.

### Beendigung der Liquidation.

An das
Amtsgericht Stuttgart,
Abteilung für Handelsregister.

Betr. Gustav Steffens & Co. in Liqu.

Die unterzeichneten Liquidatoren der offenen Handelsgesellschaft Gustav Steffens & Co. in Liquidation:

1. der Kaufmann Eugen Soltmann zu Stuttgart, Marienstraße 27,
2. der Kaufmann Max Ahrens zu Stuttgart, Eberhardstraße 7

melden zur Eintragung in das Handelsregister an:

Die Liquidation der Gesellschaft ist beendet. Die Firma ist erloschen. Kosten sind von dem Liquidator Max Ahrens einzuziehen.

Stuttgart, den 10. Januar 1929.

Eugen Soltmann
Max Ahrens.

## II. Kommanditgesellschaft.

### Nr. 17.

**Errichtung einer Kommanditgesellschaft unter gleicher Beteiligung der Gesellschafter.**

**Vertrag.**

Die Herren Erich Schomburg zu Essen, Hagenstraße 11, Walter Krauß zu Essen, Franziskanerstraße 24 und Herbert Vollmann zu Düsseldorf, Breitestraße 10 schließen nachstehenden Gesellschaftsvertrag:

§ 1.

Die Genannten errichten eine Kommanditgesellschaft unter der Firma Schomburg & Co., Kommanditgesellschaft mit dem Sitz zu Essen. Persönlich haftende Gesellschafter sind die Herren Schomburg und Krauß. Herr Vollmann ist Kommanditist der Gesellschaft.

Das Geschäftsjahr ist das Kalenderjahr.

§ 2.

Der Zweck der Gesellschaft ist der Verlag, Vertrieb sowie der Druck von Zeitungen, Zeitschriften, Büchern und sonstigen Werken.

§ 3.

Die Gesellschaft wird für unbestimmte Zeit abgeschlossen.

§ 4.

Die Einlagen der persönlich haftenden Gesellschafter Herren Schomburg und Krauß betragen je 20 000 Rm. Herr Vollmann ist an der Gesellschaft mit einer Kommanditeinlage von 50 000 Rm. beteiligt.

Die Einlage des Herrn Schomburg wird dadurch geleistet, daß er seine zu Essen, Hagenstraße 11 betriebene Buchdruckerei nebst Maschinen, Werkzeugen, Einrichtungsgegenständen und sonstigen Zubehörstücken nach der Inventur vom 31. Dezember 1927 der Gesellschaft zu Eigentum überträgt. Die Übernahme der Forderungen und Verbindlichkeiten des Geschäftes ist ausgeschlossen. Eine Gewährleistung des Herrn Schomburg findet nicht statt.

Die Einlage des Herrn Krauß erfolgt durch Barzahlung.

Die Kommanditeinlage des Herrn Vollmann wird derart geleistet, daß er der Gesellschaft einen Kredit bei dem Bankhaus Heinrich Schroeder & Co. zu Essen in Höhe von 50 000 Rm. zur Verfügung stellt.

§ 5.

Zur Vertretung der Gesellschaft sind die persönlich haftenden Gesellschafter Herren Schomburg und Krauß nur gemeinschaftlich berechtigt.

§ 6.

Die persönlich haftenden Gesellschafter sind verpflichtet, ihre geschäftliche Tätigkeit ausschließlich dem Unternehmen der Gesellschaft zu widmen. Es ist ihnen verboten, Bürgschaften oder sonstige Verbindlichkeiten für andere Personen zu übernehmen, Wechselverpflichtungen einzugehen und Börsen- oder andere Spekulationsgeschäfte abzuschließen.

§ 7.

Ist einer der persönlich haftenden Gesellschafter durch mehr als 3 Monate andauernde Krankheit an Wahrnehmung der Geschäfte der Gesellschaft verhindert, so ist auf seine Kosten eine Ersatzkraft anzustellen.

§ 8.

Die persönlich haftenden Gesellschafter erhalten für ihre Tätigkeit eine am Schluß jeden Monats zahlbare Vergütung von 500 Rm. Außerdem sind sie berechtigt, von ihrem für das letzte Geschäftsjahr festgestellten Kapitalanteil 4 vom Hundert zu ihren Lasten zu entnehmen.

§ 9.

Der Kommanditist, Herr Vollmann ist befugt, jederzeit selbst oder durch einen Bevollmächtigten die Bücher der Gesellschaft, sämtliche Schriftstücke und Unterlagen der Gesellschaft einzusehen, und sich aus ihnen Aufzeichnungen zu machen. Es ist ihm von den persönlich haftenden Gesellschaftern auf Erfordern jede gewünschte Auskunft und Aufklärung über Geschäftsvorgänge zu geben.

§ 10.

Die Herren Schomburg und Krauß bedürfen der Zustimmung des Herrn Vollmann,

1. wenn die Gesellschaft Lieferungs- oder sonstige Verträge eingehen will, deren Gegenstand mehr als 3000 Rm. beträgt.
2. wenn die Gesellschaft Verträge mit Angestellten oder Vertretern abschließen will, deren Bezüge 4000 Rm. im Jahre übersteigen,
3. wenn Prokuristen bestellt oder deren Bestellung widerrufen werden soll,
4. wenn die Gesellschaft bei einem anderen Bankhaus als bei Heinrich Schröder & Co., Essen Kredit aufnehmen will.

§ 11.

Spätestens innerhalb der ersten drei Monate nach Beendigung des Geschäftsjahres ist eine Inventur aufzunehmen und eine Bilanz aufzustellen, die von den persönlich haftenden Gesellschaftern zu unterzeichnen ist.

§ 12.

Sämtliche Gesellschafter sind am Gewinn und Verlust der Gesellschaft je zu $1/3$ beteiligt.

§ 13.

Von dem nach der Bilanz festgestellten Jahresgewinn bleiben 10% unverteilt. Diese werden einem Reservefonds zugewiesen, bis dieser die Höhe von 20 000 Rm. erreicht hat.

Von dem Gewinn, der dann zur Verteilung gelangt, erhalten die Gesellschafter vorerst auf ihre Kapitalanteile je 10%. Reicht der Gewinn hierzu nicht aus, so tritt eine entsprechende Ermäßigung dieses Satzes ein. Nach der Gewinnverteilung auf die Kapitalanteile der Gesellschaft entfällt der weitere Gewinn auf die Gesellschafter je zu $^1/_3$.

Eine Gewinnverteilung an einen Gesellschafter kommt solange nicht in Betracht, als nicht sein Kapitalanteil zum mindesten die in diesem Vertrag festgesetzte Höhe seiner ursprünglichen Einlage erreicht hat.

§ 14.

Stirbt einer der Gesellschafter, so wird die Gesellschaft nicht aufgelöst. An Stelle des Verstorbenen treten vielmehr dessen Erben, die in Höhe seiner Einlage an der Gesellschaft kommanditistisch beteiligt bleiben.

Sind jedoch beide persönlich haftenden Gesellschafter verstorben, so wird die Gesellschaft aufgelöst, falls nicht zwischen den Kommanditisten und den Erben der Verstorbenen anderes vereinbart werden sollte.

Bei Kündigung der Gesellschaft durch einen Gesellschafter oder durch einen Gläubiger eines Gesellschafters, der dessen Guthaben gepfändet hat, sowie bei Konkurs eines Gesellschafters bleibt die Gesellschaft unter den übrigen Gesellschaftern bestehen. Dem ausscheidenden Gesellschafter ist sein Kapitalanteil, sobald er durch die Jahresbilanz festgestellt ist, innerhalb der ersten 3 Monate des nachfolgenden Geschäftsjahres auszuzahlen.

Essen, den 2. Januar 1928.

Erich Schomburg
Walter Krauß
Herbert Vollmann.

## Zu Nr. 17.

### Anmeldung.

An das

Amtsgericht Essen,
Abteilung für Handelsregister.

Die Unterzeichneten

1. Kaufmann Erich Schomburg zu Essen, Hagenstraße 11,
2. Kaufmann Walter Krauß zu Essen, Franziskastraße 24,
3. Fabrikbesitzer Herbert Vollmann zu Düsseldorf, Breitestraße 10

melden hiermit zur Eintragung in das Handelsregister folgendes an:

Wir haben unter der Firma

Schomburg & Co., Kommanditgesellschaft

eine Kommanditgesellschaft mit dem Sitz zu Essen errichtet. Gegenstand der Gesellschaft ist der Verlag, Vertrieb sowie der Druck von Zeitungen, Zeitschriften, Büchern und sonstigen Werken.

Die Gesellschaft hat am 1. Januar 1928 begonnen. Ihre Geschäftsräume befinden sich zu Essen, Hagenstr. 11.

Persönlich haftende Gesellschafter sind die unterzeichneten Kaufmann Erich Schomburg und Kaufmann Walter Krauß.

Kommanditist ist der unterzeichnete Fabrikbesitzer Herbert Vollmann. Seine Kommanditeinlage beträgt 50 000 Rm.

Die persönlich haftenden Gesellschafter sind zur Vertretung der Gesellschaft nur in Gemeinschaft befugt. Sie zeichnen die Firma nebst Namensunterschrift, wie folgt:

Schomburg & Co., Kommanditgesellschaft,
Erich Schomburg
Schomburg & Co., Kommanditgesellschaft
Walter Krauß.

Die Kosten sind bei der Gesellschaft einzuziehen.

Essen, den 2. Januar 1928.

Erich Schomburg
Walter Krauß
Herbert Vollmann.

## Nr. 18.

## Umwandlung eines Einzelunternehmens in eine Kommanditgesellschaft bei ungleicher Beteiligung der Gesellschafter.

### Vertrag.

Die Herren Heinrich Brüggemann zu Dortmund, Königswall 24, Ernst Brüggemann zu Dortmund, Andreasstraße 26, Gustav Mainzer zu Dortmund, Münsterstraße 22, Franz Leroi zu Elberfeld, Höchstestraße 37 und Fritz Erhardt zu Elberfeld Wülfingstraße 17 schließen folgenden Gesellschaftsvertrag:

§ 1.

Die Genannten errichten eine Kommanditgesellschaft unter der Firma Heinrich Brüggemann & Co. Eisen- und Messingwerk Kommanditgesellschaft mit dem Sitz zu Dortmund. Persönlich haftende Gesellschafter sind die Herren Ernst Brüggemann und Gustav Mainzer. Die Herren Heinrich Brüggemann, Franz Leroi und Fritz Erhardt sind Kommanditisten der Gesellschaft.

Das Geschäftsjahr ist das Kalenderjahr.

§ 2.

Zweck der Gesellschaft ist die Fortführung des bisher von Herrn Heinrich Brüggemann unter seinem Namen in Dortmund betriebenen Eisen- und Messingwerkes.

Die Gesellschaft ist berechtigt, sich an gleichen oder ähnlichen Unternehmungen zu beteiligen oder solche zu Eigentum zu erwerben oder in Pacht zu nehmen.

Die Gesellschaft kann Zweigstellen errichten.

§ 3.

Die Gesellschaft wird für unbestimmte Zeit abgeschlossen.

§ 4.

Die persönlich haftenden Gesellschafter sind mit Einlagen an der Gesellschaft nicht beteiligt.

Die Kommanditeinlage des Herrn Heinrich Brüggemann beträgt 350 000 Rm. Sie wird dadurch geleistet, daß Herr Brüggemann sein zu Dortmund, Königswall 24 betriebenes Werkunternehmen der Gesellschaft zu Eigentum überträgt. Die Übertragung erfolgt auf Grund der Bilanz vom 31. Dezember 1927. Die bezieht sich insbesondere auf das Herrn Brüggemann gehörige, im Grundbuch des Amtsgerichts Dortmund, Band XI, Blatt Nr. 23 eingetragene Fabrikgrundstück nebst Bestands- und Zubehörstücken, das der Gesellschaft in formgerechter Weise zu Eigentum zu übertragen ist. Sämtliche Forderungen und Verbindlichkeiten des Unternehmens gehen auf die Gesellschaft über. Jede Gewährleistung des Herrn Heinrich Brüggemann wird ausgeschlossen.

Die Herren Leroi und Erhardt sind an der Gesellschaft mit einer Kommanditeinlage von je 250 000 Rm. beteiligt. Sie leisten ihre Einlage zu je 200 000 Rm. dadurch, daß sie auf ihre Ansprüche auf Rückzahlung von Krediten, die sie der Firma Heinrich Brüggemann in Höhe von je 200 000 Rm. gewährt haben, verzichten. Außerdem leisten die Herren Leroi und Erhardt eine Bareinlage von je 50 000 Rm.

§ 5.

Zur Vertretung der Gesellschaft sind die persönlich haftenden Gesellschafter nur gemeinschaftlich berechtigt. Werden Prokuristen bestellt, so sind sie nur in Gemeinschaft mit einem persönlich haftenden Gesellschafter zur Vertretung der Gesellschaft befugt.

§ 6.

Die persönlich haftenden Gesellschafter sind verpflichtet, ihre geschäftliche Tätigkeit ausschließlich dem Unternehmen der Gesellschaft zu widmen. Es ist ihnen verboten, Bürgschaften oder sonstige Verbindlichkeiten für andere Personen zu übernehmen, Wechselverpflichtungen einzugehen und Börsen- oder andere Spekulationsgeschäfte abzuschließen.

§ 7.

Die persönlich haftenden Gesellschafter erhalten für ihre Tätigkeit eine am

Schluß jeden Monats zahlbare Vergütung von 1500 Rm. Außerdem wird ihnen ein Kraftwagen übereignet, zu dessen Unterhaltungskosten die Gesellschaft für den Monat 500 Rm. beiträgt.

Die Anweisung über die Führung und die Verteilung der Geschäfte wird durch die Kommanditisten getroffen.

§ 8.

Die Kommanditisten haben die Entscheidung in allen Angelegenheiten von Tragweite für die Gesellschaft. Sie werden den persönlich haftenden Gesellschaftern gegenüber durch den Vorsitzenden der Kommanditisten vertreten, als welcher Herr Heinrich Brüggemann bestellt wird.

Den Kommanditisten obliegt insbesondere die Entscheidung in Angelegenheiten, die betreffen:

1. den Erwerb, die Veräußerung und die Belastung von Grundstücken,
2. die Ausführung von Bauten sowie Anschaffungen, deren Wert im einzelnen Falle den Betrag von 20 000 Rm. übersteigt,
3. die Errichtung und die Aufhebung von Zweigniederlassungen,
4. den Erwerb, die Veräußerung von Anteilen an anderen Gesellschaften und die Beteiligung an solchen, soweit es sich hierbei um Beträge von über 20 000 Rm. im Einzelfalle handelt.
5. die Aufnahme von Kredit und Anleihen.

Die Kommanditisten können jederzeit durch ihren Vorsitzenden verlangen, daß diesem oder einem von ihm Bevollmächtigten die Bücher der Gesellschaft und sämtliche Schriftstücke und Unterlagen der Gesellschaft zur Einsicht vorgelegt werden. Der Vorsitzende kann unmittelbar jede ihm geeignet erscheinende Maßnahme der Kontrolle oder der Geschäftsführung vornehmen.

§ 9.

Die persönlich haftenden Gesellschafter sind am Gewinn und Verlust je zu 5% beteiligt. Die Beteiligung der Kommanditisten am Gewinn und Verlust der Gesellschaft beträgt für den einzelnen Kommanditisten 30 vom Hundert.

§ 10.

Die Bilanz ist innerhalb der ersten drei Monate nach Beendigung des Geschäftsjahres aufzustellen und den Kommanditisten zur Genehmigung vorzulegen.

§ 11.

Der Reingewinn wird, wie folgt, verteilt:

1. 5 vom Hundert werden zur Bildung eines Reservefonds verwandt, bis dieser 10% der Kommanditeinlagen der Kommanditisten erreicht hat,
2. der Vorsitzende der Kommanditisten erhält für seine Aufsichtstätigkeit eine jährliche Vergütung von 12 000 Rm.,
3. den Kommanditisten wird ein Gewinnanteil in Höhe von 8% auf ihre Kommanditeinlagen gewährt,

4. der Rest wird gleichmässig auf die persönlich haftenden Gesellschafter und Kommanditisten in Höhe ihrer Gewinnbeteiligung verteilt.

§ 12.

Scheidet einer der persönlich haftenden Gesellschafter durch Tod oder aus anderen Gründen aus der Gesellschaft aus, so wird hierdurch die Gesellschaft nicht aufgelöst. Bis zu dem Eintritt eines neuen persönlich haftenden Gesellschafters kann der Vorsitzende der Kommanditisten die frei gewordene Geschäftsführung übernehmen und sich zum Prokuristen der Gesellschaft bestellen lassen.

Der dem Ausgeschiedenen zustehende Gewinnanteil wird ihm nach Feststellung durch die Bilanz für die Zeit bis zu seinem Ausscheiden ausgezahlt. Ist die Bilanz durch die übrigen Gesellschafter genehmigt, so kann gegen deren Ansätze der Ausgeschiedene oder dessen Rechtsnachfolger keine Einwendungen erheben.

Bei Kündigung der Gesellschaft durch einen Gesellschafter oder durch den Gläubiger eines Gesellschafters, der dessen Guthaben gepfändet hat, sowie bei Konkurs eines Gesellschafters bleibt die Gesellschaft unter den übrigen Gesellschaftern bestehen.

Dortmund, den 2. Januar 1928.

Heinrich Brüggemann Ernst Brüggemann
Gustav Mainzer Franz Leroi
Fritz Erhardt.

## Zu Nr. 18.

### Anmeldung.

An das
Amtsgericht Dortmund,
Abteilung für Handelsregister.

Betr.: Heinrich Brüggemann, Eisen- und Messingwerk.

Die Unterzeichneten

1. Kaufmann Heinrich Brüggemann zu Dortmund, Königswall 24,
2. Kaufmann Ernst Brüggemann zu Dortmund, Andreasstraße 26,
3. Kaufmann Gustav Mainzer zu Dortmund, Münsterstraße 22,
4. Bankier Franz Leroi zu Elberfeld, Höchstestraße 37,
5. Bankier Fritz Erhardt zu Elberfeld, Wülfingstraße 17,

melden folgendes zum Handelsregister an:

Das dem unterzeichneten Kaufmann Heinrich Brüggemann gehörige, unter der Firma Heinrich Brüggemann Eisen und Messingwerk zu Dortmund betriebene Werkunternehmen ist in eine Kommanditgesellschaft umgewandelt. Zweck der Gesellschaft ist die Fortführung des bisher von dem Kaufmann Heinrich Brüggemann allein betriebenen Eisen- und Messingwerkes. Die Firma ist in „Heinrich Brüggemann & Co., Kommanditgesellschaft" geändert.

Die Gesellschaft hat am 1. Januar 1928 begonnen. Die Geschäftsräume befinden sich zu Dortmund, Königswall 24.

Persönlich haftende Gesellschafter sind die Unterzeichneten, Kaufmann Ernst Brüggemann und Gustav Mainzer.

Kommanditisten sind der Kaufmann Heinrich Brüggemann mit einer Kommanditeinlage von 350 000 Rm. und die Bankiers Franz Leroi und Fritz Erhardt mit einer Kommanditeinlage von je 250 000 Rm.

Die persönlich haftenden Geseelschafter sind zur Vertretung der Gesellschaft nur in Gemeinschaft befugt. Sie zeichnen die Firma nebst ihrer Namensunterschrift, wie folgt:

Heinrich Brüggemann & Co. Kommanditgesellschaft
Ernst Brüggemann
Heinrich Brüggemann & Co. Kommanditgesellschaft
Gustav Mainzer.

Die Kosten sind von der Gesellschaft einzuziehen.

Dortmund, den 2. Januar 1928.

Heinrich Brüggemann
Ernst Brüggemann
Gustav Mainzer
Franz Leroi
Fritz Erhardt.

## Nr. 19.

## Umwandlung einer offenen Handelsgesellschaft in eine Kommanditgesellschaft.

### Anmeldung.

An das

Amtsgericht Leipzig,
Abteilung für Handelsregister.

Die Unterzeichneten:

1. Kaufmann Siegfried Gutbrod zu Leipzig, Brühl 30,
2. Kaufmann Ernst Koertner zu Leipzig, Karlstraße 26,
3. Kaufmann Gottfried Ruppel zu Leipzig, Kanzlerstraße 4

melden hierdurch zur Eintragung in das Handelsregister an:

Die zwischen uns unter der Firma G. Gutbrod & Co. bestehende, im Handelsregister des Amtsgerichts zu Leipzig eingetragene offene Handelsgesellschaft ist seit dem 1. Januar 1928 in eine Kommanditgesellschaft umgewandelt. Die Gesellschaft hat mit dem 1. Januar 1928 ihre Geschäfte als Kommanditgesellschaft begonnen.

Die Unterzeichneten Ernst Koertner und Gottfried Ruppel sind persönlich haftende Gesellschafter. Siegfried Gutbrod ist Kommanditist und mit einer Kommanditeinlage von 40 000 Rm. beteiligt.

Der Gegenstand der Gesellschaft bleibt unverändert. Die Firma der Gesellschaft erhält den Zusatz Kommanditgesellschaft.

Die Geschäftsräume der Gesellschaft sind nach wie vor zu Leipzig, Brühl 30.

Die persönlich haftenden Gesellschafter zeichnen die Firma, wie folgt:

Gutbrod & Co., Kommanditgesellschaft
Ernst Koertner
Gutbrod & Co., Kommanditgesellschaft
Gottfried Ruppel.

Kosten sind von der Gesellschaft einzuziehen.

Leipzig, den 2. Januar 1928.

Siegfried Gutbrod
Ernst Koertner
Gottfried Ruppel.

## Nr. 20.

## Fortsetzung einer offenen Handelsgesellschaft mit den Erben eines Gesellschafters als Kommanditgesellschaft.

### Anmeldung.

An das
Amtsgericht Magdeburg,
Abteilung für Handelsregister.

Betr.: Lackfabrik Robert Frenzel & Co.

Die Unterzeichneten

1. Kaufmann Robert Frenzel zu Magdeburg, Breiterweg 15,
2. Kaufmann Fritz Koenig zu Magdeburg, Königgrätzerstraße 7,
3. die verwitwete Frau Anna Hamel geb. Hirschkorn zu Magdeburg, Berlinerstraße 10,
4. Kaufmann Ernst Hamel zu Magdeburg, Berlinerstraße 10

melden hierdurch zur Eintragung in das Handelsregister an:

Zwischen den unter 1 und 2 genannten und dem Kaufmann August Hamel zu Magdeburg, Berlinerstraße 10 bestand eine offene Handelsgesellschaft, die unter der Firma „Lackfabrik Robert Frenzel & Co." geführt wurde und im Handelsregister des Amtsgerichts Magdeburg eingetragen ist. August Hamel ist am 10. Juli 1928 verstorben. Seine gesetzlichen Erben sind laut Erbschein des Amtsgerichts Magdeburg vom 25. Juli 1928, der anliegt, die zu 3 und 4 Genannten und zwar Anna Hamel zu $^1/_4$ und Ernst Hamel zu $^3/_4$.

Die Gesellschaft wird mit den Erben derart festgesetzt, daß Anna Hamel und Ernst Hamel die Stellung von Kommanditisten einnehmen und zwar beträgt die Kommanditeinlage der Frau Hamel 10 000 Rm. und diejenige des Ernst Hamel 30000 Rm. Robert Frenzel und Fritz Koenig bleiben persönlich haftende Gesellschafter.

Die bisherige Firma der Gesellschaft bleibt unverändert.

Die Kosten sind von der Gesellschaft einzuziehen.

Magdeburg, den 3. August 1928.

Robert Frenzel
Fritz Koenig
Anna Hamel geb. Hirschkorn
Ernst Hamel.

## Nr. 21.

## Eintritt und Austritt von Kommanditisten.

### Anmeldung.

An das

Amtsgericht Chemnitz,
Abteilung für Handelsregister.

Die Unterzeichneten

1. Kaufmann Fritz Seidenschnur, zu Chemnitz, Lohstraße 24,
2. Kaufmann August Prümers zu Chemnitz, Poststraße 11,
3. Rentier Ernst Grünthal zu Chemnitz, Theaterstraße 33

sind die Gesellschafter der Kommanditgesellschaft Grünthal & Co., Kommanditgesellschaft, die im Handelsregister des Amtsgerichts zu Chemnitz eingetragen ist. Seidenschnur und Prümers sind die persönlich haftenden Gesellschafter, während Grünthal an der Gesellschaft als Kommanditist beteiligt ist.

Grünthal ist mit dem 1. Januar 1928 aus der Gesellschaft ausgeschieden. Als neue Kommanditisten sind seit dem gleichen Zeitpunkt eingetreten:

1. Fabrikbesitzer Fritz Haber zu Chemnitz, Zwickauerstraße 7,
2. Fabrikbesitzer Erich Korngold zu Chemnitz, Nicolaistraße 36.

Die Mitunterzeichneten Haber und Korngold sind mit einer Kommanditeinlage von je 30 000 Rm. an der Gesellschaft beteiligt.

Wir melden hiermit das Ausscheiden des Herrn Grünthal und den Eintritt der Herren Haber und Korngold als Kommanditisten der Gesellschaft zur Eintragung in das Handelsregister an.

Kosten sind von der Gesellschaft einzuziehen.

Chemnitz, den 2. Januar 1928.

Fritz Seidenschnur
August Prümers
Ernst Grünthal
Fritz Haber
Erich Korngold.

### Nr. 22.

### Erhöhung und Herabsetzung der Kommanditeinlagen.

#### Anmeldung.

An das

Amtsgericht Chemnitz,

Abteilung für Handelsregister.

Betr.: Grünthal & Co. K.-G.

Die unterzeichneten Gesellschafter der Grünthal & Co., Kommanditgesellschaft melden hiermit zum Handelsregister an:

Die Kommanditeinlage des Gesellschafters Fritz Haber ist auf 60 000 Rm. erhöht, diejenige des Gesellschafters Erich Korngold auf 10 000 Rm. herabgesetzt worden.

Kosten sind von der Gesellschaft einzuziehen.

Chemnitz, den 2. Juli 1928.

Fritz Seidenschnur
August Prümers
Fritz Haber
Erich Korngold.

## III. Stille Gesellschaft.

### Nr. 23.

### Begründung einer stillen Gesellschaft.

#### Vertrag.

Zwischen Herrn Kaufmann Erich Großmann zu Erfurt, Leipzigerstraße 39 und Herrn Kaufmann Georg Kuntz zu Leipzig, Karlstraße 24 ist folgender Vertrag vereinbart:

§ 1.

Herr Großmann ist alleiniger Inhaber des von ihm unter der Firma Erich Großmannn betriebenen Pelzwarengeschäftes, das im Handelsregister des Amtsgerichts Erfurt eingetragen ist.

§ 2.

An diesem Geschäft beteiligt sich Herr Kuntz derart, daß er das Geschäft nach Auswahl des Herrn Großmann mit Rohwaren zum Betrage von 50 000 Rm. beliefert. Die Lieferungen erfolgen zu den niedrigsten Großhandelspreisen.

Herr Großmann ist berechtigt, ihm gelieferte Waren, die er bis zum 1. September eines Jahres nicht veräußert, verarbeitet oder sonst verwertet hat, bis zum 15. September an Herrn Kuntz zurückzugeben und Ersatzwaren zu beziehen.

§ 3.

Herr Kuntz ist am Gewinn des Geschäftes mit 30 % beteiligt. An dem Verlust nimmt er nicht Teil.

Herr Kuntz erhält in jedem Falle auf seine Einlage von 50 000 Rm. einen Gewinnanteil, der einem Zinssatz von 1% über dem jeweiligen Diskontsatz der Reichsbank entspricht. Dieser Anteil kommt zur Auszahlung, auch wenn verteilbarer Gewinn des Geschäftes nicht vorhanden ist.

§ 4.

Herr Kuntz ist berechtigt, jederzeit selbst oder durch einen Bevollmächtigten die Bücher, sämtliche Schriftstücke und Unterlagen des Geschäftes einzusehen. Es ist ihm auf Erfordern jede Auskunft und Aufklärung über Geschäftsvorgänge zu geben.

§ 5.

Herr Großmann ist berechtigt, für sich aus dem Geschäft bis zu 20 000 Rm. für das Jahr zu entnehmen. Einschließlich dieser Entnahmen dürfen die Geschäftsunkosten 50 000 Rm. für das Jahr nicht übersteigen.

§ 6.

Die Bilanz ist spätestens innerhalb der ersten 6 Wochen jeden Geschäftsjahres aufzustellen. In der Bilanz dürfen Rohwaren nur zu den jeweiligen Großhandelspreisen und Fertigwaren nur mit Aufschlägen für gezahlte Löhne eingesetzt werden. Auf Außenstände sind zum mindesten 15% abzuschreiben.

§ 7.

Das Vertragsverhältnis wird auf die Dauer von fünf Jahren, also bis zum 1. Januar 1933 eingegangen. Es verlängert sich immer auf weitere 3 Jahre, falls es nicht mit sechsmonatlicher Kündigungsfrist zum Jahresschluß schriftlich aufgekündigt wird.

Schon vorher sind jedoch Herr Kuntz oder dessen Rechtsnachfolger zur Aufkündigung des Vertrages und zwar unter Einhaltung einer Kündigungsfrist von einem Monat berechtigt:

1. wenn die Geschäftsunkosten einschließlich der Entnahmen des Herrn Großmann mehr als 50 000 Rm. für das Jahr betragen,
2. wenn Herr Großmann von anderen Lieferanten an Rohwaren mehr als 20 000 Rm. für das Jahr bezieht,
3. wenn Herr Großmann Waren des Geschäftes an dritte Personen zur Sicherheit übereignet oder verpfändet oder Forderungen des Geschäftes abtritt oder verpfändet oder eigene Wechselverpflichtungen eingeht,
4. wenn Herr Großmann das Geschäft veräußert oder wenn er verstirbt.

Erfurt, den 2. Januar 1928.

Erich Großmann
Georg Kuntz.

# Sachregister[1]).



[1]) Abkürzungen A. G. = Aktiengesellschaft; G. m. b. H. = Gesellschaft mit beschränkter Haftung; Kg. = Kommanditgesellschaft; o. Hg. = offene Handelsgesellschaft; st. G. = stille Gesellschaft.

FSC
www.fsc.org
MIX
Papier | Fördert gute Waldnutzung
FSC® C083411

Kolibri 360 GmbH
Ferdinand-Jühlke-Straße 7
99095 Erfurt, Deutschland
produktsicherheit@kolibri360.de